中國學術思想研究輯刊

九 編

林 慶 彰 主編

第17冊

毛西河四書學之研究

陳 逢 源 著

花木蘭文化出版社

國家圖書館出版品預行編目資料

毛西河四書學之研究／陳逢源 著 -- 初版 -- 台北縣永和市：
花木蘭文化出版社，2010〔民 99〕
目 2+228 面；19×26 公分
（中國學術思想研究輯刊 九編；第 17 冊）
ISBN：978-986-254-283-5（精裝）
1.（清）毛奇齡 2. 四書 3. 學術思想 4. 研究考訂
121.217 99014470

ISBN - 978-986-254-283-5

中國學術思想研究輯刊
十 編 第十七冊 ISBN：978-986-254-283-5

毛西河四書學之研究

作　　者　陳逢源
主　　編　林慶彰
總 編 輯　杜潔祥
出　　版　花木蘭文化出版社
發 行 所　花木蘭文化出版社
發 行 人　高小娟
聯絡地址　台北縣永和市中正路五九五號七樓之三
　　　　　電話：02-2923-1455 ／傳真：02-2923-1452
網　　址　http://www.huamulan.tw 信箱 sut81518@ms59.hinet.net
印　　刷　普羅文化出版廣告事業
封面設計　劉開工作室
初　　版　2010 年 9 月
定　　價　九編 20 冊（精裝）新台幣 33,000 元

毛西河四書學之研究

陳逢源　著

作者簡介

陳逢源，政大中文所碩士、博士，現任教於政大中文系，教授《左傳》、中國思想史、《四書》專題研究、《春秋三傳》專題研究等課程，專長為《四書》、《春秋》、經學及思想史等，有〈從五經到四書——儒學「典範」的轉移與改易〉、〈道統的建構——重論朱熹四書編次〉、〈朱熹論孔門弟子——以四書章句集注徵引為範圍〉，以及《朱熹與四書章句集注》等有關《四書》之研究篇章，其他有關經學、學術史等論文數十篇。

提　　要

毛奇齡，號河右、西河，為清初由陽明心學入考據學之關鍵人物，申陽明反朱學立場尤為鮮明，除《四書改錯》外，《毛西河先生全集》中尚有《四書索解》、《論語稽求篇》、《大學證文》、《大學知本圖說》、《中庸說》、《四書賸言》、《四書賸言補》、《聖門釋非錄》、《逸講箋》、《大學問》等十種《四書》相關著作，本文從其生平勾勒其撰述背景與動機，進而檢討其訓詁考據之成就，以及義理思考的內涵，從而得見毛奇齡發揚陽明《四書》學之餘，建構考據的詮釋進路，於清代學術發展，極具意義。

目次

第一章　緒　論

四書是元、明以來士人必讀之書籍，其中除科舉利祿的誘因外，主要是朱子所提示的價值與進程，吸引歷來讀書人遵循，其間不僅是家呻戶畢，老少咸習，甚至流傳域外，成為讀書人立身修誠的典範，影響之深遠，不容置疑。事實上，此為朱子窮一生之力，表彰《大學》、《論語》、《孟子》、《中庸》，建構四書體系的成果，深究其中，一方面可以了解朱子有意以此作為理學理據，所以除引據時人之見，備存一代學術外，在內容上往往也多所發揮，從中表述個人的體會，因此不論就經文內涵及結構而言，其實都與以前不同，〔註 1〕所以四書與其說是舊傳典籍，不如說是屬於朱子有意的撰作。而對朱子此一變革，後人傳習之餘，卻也褒貶互異，並未有一致的看法，有人稱許為直接聖人之創見，然而也有人斥為臆斷之學，〔註 2〕但無可諱言，朱子倡

〔註 1〕陳鐵凡撰〈四書章句集註考源〉一文，歸納《四書章句集注》徵引諸家說解的情形，共計九百二十三條，其中引述漢、魏、梁、唐四代學者之見，僅有七十五條，其他三分之二以上皆是宋儒說法，其中又以程門為主。所以陳氏認為《四書章句集注》「不只是集宋學大成；而且是傳伊洛一家之學。」收入《孔孟學報》第四期，頁 253。民國 51 年 9 月。日人大槻信良撰《朱子四書集註典據考》一書，考究朱子引據更為詳細，其中分別標上「古」、「近」、「新」等字指明朱子訓詁名物的根源，一方面可以了解朱子注書是前有所承，學而有據外，也可以了解朱子確實時有自出機杼的新解。參見頁 3-654。總之，釐清朱注引據的來源，可以了解朱子有意以《四書章句集注》來彰顯伊洛之學，並且也據以存錄本身的創解，而此皆有異於漢、魏以來舊傳面貌，自然不能一概混同。

〔註 2〕宗主朱子一派，往往認為朱注直接聖人原旨，如趙順孫撰《四書纂疏》其〈序〉即稱許朱注如經，云：「子朱子《四書注釋》，其意精密，其語簡嚴，渾然猶經也。」頁 9。《四書纂疏・附錄》中馬浮〈跋〉語，更指出：「朱子下語精切，

議的「四書」，已經成爲讀書人必讀書籍，影響之餘，甚至使後人對於儒學有不同的入門途徑，迥異於前代，錢穆《朱子新學案》即檢討《大》、《論》、《孟》、《中》諸書在朱子前後的差異，說明朱子一生的心力泰半在四書，而其影響著於後世，也是以此爲最，云：

> 自唐以前，儒者常稱周公、孔子。政府所立太學，必以五經爲教本。《漢書・藝文志》六藝略後附《論語》、《孝經》、《爾雅》，乃屬幼學之書。孔子之功，在其修訂六藝。《論語》一書之本身價值，似尚不與五經平等同視。《孟子》在諸子略，上承子思、曾子，下接孫卿，爲儒家者流。……《語》、《孟》、《學》、《庸》四書並重，事始北宋。而四書之正式結集，則成於朱子。朱子平日教人，必教其先致力於四書，而五經轉非所急。故曰：「《語》、《孟》工夫少，得效多。六經工夫多，得效少。」其爲《語》、《孟》集注，《學》、《庸》章句，乃竭畢生精力，在生平著述中最所用心。朱子卒，其門人編集《語類》，亦四書在先，五經在後。《語類》一百四十卷，四書部分共占五十一卷，當全書篇幅三分之一以上。五經部分二十九卷，不及四書部分篇幅之半。其他《語類》各卷，涉及四書，亦遠勝其涉五經。亦可謂宋代理學，本重四書過於五經，及朱子而爲發揮盡致。此後元、明兩代，皆承朱子此一學風。清儒雖號稱爲漢學，自擅以經學見長，然亦多以四書在先，五經在後。以孔、孟並稱，代替周、孔並稱。雖有科舉功令，然不得專以科舉爲說。則朱子學之有大影響於後代者，當以其所治之四書學爲首，此亦無可否認之事。〔註3〕

錢氏分別儒者成學之差異，可以了解朱注四書確實引領後世不同的思考方向，由研習「五經」，強調周、孔治道的爲學門徑，轉而成爲誦讀「四書」，強調孔、孟道統的理學範疇，從而確立不同的儒學典範，所見實爲正確。只是朱子在五經之外，旁出四書的系統，在彼此架構中，卻也難免有歧出之處，

眞字字稱量，而出碻乎其不可易也。……至濂、洛繼興，始宗孟氏，洙泗之業，因以大明，故謂直接孔、孟，信爲不誣。」頁 21。但西河對於朱注直接聖意的說法，提出質疑，《四書賸言》卷四云：「抑亦儒者神聖，直接堯舜禹湯而于夫子以下多未當與？」頁 16。在《論語稽求篇》卷一更引據其兄之言，指出「此宋儒之書，非夫子之書也。」頁 2。西河認爲朱注未必符合聖人原旨（詳見後文論述）。雖然宗朱一派人數眾多，但是對於朱注是否承接聖人原旨，雙方則是各執一辭，莫衷一是。

〔註 3〕見錢穆撰《朱子新學案》第四冊「朱子之四書學」頁 180～181。

〔註 4〕自然有賴後學進一步的補充與釐清。

然而四書在科舉尊爲功令後，挾其政治勢力，一般讀書人日誦其書之餘，卻往往僅視爲功名利祿的敲門磚，並未深切領略朱子開示的進學宏規，當然更無所謂補正，〔註 5〕《四庫全書總目提要》即對此深致感概，云：

四書定於朱子《章句集註》，積平生之力爲之，至垂沒之日，猶改定《大學》誠意章註，凡以明聖學也。至元延祐中用以取士，而闡明理道之書，遂爲弋取功名之路。然其時經義經疑並用，故學者猶有研究古義之功。……至明永樂中，《大全》出而捷徑開，八比盛而俗學熾，科舉之文，名爲發揮經義，實則發揮註意，不問經義何如也。且所謂註意者，又不甚究其理，而惟揣測其虛字語氣，以備臨文之摹擬，併不問註意何如也。蓋自高頭講章一行，非惟孔曾思孟之本旨亡，併朱子之四書亦亡矣。〔註 6〕

《總目提要》究析其間的轉變，可以了解科舉對於四書的普及，雖然有其助益，但對於朱子苦心擘畫之宏規，不僅未能有所發揮，甚至在反覆纂輯，揣摹辭氣之間，反而使經旬晦蝕殆盡，對此情形，清代學者在檢討明代覆亡的

〔註 4〕五經與四書不僅存在孰輕孰重的爭議，甚至在分類上，也顯見困擾，如紀昀等奉敕撰《四庫全書總目提要》卷三十五卷首即說明「四書類」收錄原則，云：「今從《明史・藝文志》例，別立四書一門，亦所謂禮以義起也。朱彝尊《經義考》於四書之前仍立《論語》、《孟子》二類，黃虞稷《千頃堂書目》凡說《大學》、《中庸》者，皆附於禮類。蓋欲以不去餼羊，略存古義。然朱子書行五百載矣，趙岐、何晏以下，古籍存者寥寥，梁武帝《義疏》以下，且散佚並盡，元、明以來之所解，皆自四書分出者耳，《明史》併入四書，蓋循其實，今亦不復強析其名焉。」頁 710～711。《論》、《孟》是舊傳典籍，是否應別出四書之外，而〈大學〉、〈中庸〉既爲《禮記》中的篇章，前人注解是否應附其中，自然成爲分類上的困擾，《四庫全書》是奉敕編撰，傾向於維護官學，所以尊奉朱注，而《經義考》、《千頃堂書目》卻有不同的分類情形，事實上正可以說明五經與四書在歸類上確有歧出之處。而此僅是五經與四書範疇上差異之一端，其中還包括文字異同、章節順序等，往往各有著意之處，不能直接疊加。

〔註 5〕科舉固然增加四書傳習的效果，卻未必可以確保士人領略其精義，西河即以明代科舉爲例，說明士人研習四書的情形，《論語稽求篇》卷一云：「明制以八比取士，士子挾四書一編，及他一經，穴紙而貫以繩，居置几按，出而攜之巾箱間，及試禮部有名，則唾而抵之床下，曰『厭晦』。」頁 1。可見科舉未必使士人領略朱子用意，甚至有適得其反的效果。

〔註 6〕見紀昀等奉敕撰《四庫全書總目提要》卷三十六「四書類」最後之案語。頁 755～756。

同時，即對此多所批評。〔註7〕感慨之餘，可以了解在科舉之下，後人的傳習，不僅失其端緒，甚至與朱子本旨漸離漸遠，對於朱注四書的義涵，當然也並未有進一步的擴展。〔註8〕

然在科舉的影響下，事實上，也有少數的學者對於朱注四書提出反省與檢討，如金履祥撰《論語集注考證》、《孟子集注考證》，陳天祥《四書辨疑》、高拱《問辨錄》等，皆對朱注提出補正，甚至加以非難，〔註9〕即以王陽明表彰古本《大學》，也是頗有以此爭勝之意，〔註10〕只是其中既不深入，又乏系

〔註7〕如顧炎武撰《日知錄》卷二十「《四書五經大全》」一則中，即對此深致批評，云：「將謂此書既成，可以章一代教學之功，啓百世儒林之緒，而僅取已成之書，抄謄一過，上欺朝廷，下誑士子。唐宋之時，有是事乎？豈非骨鯁之臣已空於建文之代，而制義初行，一時人士盡棄宋元以來所傳之實學。上下相蒙以饕祿利，而莫之問也？嗚呼！經學之廢實自此始！後之君子欲掃而更之，亦難乎其爲力矣！」頁525～526。西河更推究其間變革，應溯及元代，張文彬等輯《四書改錯》卷一載西河云：「惟元延祐年始開科取士，一變舊法，以四書爲書，《易》、《詩》、《書》、《禮》、《春秋》爲經，而去《周禮》、《儀禮》、《春秋三傳》、《爾雅》、《孝經》等于不用，且限四書、五經傳並用宋人經註，立于學官，而前儒經註一概不問，惟《禮記》則元時尚用鄭註，而入明而復以宋陳澔註易之，而于是諸傳俱蕩然矣。此實漢、唐、宋後一大變法也。」頁2～3。

〔註8〕朱子一生專力於四書，前後之間，往往有重出矛盾之處，須加釐正，但後人尊信之餘，卻並未加以釐清，紀昀等奉敕撰《四庫全書總目提要》卷三十六「《四書管窺》八卷」提要即對此加以檢討，云：「考朱子著述最多，辨說亦最夥，其閒偶然問答，未及審核者，有後來考正，未及追改者，亦有門人各自記錄，潤色增減，或失其本眞者，故《文集》、《語錄》之內，異同矛盾，不一而足，即《四書章句集註》，與《或問》，亦時有牴牾，原書具在，可一一覆按也，當時門人編次，既不敢有所別擇，後來讀朱子書者，遂一字一句，奉爲經典，不復究其傳述之眞僞，與年月之先後，但執所見一條，即據以詆排眾論，紛紜四出，而朱子之本旨，轉爲尊信者所淆矣。」頁741。

〔註9〕在「此一述朱，彼一述朱」的風氣中，固然少有異議，但以《四庫全書》中四書類著錄而言，其實也不乏補正朱子之作，如金履祥《論語集注考證》、《孟子集注考證》、陳天祥《四書辨疑》、高拱《問辨錄》等，皆是補闕立異之作，《四庫全書總目提要》即著明撰作之意，卷三十五「《論語集註考證》十卷、《孟子集註考證》七卷」提要云：「其書於朱子未定之說，但折衷歸一，於事跡典故，考訂尤多，蓋《集註》以發明理道爲主，於此類率沿襲舊文，未遑詳核，故履祥拾遺補闕，以彌縫其隙，於朱子深爲有功。」頁732。卷三十六「《四書辨疑》十五卷」提要云：「國初有傳朱子《四書集註》至北方，滹南王公，雅以辨博自負，爲說非之，趙郡陳氏，獨喜其說，增多至若干言。」頁735～736。「《問辨錄》十卷」提要云：「此編取朱子《四書章句集註》疑義，逐條辨駁。」頁743。皆可以概見其立意不同於朱子的旨趣。

〔註10〕王陽明批駁改本，表彰古本，《王陽明全集》卷七〈大學古本序〉云：「舊本

統，並不足以引領不同的思考方向，唯有毛西河撰《論語稽求篇》、《四書賸言》、《四書賸言補》等，不僅考辨朱注缺謬疏失之處，並且深究後世傳承得失，晚年纂輯《四書改錯》，更是生平講論四書的心得，冀以存錄一家之言的著作，錢穆《中國近三百年學術史》即認為西河足以轉移一代視聽，云：

> 朱注四書，自南宋以來五百年，元、明兩朝，奉為取士之準，晚明以來學者雖有述朱述王之異，然未有大張旗鼓以肆攻擊如西河此書之烈也。其傲睨之氣，縱橫之辨，良足以震聾發瞶，轉移一世之視聽矣。〔註 11〕

主要因為鼎革之際，典制尚待建立，西河肆力批判朱子《四書章句集注》的缺失，不僅有補正朱注缺謬之意，更有意藉此駁倒朱子權威，重新構畫四書的內涵。其間既是西河一生心力所在，對於四書學的發展，也深具意義，本文選擇此一範圍，即是著眼於此。

事實上，如果以宏觀的視野省察，在五經與四書不同的「典範」（paradigms）中，〔註 12〕宋人以另闢蹊徑的方式，構畫簡明直捷的為學次第，避免泛濫於浩瀚經注之中，從而使士人易於遵循，雖說門徑不同，但其實仍是希望藉以上究聖人原旨，進而闡發聖道精微，至於旁出漢、唐五經架構之外，主要仍是因為唐以後孟子地位漸顯，在確立孔、孟宗傳的概念之後，事實上，確實已經不是五經的架構所能涵蓋，畢竟聖人傳經，經之價值既然由聖人所賦予，但《論語》卻僅附五經之末，而《孟子》更不入經目之中，不免與此信念矛

析而聖人之意亡矣，是故不務於誠意而徒以格物者，謂之支；不事於格物而徒以誠意者，謂之虛；不本於致知而徒以格物誠意者，謂之妄。支與虛與妄，其於至善也遠矣。合之以敬而益綴，補之以傳而益離。吾懼學之日遠於至善也，去分章而復舊本，傍為之什，以引其義。庶幾復見聖人之心，而求之者有其要。」頁 243。黃宗羲《明儒學案》所附〈師說〉即認為陽明與朱子宗旨不同之處，主要在《大學》一書，云：「至其與朱子牴牾處，總在《大學》一書。」頁 7。可以了解陽明表彰古本，即是用此來批駁朱子。

〔註 11〕見錢穆撰《中國近三百年學術史》第六章，頁 230～231。

〔註 12〕孔恩（Thomas Kuhn）《科學革命的結構》（The structure of Scientific Revolutions）中曾對科學社群提出分析，說明在不同類型的科學描述上，往往具有典型的特質，使後學形成共同的信念，並且進而不斷的精鍊，此一信念，即是「典範」。詳見孔恩撰王道還譯，《科學革命的結構》，頁 67～99。雖然孔恩是針對自然科學所提出的觀點，但對於不同學科仍然具有引領思考之處，尤其指出不同的典範中往往各具信念，各有假設，有助於描述五經、四書各具立場，不能直接疊加的情形，所以特別取以為稱，提示兩者的差異。

盾。而經由宋人，尤其是朱子的努力，從而廓清與漢代經學歧出之處，確立孔、孟傳學的典範，構畫更明確的聖人宗傳，進而追溯經典所蘊涵的聖道根源，而朱子專力表彰四書也就理所當然。〔註 13〕

但此一回歸聖人精神，構畫儒者新典範的訴求，其實並未完全達成，一方面朱子對於四書本就是屢經修改，至死不休，〔註 14〕而後人的重複纂輯，莫衷一是，似乎也透露此一訊息，〔註 15〕但更重要則是朱子辨章析句，訓詁解經之餘，並未釐清其分際，不僅過於突顯本身的見解，而且也勇於自信，

〔註 13〕錢穆撰《朱子新學案》第四冊〈朱子之四書學〉中闡述朱子四書學，即論及於此，云：「孔子之功，在其修訂六藝。《論語》一書之本身價值，似尚不與五經平等同視。孟子在〈諸子略〉，上承子思、曾子，下接孫卿，爲儒家者流。唐韓愈〈原道〉，始曰『堯、舜、禹、湯、文、武、周公傳之孔子，孔子傳之孟子而不得其傳。』宋人乃始以孔孟並稱。然於《孟子》，其初猶多非疑，如司馬光、李覯皆是。」頁 180。《論語》載聖人言行，孟子受聖人之教，入於經列，本是理所當然，尤其《孟子》開示之道統說，更進一步提示後人追溯根源。而此皆是漢、唐經學無法涵蓋之處。如朱子撰《朱子大全》卷七十五〈論語要義目錄序〉云：「當此之時，河南二程先生獨得《孟子》以來不傳之學於遺經。」頁 7。即透露此一訊息。錢氏所言，雖是用以說明《論》、《孟》地位，在宋代前後有所不同，但切入漢、宋經學發展的歧出之處，確實有助於了解宋人彰顯四書的用意。

〔註 14〕黎靖德編《朱子語類》卷十九載云：「某於《論》、《孟》，四十餘年理會，中間逐字稱等，不教偏些子。學者將注處，宜子細看。」又曰：「解說聖賢之言，而義理相接去，如水相接去，則水流不礙。」後又云：「《中庸解》每番看過，不甚有疑。《大學》則一面看，一面疑，未甚愜意所以改削不已。」頁 437。王懋竑纂輯《朱子年譜》卷之四下即載朱子七十一歲臨沒之前，猶修書不輟，云：「是日改《大學》誠意章，午後，暴下不能興，隨入室堂，自此不復能出樓下。」頁 226。其實不僅《大學》改削不已，至死不休，《論語》、《孟子》，也是時時參酌，屢屢改作，從早期《論語要義》、《訓蒙口義》，進而《論孟精義》、《論孟要義》，最後才有《論孟集注》、《大中章句》。董師金裕撰〈朱熹與四書集注〉即釐析朱子注解四書的三階段，收入《政治大學學報》第七十期，頁 2～6。民國 84 年 6 月。可以了解朱子辛勤撰作四書之餘，在不同時期，各有進程，並未定執觀念，拘滯不前。

〔註 15〕紀昀等奉敕撰《四庫全書總目提要》卷三十七「《四書通義》二十卷」提要中，即對於後人重複纂輯，提出批評，云：「夫吳眞子據眞氏、祝氏、蔡氏、趙氏之書，纂爲《四書集成》，自以爲善矣，而胡炳文、陳櫟重訂之，胡氏、陳氏，自以爲善矣，而倪士毅又重訂之，倪氏自以爲善矣，而剡又重訂之，自剡以後，重訂者又不知凡幾，蓋隸首不能算其數也。而大旨皆曰『前人未善，吾不得已而作焉。』實則轉相剽襲，改換其面貌，更易其名目而已，輯一四書講章，是何名山不朽之業，而紛紛竊據如此，是亦不可以已乎？」頁 760。《總目提要》對於重複纂輯提出深刻的批評，認爲是轉相剽竊，改換名目而已，令人感慨之餘，似乎也提示四書內涵有待進一步的發展。

有違忠於原典的精神，於是原本重塑聖道的訴求，卻反而使四書漸離聖人原旨，於是聖人宗傳的典籍，不僅成爲朱子一家之言，更使經注凌駕經文之上，形成本末倒置的情形，〔註 16〕兩者之間，顯然存在矛盾，有違原先回歸聖道的宗旨，因此朱子用力愈勤，後人推尋愈深，似乎就離聖道愈遠，後世泛濫無所歸，莫衷一是的《大學》改本，即可作爲證明。清儒倡議考據，消弭個人主觀之見，務求呈顯經文原旨，事實上，可說是對此之反省，而西河終其一生的考辨經義，雖說有一新典制之意，但最終歸於彰顯聖道，回歸聖人原本，也就可以進一步說明此一趨勢。

當然西河最初成學仍是依循朱子所立的架構，但在逃亡四方，顛沛流離之後，體驗既深，其實已經對此深寓檢討之意，而後廁身朝廷，乃至於歸田研經，更是反覆思索，再三致意，力圖回歸經典原旨，彌平朱子與聖道歧出之處，進而彰顯聖人眞實的精神，重新確立聖學途徑，其中包括主張《大學》古本，反對經傳之分，標舉誠意爲宗，反對格物之解，糾正朱子譏刺孔門弟子的偏差，進而對於朱子訓解文義的疏漏之處，一一提出考辨，在彰顯聖人原貌，批駁朱子缺失之餘，辭氣雖然過激，引起後人諸多批評，但西河專力研經的成果，卻也是不容抹煞。尤其西河並未推翻四書架構，而是重新確立宗旨，統合《大學》、《論語》、《孟子》、《中庸》間不同的內涵，構畫出誠意／至誠的忠恕一貫之道，一方面倡言四書是聖賢相傳的典籍，其中具有聖人用世的苦心孤詣外，再者，也強調其價值早著，無須朱子始爲表彰。尤其聖人的精義可以經由考據訓詁直接推求，呈顯出可大可久的精神內涵，而無須依循朱子詮釋的門徑，四書得以發展之餘，也使回歸經典原旨的企求，進一步得到落實與發揚。

事實上，西河四書學的建構，也非一蹴可及，從明末「陸、王之辨」中，繼承陽明學說，〔註 17〕轉而剖析格物之旨，倡言誠意一貫之道，更由講學進而研經辨體，深究典制，究託經世致用的企圖，最終則是以批駁朱子作爲訴求，雖然各階段都有不同的成果，但串貫其中，則是對於聖道永續不斷的追尋，以及對儒者本業的堅持，確實相當難得，尤其由於西河的研討，引領後

〔註 16〕如趙順孫撰《四書纂疏・序》云：「子朱子《四書注釋》，其意精密，其語簡嚴，渾然猶經也。」頁 9。紀昀等奉敕撰《四庫全書總目提要》卷三十六更明白指出「科舉之文，名爲發揮經義，實則發揮註意，不問經義何如也。」頁 756。可以說明後人在傳習四書的風氣中，朱注確實有凌駕經文的情形。

〔註 17〕詳見錢穆撰《中國近三百年學術史》第八章，頁 320。

人新的思考方向，更是深具意義。本文即是從西河研討《四書章句集注》、考辨聖人精神、構畫聖道內涵等三個不同的方向，呈顯其一生研討四書的成果，最後並且深究其得失以及對後世之影響，藉以補充西河對於四書學發展的貢獻。爲求有明晰的發展脈絡，所以在第一章緒論的部分，首先以宏觀的角度，描述四書傳衍的過程，藉以定位西河四書學的成果。第二章，介紹西河生平及其有關於四書的著作，除用以知人論世，並據以了解主要探究文獻的範圍。第三章，依西河研討四書的過程，旁搜相關文獻，略論西河撰述背景及動機。第四、五章，則依西河對於《四書章句集注》的檢討，全面糾舉朱注說解及引據不當之處，存錄西河專力批駁的成果，以及彰顯原旨的成效。第六章，分析西河考辨的成果，從表彰四書事由，考辨〈大學〉版本，乃至於聖人精義的推闡，藉以呈顯西河研經考制的貢獻。第七章，推究西河一生串貫四書，建構聖學的歷程，藉以剖析西河追尋聖道，講論四書的心得。第八章，檢討後人對於西河的評價，並且進一步了解西河四書學的得失及其影響。最後，則是對於西河駁朱、研經、論學不同的範疇中，卻始終一貫的立場，加以綜合整理，彰顯西河考辨四書，建構聖學的成果，並以茲作爲最後的結論。

只是西河研討四書精義，幾乎涵蓋一生，而相關的著作，更泰半是晚年交付弟子所輯，固然可以了解西河心力盡在於此，但零散複見，也在所難免，尤其多數是摘章析句的辨析考論，必須時時考校翻檢，覆覈原典，〔註 18〕而且既是弟子所輯，也就多雜有門人之間的講論，必須細加甄別，嚴於去取，這些都是後人研究必須克服之處，而文獻之外，西河既龐大又複雜的考辨成果，不易組織系統，而彼此重出，尤其難以判別時期，更是本文撰作的困擾所在。再者，聖道廣大，四書雖是人所共讀，卻也人各有所見，所以往往是見仁見智，各執一端，西河在《論語稽求篇》即云：

〔註 18〕西河強調考據，但考證引據時，往往憑記憶所及，未加檢覈，也就難免有所訛誤，所以必須時時覆覈原典，阮元撰〈毛西河檢討全集後序〉即云：「至于引證間有訛誤，則以檢討彊記博聞，不事翻檢之故，恐後人欲訂其誤，畢生不能也。」見《毛西河先生全集．序》卷首，頁 1。西河不事翻檢之外，甚至由於好辯爭強，更是時有曲解的情形，全祖望撰《鮚埼亭集．外編》卷十二〈蕭山毛檢討別傳〉即批評西河有「造爲典故以欺人者」、「造爲師承以示人有本者」、「前人之誤已經辨正，而尚襲其誤而不知者」、「有信口臆說者」、「不考古而妄言者」、「前人之言本有出，而妄斥爲無稽者」、「因一言之誤而誣其終身者」、「貿然引證而不知其非者」、「改古書以就己者」。頁 826～827。雖然批駁稍過，但可以了解西河引據確實須加檢覈。困難之處，也就不難了解。

> 間嘗欲取其義理，探其旨趣，剖析討論，務爲可安。而義理廣大，就仁知所見，皆可各爲爭執。而至于旨趣精微，隱顯毫末，離朱不能視，子野不能聽，是者既不敢自直而相安，于非者即欲驟爲刊之，而無所于證定。（《論語稽求篇》卷一，頁 2）

雖是西河探究四書義理時的經驗之談，卻也是筆者撰作論文時時縈繞於心的感覺。尤其在閱歷有限，體驗不深的情形下，領略更是不足，如西河讀《論語》，即說明在不同的時期，往往有不同的領會，云：

> 乃少讀《論語》，皦皦然；至再讀而反疑之；迄于今凡再三讀，而猶豫頓生。（《論語稽求篇》卷一，頁 1）

其實不僅《論語》、《孟子》、《大學》、《中庸》其實也皆是如此，四書所揭示的道理，有賴於往覆參詳，而隨人生閱歷的增長，往往也就有不同的觸發與領悟。雖然西河從中發展訓詁名物的觀點，作爲推證義理的憑藉，一方面補正前人謬誤之處，也開展後世考據的空間，然而時至今日，在研究上，卻也仍然面臨相同的難處，所以本文的撰作，事實上，僅止筆者目前學力所見，疏陋之處，更祈先進不吝賜教，俾使精益求精，更臻完善。

最後，本文撰寫期間，林師慶彰提供許多寶貴的資料，而黃師俊郎、傅師武光、王師甦詳加審閱之餘，並且提供許多寶貴的意見，李師威熊更是從學風發展的趨勢，乃至於經學詮釋的角度等，多所提醒，釐清諸多觀點，尤其董師金裕，不僅從章節架構，邏輯推理，乃至於文辭字句等，都巨細靡遺地加以疏通，更使筆者獲益良多，謹在此一併申致謝忱。

第二章　西河生平及其與四書相關的著作

第一節　生　平

毛奇齡，浙江蕭山（今浙江省蕭山縣）人，生於明熹宗天啓三年（1623），卒於清康熙五十五年（1716），年九十四。〔註 1〕由於出生時，母親張氏曾經夢見番僧寄以度牒，四邊並且有五虯相唧，於是取郭璞〈遊仙詩〉中「奇齡邁五龍」一句，命名爲「奇齡」，字大可，號河右、西河。〔註 2〕後來因事逃亡，爲避人耳目，一度改名換姓爲王彥，字士方。〔註 3〕流寓淮上時，又因爲人漸知名，不得已又改名爲甡，字齊于。〔註 4〕一直到最後遇赦事解，才得以

〔註 1〕阮元等撰之《國史文苑傳稿》卷二下、乾隆刊之《紹興府志》卷五十三、錢林輯、王藻編之《文獻徵存錄》卷一、徐世昌等撰之《清儒學案》卷二十五，皆指出西河於康熙五十五年卒於家，年九十四。錢穆之《中國近三百年學術史》也承此說，頁 226。但《清史稿》卷四百八十一卻指出西河卒於康熙五十二年，年九十一。而《毛西河先生全集・總目》卷首西河門人蔣樞云：「先生自康熙三十八年以後，越五年而東歸草堂，又九年而卒。」頁 43～44。則是與《清史稿》的說法相合，而林明德之《毛西河及其周禮學研究》則據《明清名家楹帖百聯集》收錄西河行書五言楹聯中的落款有「康熙癸巳仲冬呵凍書」、「九十一叟西河毛奇齡書」等文句，認爲既然此年仲冬尚有此作，似乎前說較爲可信。頁 50～51。至於《蕭山縣志稿》卷十指西河卒於康熙五十四年，李元度之《清朝先正事略》卷三十二又說卒年爲八十五，兩者則並無他說相佐，疑誤。

〔註 2〕詳見盛唐撰〈西河先生傳〉所載。見《毛西河先生全集》卷首，頁 10。

〔註 3〕盛唐撰〈西河先生傳〉載云：「友人蔡仲光急過曰：『怨深矣，不走，將不免。』指壁間所書王烈名，曰：『請名王彥，字士方，吾他日天涯相問訊者，王士方矣。』」見《毛西河先生全集》卷首，頁 14～15。

〔註 4〕西河撰《西河集》卷一百一自爲〈墓誌銘〉云：「予在淮，淮人有知予毛生者。予曰：『雖然，予毛甡也。』又曰：『予瀕死屢矣，幸而生。甡者，生又生也。』

恢復原名入廩監。而康熙十八年（1679）西河應舉博學鴻儒，並授予翰林檢討，因此也有以官銜稱呼者，此外，尚有僧彌、僧開、初晴、秋晴、春莊、春遲……等名號，〔註5〕則大抵是依情依景的題稱，所以名號稱謂相當複雜。死後門人則依其郡望私謚西河，〔註6〕而後世學者也多以西河先生稱之，爲取便於行文，本文即依此爲稱。

西河自幼聰慧過人，五歲讀書，母親張氏口授《大學》，過一日便能成誦。十歲應童子試，推官陳子龍更評爲才子，拔之置榜首，補生員，之後並曾參加臨安鄉試。但不久明朝即告覆亡，西河哭於學宮三日，與友人竄身於城南，築室隱居讀書，藉以避開兵禍，也因此放棄原本所習的舉子業。

順治二年（1645），清軍下江南，當時屯駐寧波的鎮海將軍毛有倫移師蕭山縣西之西陵，與民兵相合，合謀抗拒清軍，並且共同推舉魯王朱以海監國於紹興。因爲與西河有同宗之誼，所以也推薦西河爲監軍推官，但西河力辭其薦，避不受命。之後西河卻因指摘鎮東將軍方國安及馬士英爲國賊，而得罪二人，不得已避居龕山，託身靖南將軍毛有俶處。一月後返回西陵，髡髮緇衣，寄居於山寺，避過順治三年清軍攻陷紹興的誅戮。其間友人張杉曾經以黃道周的蠟書相招，西河同樣也加以推辭。但是對於這段辭命、拒召的說法，全祖望〈蕭山毛檢討別傳〉則斥爲烏有，認爲應予存疑，〔註7〕但基本上，

又曰：『吾生十年殤，五年兵戈者，十年奔走道路，二十年能再生乎？所謂甡者，亦冀夫生之者也。』」收入影印本《四庫全書》第一三二一冊，頁130。其於「予毛甡也」下注云：「即所更名。」西河流亡倉遑，期許絕處逢生的情形可以概見。施閏章《學餘堂文集》卷十七〈毛子傳〉便以毛甡稱西河，云：「毛甡，蕭山人也。初名奇齡，字大可，一字齊于，曰：『吾淳于髡也。』」收入影印本《四庫全書》第一三一三冊，頁212。據此可推知西河字「齊于」是取其與淳于髡齊等之意。

〔註5〕詳見李集撰，李富孫、李遇春續《鶴徵前錄》壬集，卷二十三，頁485。收入周駿富輯《清代傳記叢刊》第十三冊。此外，據周駿富編之《清代傳記叢刊索引》之姓名索引，還有甡蕭、小毛子、于一、河右僧、開秋諸號，足見其名號之多。

〔註6〕盛唐撰〈西河先生傳〉載云：「葬後請私謚，盛唐曰：『古有以字爲謚者，先生嘗自以受姓郡號稱西河矣，得毋字與號俱可稱乎？』眾曰：『善。』于是學者稱西河先生。」見《毛西河先生全集》卷首，頁29。

〔註7〕全祖望撰《鮚埼亭集・外編》卷十二〈蕭山毛檢討別傳〉云：「保定伯毛有倫方貴，西河兄弟，以鼓琴進，托末族。保定將官之。而江上事去，遂亡匿。乃妄自謂曾預義師，辭監軍之命，又得罪方、馬二將，幾至殺身，又將應漳浦黃公召者，皆烏有也。」頁825。

鼎革之際，西河並未投身新朝，而是與抗清勢力較有關係，則是可以確定。

清軍平定東南之後，文士仍然踵繼明代結社之習。西河因爲品目過於嚴峻，所以屢屢得罪人，如輯《越郡詩選》，選錄過於嚴格，得罪王自超，後改寫元人《賣嫁》、《放偷》兩劇，撰成〈連厢詞〉，又被人誣指爲諷刺張縉彥的改節事情。怨家並且誣陷西河聚眾殺營兵，於是官府四出搜捕。不得已只有接受友人蔡仲光建議，改名換姓，倉遑逃亡。其間四處藏匿，居無定所，康熙初年，投靠友人山陽（今淮安縣）令朱禹錫，適逢八月中秋夜，張新標父子邀請流寓淮上名士，飲宴東湖之濱，西河賦〈明河篇〉應景，淮上諸家爭相傳寫，雖然因此與施閏章相識，但西河之名也就爲人所周知，於是不得已又再度改名逃匿。此後曾經一度藏匿於嵩山，在廟市中巧遇遼東高笠僧傳授古本《大學》，開示修身爲本，本該體用的宗旨，於是對於心性之道多有啓悟。之後並且應施閏章的邀請，會講於廬陵白鷺洲書院一年，得以更進一步印證體悟。但不久施氏移治崇仁，西河也辭講會，轉赴淮西等地。其間二十餘年，西河四處逃匿，躲避仇家，最後幸得姜定菴、盧函赤兩人奔走相助，事才平息，得以返鄉，姜定菴並且以奇齡之名代爲捐金，使西河恢復監生身分。康熙十七年開博學鴻儒科，西河也在薦舉應試之列，翌年三月試於體仁閣，試「璿璣玉衡賦」及「省耕詩五言排律二十韻」，錄取五十人，西河列於二等，授翰林院檢討，充史館纂修官，敕修《明史》。自此，西河一改過去身分，免去流離之苦，並得以與朝中大臣相互應酬唱和，廁身於文學侍臣之林，但立身大節卻也不免爲人所非議。〔註 8〕

寄寓京師期間，西河一方面了解朝廷風向，另一方面則是與天下學士相與研經論學，如整理列代樂章，修正丹陛樂、〔註 9〕參與北郊配位議，釐清國

〔註 8〕孫靜庵撰《明遺民錄》卷十三〈徐芳聲、蔡仲光〉中載西河友人蔡仲光曾對西河云：「僕與子爲金石友。子今朝貴人也。爲忠爲孝，則子自有子事。僕以桑榆之景，將披髮入山矣，更弗取與世俗交。」頁 101。章太炎《檢論》卷八〈楊顏錢別錄〉也曾經對此頗有感慨，云：「（西河）少壯苦節，有古烈士風，而晚節不終，媚于旃裘。全祖望藉學術以譴訶之，其言特有爲發也。」收入《章太炎全集》第三冊，頁 581。錢穆撰《中國近三百年學術史》也著眼於此，云：「西河才固奇而行則卑，以視往者顧、黃、王、顏一輩，誠令人有風景全非之感也。」頁 228。

〔註 9〕盛唐撰〈西河先生傳〉載云：「丹陛樂者，黃門鼓吹曲也，設筍虡于午門兩傍，太常供奉唱拜舞之節，而其曲多誤，上命更定之，掌院學士陳公以列代樂章配音樂議，命先生條上，遽爲採用。」見《毛西河先生全集》卷首，頁 20。

之大典、〔註 10〕充會試同考官，閱《春秋》房卷等，〔註 11〕對於西河此後的學術取向影響頗鉅，〔註 12〕尤其進呈《古今通韻》一書，更是深獲康熙賞識，除宣付史館刊行外，並且敕禮部知其事，對西河而言，實為莫大榮寵，〔註 13〕

〔註 10〕 盛唐撰〈西河先生傳〉載云：「值北郊定配位，太常卿徐君元珙謂南郊南向，則三祖配位固宜以東設西向為一配，西設東向為二配，又東設西向為三配，其餘日月星辰諸配亦皆始東設而次西設，何則？以崇左也。至北郊北向，則向之所為左者，今在右矣。乃三祖配位一如南郊，猶復始東設而次西設，以致山林川澤亦復如故，則在昭穆為顛倒，而在左右為偏戾，于禮不合，上特命學士徐公乾學、韓公菼考據議覆，二公考據最詳覈，而遲久未決，時翰林官亦多有兩端相齟齬者，特覘上無改意，而欲仍舊制，則又無說以為解。閣學李公時已進少宰，特請召先生曰：『如何？』曰：『南郊尚左，故南向而配先左，此東設者，南向之左也。北郊尚右，故北向而配先右，此東設者，則北向之右也。』曰：『此亦有言之者矣，特以左右言，則一左一右似乎有分，而以東西言，則一東也，天下有南北異向，而一東一西可同偏之禮否乎？』曰：『有。』曰：『在何禮？』曰：『在《曲禮》。試言之曰：席南向北向，以西方為上；東向西向，以南方為上。』言未既，李公大笑曰：『有是哉！經之無所不備也，然則仍舊貫而已矣。』于是議遂定。」見《毛西河先生全集》卷首，頁 20～21。對於西河考辨北郊配位過程，有兩點頗值得注意：一是「上無改意」，又「無說以為解」，可見西河穿貫群經，尋求典據是仰承上意的結果。二是此段論辨，顯然是西河與李天馥往復談辯的內容。可以了解西河其實並未參與決策核心，只是提供經學的典據來由，所以李公的大笑，提出所謂「經之無所不備，然則仍舊貫而已矣」的說法，其實頗堪翫味，據此，可以概見朝臣看待經學的態度，以及此時西河以研經侍從的情形，有助於了解西河研經考據的立場，是以不妨備論於此。

〔註 11〕 盛唐撰〈西河先生傳〉云：「值康熙乙丑會試，欽點先生同考官第一，領十八房考官閱《春秋》房卷。」見《毛西河先生全集》卷首，頁 23。

〔註 12〕 西河自京師歸鄉後，特別專力於經學論著，可見京師時期對於西河學術確實有明顯的影響，主要便是康熙以開科網羅天下學士，在蒐討經義，考辨典制禮儀之餘，彼此之間相互辯駁論爭，遂衍成考辨之風，如西河與李因篤討論音韻之學，並且曾經面折萬季野，也就可以概見其情形，參見拙著《毛西河及其春秋學之研究》，頁 9。

〔註 13〕 盛唐撰〈西河先生傳〉載西河曾與李因篤論辨亭林音韻之學的得失，李氏以「學韻不學三聲，未為不知韻也」，持論稍挫，各笑而起。見《毛西河先生全集》卷首，頁 21～25。但是對於此一論辨的場面，全祖望撰《鮚埼亭集・外編》卷十二〈蕭山毛檢討別傳〉卻有另一種說法，云：「西河雅好毆人，其與人語，稍不合，即罵，罵甚，繼以毆。一日，與富平李檢討天生，會於合肥閣學座，論韻學。天生主顧氏亭林韻說，西河斥以邪妄，天生秦人，故負氣，起與爭，西河罵之，天生奮拳毆西河，重傷。合肥素以兄事天生。西河遂不敢校，聞者快之。」頁 826。據此，可以更進一步了解當時論辨之激烈，未必全如傳中所述。此外，在〈西河先生傳〉中也載及康熙精於韻學，制試時以押韻定甲乙，所以西河此作，可以了解或許也是迎合上意之舉。

相較於之前流離失所、倉遑逃匿的情景，自是不可同日而語。康熙二十五年（1686）西河以遷葬請假歸鄉，但不幸罹患痺病，不能行動，於是乞病在籍休養，遂不復出。康熙二十八年（1689），聖祖初巡至浙，西河迎駕於西陵渡口，康熙頗加慰問。三十八年（1699）再次南巡時，西河並且以《聖諭樂本解說》進呈，同樣獲得康熙的嘉賞，不僅敕改刻本訛字，也宣付專行。到康熙四十二年（1703），聖祖三巡至浙，駐蹕于杭州，西河又隨制撫諸臣候安於朝門，康熙除命起立勿跪外，並且賜御書一道，頗加慰勞。也由於康熙的眷顧與知遇，所以西河引為生平知己，深表感恩。〔註14〕

其後以九十四歲高齡卒於家，因為曾經髡髮為僧，違背禁令，並且長年流亡在外，不僅無法奉養雙親，尤其未能親侍含斂，更是有違人倫親情，所以西河深自省咎，遺命不冠、不履、不沐浴、不更衣、不接弔客，唯有覆蓋朝服，用來答謝康熙的知遇。

西河為清初名士，所以有關西河生平之記載頗多，其中尤其以施閏章〈毛子傳〉、西河自撰〈墓誌銘〉、門人盛唐〈西河先生傳〉以及全祖望的〈蕭山毛檢討別傳〉四篇最為重要。〔註15〕但深究其中，施氏之作是在西河四十餘歲時完成，固然可以說明西河才情早著的情形，不過卻未明著其後的事跡。西河〈墓誌銘〉則是七十歲時的自述，所載比較全面，但同樣也不及其後之事。而盛唐所撰的傳記，是總括西河一生，收錄最為詳細，但卻難免有所迴護，並不全然客觀。至於全氏之作，雖然兼及學術層面，但卻專以訶詆西河立論，立場實有偏頗。其中各有所得，也各有所偏，為存疑著信，筆者撰作《毛西河及其春秋學之研究》時，即依此為基礎，搜檢相關的載記，纂輯西河簡譜，〔註16〕對於西河生平可以提供進一步的參考。

〔註14〕西河撰《西河集》卷一百一自為〈墓誌銘〉云：「西河之窮，逾于李廣。天子之知，十倍漢主。人亦有言，生平得一人知己，可以不恨，今天下知西河者，孰有如皇上者乎？」見影印本《四庫全書》第一三一三冊，頁136。西河引漢朝的李廣作為對比，認為康熙的知遇，實為一生的知己。

〔註15〕施閏章之〈毛子傳〉，見於《學餘堂文集》卷十七，收入《四庫全書》第一三一三冊，頁212～213。張穆編之《閻潛邱先生年譜》卷一推測此傳作於康熙三、四年間，頁26。西河自撰之〈墓誌銘〉見於《西河集》卷一百一，收入《四庫全書》第一三二一冊，頁125～137。據《毛西河先生全集・總目》門人李庚星言，則此作於康熙三十一年（1692）西河七十歲時。盛唐之〈西河先生傳〉收於《毛西河先生全集》卷首，頁10～29。全祖望撰〈蕭山毛檢討別傳〉則見《鮚琦亭集・外編》卷十二，頁825～828。

〔註16〕王德毅編之《中國歷代名人年譜總目》卷三云：「〈毛大可自訂年譜〉一卷，《西

事實上，西河一生實在頗富傳奇，曾經遭受家國淪喪之痛，髡髮抗命，後來卻又投身新朝典制的研議；早年是四處藏匿，栖遑不安，後來卻又應制中式，榮登廟堂之上，只是在一朝得志，志得意滿之餘，最終卻又以歸田養病，終老於家收場，進退之間，固然令人深寄惋惜，然而不同的際遇，卻也影響西河學術的取向，各有不同的特色，推究其中，約略可以分爲三期：

一爲應制之前，西河生於浙東講學之鄉，在結社集會，相與標榜的風氣中，以才子聞名，其後流寓四方，更是交游廣闊，此一階段除賦詩、塡詞、選制藝、評傳奇等文人之習外，據邵念魯〈謁毛西先生書〉所載，在學術宗主方面，西河標舉王學，力排異端的旗幟也是頗爲鮮明，云：

> 康熙七年六月初吉，望見光顏于古小學，此時蕺山高弟如張奠夫、徐澤蘊、趙禹功諸先輩，咸在講座，而先生抗言高論，出入百子，融貫諸儒，采時雖無所識知，已私心儀而目注之，迨十三年避寇入郡，始得先生之文集于重山董先生所，伏讀深思，不能名狀，但驚其雄博無涯涘，考核精嚴，諸體具備，歷觀當今作者，本原之大，未有過于先生，先生負當代之望，爲名教之主，推崇陽明，排斥異議，後學之士倚一言爲太山北斗。〔註17〕

董瑒爲發揚理學精義，所以邀請當代名家於紹興古小學恢復證人講會，〔註18〕而西河也攜同弟子參與其中，其間「出入百子，融貫諸儒」，護衛陽明的表現，令邵念魯印象十分深刻。此外，西河也開始有研析經旨，考辨義理之作，只是流離道路，多所散亡。〔註19〕

河合集》內。」頁157。然而《西河集》中之〈年譜〉事實上是西河所撰馮易齋（名溥）年譜，並非西河本人，李塨〈西河合集總序〉云：「塨擬輯先生年譜，以非先生意中止。」見《毛西河先生全集・總序》卷首，頁9。可以了解西河並未有年譜之作，所以筆者在《毛西河及其春秋學之研究》中乃不揣疏陋，纂輯相關資料，撰成簡譜，可以提供進一步的參考，詳見拙著，頁27～47。

〔註17〕詳見邵廷采撰《思復堂文集》卷七〈謁毛西河先生書〉，頁605～606。

〔註18〕邵廷采撰《思復堂文集》卷三〈東池董無休先生（瑞生）傳〉，載其緣由云：「自蕺山完節後，證人之會不舉者二十年，先生謂道不可一日不明，後生生今日，不幸失先民餘教，出處輕而議論薄，由學會之廢也，善繼述蕺山志事者亟舉學會，復請蕺山高第弟子張奠夫、徐澤蘊、趙禹功諸前輩集古小學，數揚程、朱、王、劉家法，於是餘姚黃梨洲晦木、華亭蔣大鴻、蕭山毛西河皆挈其弟子自遠而至。」，頁354。

〔註19〕盛唐〈西河先生傳〉載：「乃復之禹州，……作《詩詁》、《毛詩寫官記》，同邑讎者覘知之，去之嵩山，匿道士土室中，夜起傍徨，念生平學問不得就，六經

二是京師相與應酬時期，一方面詩文酬酢，高文往來，另一方面西河也參與典制的決議，在相與論辯中，西河展現博極經傳、通貫諸子的實力，李天馥追述當時往來的情況，便盛譽西河有不可及者三：

> 因回思當日，西河不可及者三：身不挾一書冊，所至篋笥無片紙，而下筆蓬勃，胸有千萬卷，言論滔滔，其不可及一。少小避人，盛年在道路，得怔忪疾，遇疾發，求文者在門，捫胸腹四應，頃刻付去無誤者，其不可及二。讀書務精核，自九經、四子、六藝諸大文外，傍及禮樂經曲鐘呂諸瑣屑事，皆極其根柢，而貫其枝葉，偶一論及，輒能使漢、宋儒者悉拄口不敢辨，其不可及三。至其集，則予固未能窺其涯也。(《毛西河先生全集·領詞》卷首，頁3～4)

可以了解西河才思敏捷，確實有過人之處，而讀書精博，更是人所不及。其中除參與撰修《明史》，研議禮文典制外，也有剖析音韻之作，頗得康熙賞識。

至於康熙二十五年（1686）西河乞疾歸田後，則是西河專力說解經義的時期，其間孜孜矻矻，勤於撰述，門人盛唐〈西河先生傳〉即載西河晚年特別重視經學的研習考論，云：

> 先生特重經學，嘗以老疾不能全註《書》、《禮》及《論語》、《中庸》爲恨，而詞賦夥夥，屏棄惟恐後。(《毛西河先生全集》卷首，頁28)

西河考辨經義，用力之深，李塨更以其所見，極力稱賞，云：

明昧俱無可辨定，徒釋《毛詩》諸字詁，又無書，憧憧往來，誰則可爲考據者。」見《毛西河先生全集》卷首，頁16。此爲西河應施閏章邀請，前往白鷺洲講學之前，約爲四十三歲前後之事。此外傳中又載：「乃以使君將移治，轉之崇仁，崇仁令駱君復旦歡留之，其鄰人黄吉日餽酒脯凡數月，先生作《詩札》，復辨僞《詩傳》、《詩説》俱未就，乃應淮西金使君之招，留之三年。初，先生受《尚書》，疑《蔡傳》多誤，已蓄論辨，至是將考正，定爲一經，而署中無書，即假借亦不得，乃日讀《大學》正文，驗心意理欲及出入存否間，草草作《尚書廣聽錄》，並校《僞詩傳詩説駁義》之未成者。」，頁18～19。可見西河早年已有考辨經學的論著，〈西河經集凡例〉也提及：「先生未冠時避兵南山，即著《毛詩續傳》三十八卷，爲怨家刼去，後在道路思記不可得，乃雜憶瑣屑，作《國風省篇》、《毛詩寫官記》、《詩札》諸卷，但無書參對，且有偶惑于舊説，與晚年論辨相齟齬者，緣早刻淮安，不能刊正，惟《詩傳詩説駁義》成于汝寧官署，《白鷺洲説詩》作于淮西施使君外舍，皆從兩家索得之，刻于京邸。」見《毛西河先生全集·經例》，頁2。據此可以了解西河早年對於經學疑義已經多所注意，並且也有著作，只是流離奔走，多有亡佚。再者，書籍取得不易，在客觀條件上也無法充分配合，所以考辨的內容是屬於比較容易記誦的典籍，而西河博學強記，或許也是因爲流離四方的鍛鍊所得。

八十四歲，猶然繩頭細帖，核博精明，與十年前一。〔註20〕

對於西河晚年研經論學，雖老不倦的情形，也就可以有所了解，而《毛西河先生全集》中眾多的經解，多成於此時，事實上也可以作爲證明。對此，李天馥〈西河合集領詞〉透露其中緣由，云：

聖天子崇尚經學，以所立學官諸經說參校未備，因遍搜海內群儒之言，凡于經學有發明者，無拘同異寡多，皆得入臧（應爲「藏」）書之閣，而納諸秘府。（《毛西河先生全集・領詞》卷首，頁4）

西河既以康熙爲知己，又逢康熙廣納異解之際，於是有意以說解經義著成一家之言，所以康熙南巡，西河進呈《樂本解說》，之後撰作《四書改錯》，也耿耿以進獻爲念，這些都可看出西河希冀獎掖的企圖，只是立意於邀得上寵，在心態上不免令人非議。晚年自鑿《四書改錯》之版，固然可見清廷文網之密，箝制之嚴，另一方面也顯見西河患得患失之狀，〔註21〕所以全祖望〈蕭山毛檢討別傳〉便由譏刺西河人格，進而否認其學術，認爲西河研經實來自閻若璩，而講學則受施閏章的影響，〔註22〕以此來貶抑西河學術的自發性，但譏刺太過，卻也不免流於主觀，無法平情諦觀西河的學術成就。梁啓超《中國近三百學術史》則著眼於西河學術取向的改變，認爲西河本爲文士，至京師才改業經師，〔註23〕一方面與傳記所載，有所吻合，〔註24〕再者，也可以

〔註20〕見馮辰纂《李恕谷先生年譜》，卷四，頁6。及徐世昌纂，《顏李師承記》云：「大可時年八十四矣，猶然繩頭細書，與前學樂時無異。大可博學有文，著述甚富，即與恕谷相見，論《易》、論《尚書》，論均博而能要，皆堪資法。」收入周駿富輯，《清代傳記叢刊》第九冊，頁127。可作爲西河晚年用力頗勤之證明。

〔註21〕全祖望撰《鮚埼亭集・外編》卷十二〈蕭山毛檢討別傳〉云：「西河晚年雕《四書改錯》，摹印未百部，聞朱子升祀殿上，遂斧其板，然則禦侮之功亦餒矣，其明哲保身亦甚矣。」，頁828。朱子配享孔廟在康熙五十一年（1712），而前一年正是戴名世《南山集》獄起之時，朝廷風向有變，西河懼禍而鑿版，主要即是察覺於此，所以《毛西河先生全集》中並未收錄《四書改錯》，全氏對此頗有調侃之意。錢穆《中國近三百年學術史》云：「（西河）昏老懼禍，至於自斧其書版，意亦良可哀矣。」，頁232。對此則是深寄感慨，認爲「何其衰颯可憫憐」，事實上，在文網羅織之下，自有不由人之處，未可全然深責，全氏之論不免有失溫厚。

〔註22〕全祖望撰《鮚埼亭集・外編》卷十二〈蕭山毛檢討別傳〉云：「乃其遊淮上，得交閻徵士百詩，始聞考索經史之說，多手記之。已而入施公愚山幕，始得聞講學之說。西河才素高，稍有所聞，即能穿穴其異同，至數萬言。」，頁825～826。

〔註23〕詳見梁啓超撰《中國近三百年學術史》，頁190。

〔註24〕如盛唐撰〈西河先生傳〉云：「先生特重經學，嘗以老疾不能全註《書》、《禮》

解釋西河研議經義，卻不脫文人習性的情形，只是對於西河專力研經的成果，卻並未多加注意。至於錢穆《中國近三百年學術史》在鍼砭西河人品之餘，對於西河學術卻開始有比較公允的論述，一方面修正全氏提出的觀點，認爲西河生於講學之鄉，未必對於良知之學闇然無知，再者，辨析經義，西河也未必全無長處，〔註 25〕顯然對於西河才學已經有較多的注意。事實上，如果檢索當時載記，串貫西河不同的階段，西河都展現極根柢、貫枝葉，窮索經史、博通諸子百家的精神，其中任才騁辯的情形，雖然不免有立異求名，負氣求勝的缺失，但在學術方面，西河護衛陽明，屏棄朱子，開展另一學術路徑，影響深遠卻也不容忽視。尤其西河歸田之後，專務經學，用力之勤，成果之豐，更是令人讚佩，李塨〈西河合集總序〉云：

> 先生嘗謂漢、唐後世無學者，忻然以千古讀書人自居，而塨獨竊竊然，謂聖道若存若亡，決出竄入，異學橫流幾千年于茲矣。天地神聖之靈，罝若罔聞，學術世道未知于何其底，而忽于今日得先生一人，上以正義、農開闢之篡據，中以起三代禮樂之厄屯，下以扶孔、孟經傳之晦蝕，是豈一心一目，遂克臻此，殆乾旋坤轉，鬼設神施，天牖其聰，而先聖先賢實左右之，使學術世運可返隆古，不但湛淪宋、明已也，而謂偶然之事也耶？（《毛西河先生全集・卷首》總序，頁 9）

對於西河標舉經義聖道，轉移世道風氣之功，可謂推尊至極。主要因爲西河縱橫考辨，傲視一世，〔註 26〕與清初名士多所往來之際，〔註 27〕經由彼此的

及《論語》、《中庸》爲恨，而詞賦夥夥，屏棄惟恐後。」見《毛西河先生全集》卷首，頁 28。西河歸田之後，確實是以研經爲事，前後之間的差異，可以參考前文對於西河學術分期的論述。

〔註 25〕錢穆撰《中國近三百年學術史》云：「西河才固奇而行則卑，以視往者顧、黃、王顏一輩，誠令人有風景全非之感也。」，頁 228。又「謝山謂西河補諸生時，蕺山方講學，西河亦嘗思往聽，輒卻步不敢前，其後入施愚山幕，始得聞講學之說，……時浙東講學之風未衰，姚江故里，乃良知學產地，西河非無所聞。」，頁 234。可見西河學術自有其淵源，錢穆並且進一步指出「今比觀《疏證》《冤詞》兩書，兩人之所以辨《尚書古文》眞僞者，知潛邱亦未嘗無所心折於西河，而顧深隱嚴諱，而曰『付之閔默』。」，頁 252。可見西河學術確實有其特出之處，未必可以全然抹煞。錢氏深究西河研經講學的成果，並不執於一隅，自然對於西河學術有比較全面而且客觀的評價。

〔註 26〕趙爾巽等撰《清史稿》卷四百八十一〈儒林傳〉載云：「所作《經問》，指名攻駁者，惟顧炎武、閻若璩、胡渭三人。以三人博學重望，足以攻擊，而餘子以下不足齒錄，其傲睨如此。」，頁 13176。

〔註 27〕徐世昌等編《清儒學案》卷二十六〈西河學案下〉列有顧炎武、閻若璩、胡

往復研經，相與論辨，雖然各執一端，確也有助於風氣的開展，再加上門人弟子眾多，〔註28〕更是具有推波助瀾之效，所以阮元〈毛西河檢討全集後序〉即以比較客觀的立場，檢討西河的貢獻，云：

> 國朝經學盛興，檢討首出于東林、蕺山講學標榜之餘，以經學自任，大聲疾呼，而一時之廢疾頓起。……檢討推溯〈太極〉、〈河洛〉在胡朏明之先，發明荀、虞、干、侯之《易》在惠定宇之先、于《詩》駁申氏之僞、于《春秋》指胡氏之偏、三禮、四書所辨正尤博，至于古文詩詞，後人得其一已足以自立于千古，而檢討猶不欲以留于世，則其長固不可以一端盡矣。(《毛西河先生全集・序》卷首，頁1)

在明末清初之際，西河由講學而至研經，開啓乾、嘉考據學風，可以了解西河馳騁才情，確實有多方的成就，尤其在研經考史，剖析經學疑義時，往往有異於前人的新解，更是令人欣賞，所以阮元強調西河的著作可以「通神智而開蒙塞」、「較之擘求注疏其取徑爲尤捷」，如果置於案頭，時時翻檢，更是得力頗多（同前，頁 2），主要即是因爲西河能在前人注疏的基礎上，推尋原旨，考辨得失，進而彰顯聖人的微言大義，釐清後人的誤解，西河學術之不可掩，也就可以瞭然矣。

第二節　與四書相關的著作

西河著作甚豐，主要是因爲文思敏捷，用力又勤，所謂「捫胸腹四應，頃刻付去無誤」，而且雖然年躋耄耋，卻持恆專一，不曾稍解，李塨即指出西河八十四歲仍然「繩頭細帖」、「核博精明，與十年前一」（詳見前引），自然西河在撰作品質與數量上皆有過人的成績，《顏李師承記》中便盛譽西河「博學有文，著述甚富」，〔註 29〕康熙三十八年（1699），西河七十七歲時，即由

渭、朱彝尊、湯斌、李因篤、汪琬、施閏章、毛騤、毛際可、張杉、劉漢中、來蕃、徐緘、方邁、屈復等人。頁476～482。

〔註28〕盛唐〈西河先生傳〉載云：「時從游者甚眾，先生不好長于人，凡請執摯願受業者，輒閉門謝不敏，以故遠近私淑多于親炙，然自本房取士十二人外，猶有八十餘人服心喪者。」見《毛西河先生全集》卷首，頁29。傳末附有編輯及參校人名八十四人，則是相與從學的門生弟子，人數之多，可以概見。

〔註29〕詳見徐世昌撰《顏李師承記》云：「大可時年八十四矣，猶然繩頭細書，與前學樂時無異。大可博學有文，著述甚富，即與恕谷相見，論《易》、論《尚書》，均博而能要，皆堪資法。」收入周駿富輯《清代傳記叢刊》第九冊，頁127。

門人李塨、盛唐等人編輯《西河合集》（後題爲《毛西河先生全集》），開始搜輯西河的論著，加以刊刻傳世。但西河仍然研經講學不輟，所以在西河卒後，仍續有補輯，〔註 30〕其中分經集二百三十六卷，文集六十三卷，共計二九九卷，今存二九四卷，是目前存錄西河撰述的主要作品。〔註 31〕至於輯成之前刊刻的舊作《夏歌集》、《瀨中集》……等，〔註 32〕因已經行世而未收入，如今則已泰半亡佚。至於後來所作之《四書改錯》，則是因爲懼禍而未收入。而《四庫全書》、《皇清經解》、《皇清經解續編》等，也收錄不少西河經說，此外，尚有單行刻本、選本等並未完全收錄，〔註 33〕可見西河著作的卷帙確實相當龐大，而且由於《毛西河先生全集》目前尚無鉛印出版，取閱上並不方便，所以爲便於檢覈內容，筆者撰作《毛西河及其春秋學之研究》時，對於西河現存的論著，包括典藏、收錄、存佚、卷數、分冊等，有粗略的整理，在了解西河著作的存佚概況之餘，也可以提供檢索的參考。〔註 34〕

〔註 30〕在《毛西河先生全集．總目》中，門人李庚星附注云：「先生晚年，專務經學，戒勿輯文集，故詩、賦、記、序諸文稿存者尚多，俟檢校，同未刻者讀刻，其目不載，至屏、幛、墓石諸碑版文，任人贋作，掌錄者已愼防竄入，以辨眞贋。但僞文甚多。按：先生七十歲時即自爲〈墓誌〉辭世，而是集之成，訖于康熙三十八年，計之，實七十有七，倘是年以後，更有他刻非門下所錄，總是贋本，觀者審之。」其後蔣樞續云：「（西河）研經講學，殆無虛日，所積卷帙甚夥，經集如干卷，文集如干卷，既經鏤刻，而原目未載者，今悉補入，彙爲成書，部署一遵舊式。」，頁 43～44。可見西河在七十七歲時纂輯完成《西河合集》，之後又有蔣樞等後續之補充，在卷首〈西河先生傳〉末附有編輯姓氏、參較姓氏、重輯姓氏、三輯姓氏等。頁 32～33。可見纂輯《毛西河先生全集》實非成於一時，成於一手。

〔註 31〕《毛西河先生全集》中經集有五十種，二百三十六卷，今存四十九種，《儀禮疑義》二卷已佚，而《辨定嘉靖大禮議》則實爲二卷，所以實存二百三十五卷。文集部分則共二百六十三卷，缺〈策問〉、〈表〉、〈續哀江南賦〉、〈擬廣博詞連珠詞〉四卷，實存二百五十九卷。合計經集文集共四百九十四卷。

〔註 32〕計有《夏歌集》、《瀨中集》、《當樓集》、《鴻路堂詩鈔》、《西河文選》、《兼本雜錄》、《丹攤雜錄》、《還町雜錄》、《桂枝集》、《越郡詩選》、《古今通韻》等十一種，未入《西河合集》中，詳見《毛西河先生全集．總目》卷首，頁 37。

〔註 33〕西河所作單行之刊本或選本，或是單篇爲叢書所收錄者，據筆者所計尚有《三江考》、《三年服制考》、《毛西河論定西廂記》、《古今通韻》、《四書改錯》、《西河雜箋》、《沈雲英傳》、《杭城治火議》、《重建宣城徐烈婦祠碑記》、《家貞女墮樓記》、《家禮辨說》、《容齋千首詩》、《曼殊回生記》、《曼殊葬銘》、《曼殊留影》、《楊孝子傳》、《檀弓訂誤》、《嘯竹堂集》等十八種。詳見拙著《毛西河及其春秋學之研究》，頁 25～27。

〔註 34〕參見拙著《毛西河及其春秋學之研究》中對於西河著作之整理，頁 11～27。

至於其中有關四書的部分，則多數是西河晚年之作，甚至是弟子纂輯而成，主要見於《毛西河先生全集》中，以及獨立之《四書改錯》，計有：

1、《四書索解》四卷

2、《論語稽求篇》七卷

3、《大學證文》四卷

4、《大學知本圖說》一卷

5、《中庸說》五卷

6、《四書賸言》四卷

7、《四書賸言補》二卷

8、《聖門釋非錄》四卷

9、《逸講箋》三卷

10、《大學問》一卷

11、《四書改錯》二十一卷　附錄一卷

《毛西河先生全集》在收錄《四書索解》之前的序目中，即列有前九種的書目，推究用意，可以發覺編者似乎有意以此自成單元，用以存錄西河研習四書的成果，此外，《大學問》是應邵廷采之問的講錄，加上不入《毛西河先生全集》的《四書改錯》，共計十一種，五十七卷。歸納其中，綜論四書有四種，專論部分則有《大學》三種，《中庸》一種，《論語》一種，《孟子》則並無專論之作，至於雜論性質則有《聖門釋非錄》、《逸講箋》等。其中專論、合論，性質有異，專論之中，分量顯然也並不平均。事實上，其中甚至有門人附入之見，雖然仍是依循西河見解闡釋，但可以了解西河四書的論著中，其實並不全然是西河之言，自然須加甄別，而且由於情況各殊，一書之中，甚至有不同的纂輯者，不同的論述主題，必須加以釐清，所以略述於下，並附以收錄的情況，以備考索。其中《毛西河先生全集》所標之分冊，是依據中央研究院歷史語言研究所所藏康熙刊本，而《皇清經解》及《皇清經解續編》則依漢京文化事業公司印行之重編本。

（一）《四書索解》四卷

收於《毛西河先生全集》第三十四冊～三十五冊，《叢書集成新編》第十冊，《藝海珠塵》匏集第三十三冊～三十四冊。本書題爲王錫（字百朋）輯，書前並錄其序。王錫是西河門人，據序所言，其實本書原題爲《疑案》，是繼子毛遠宗所編，但王錫認爲懷疑之後，主要仍是希望能澄清疑義，爲求正本清源，所以將本書改名爲《索解》，云：

> 今先生之子述齋輯先生《經集》成，遂抽《經集》中所已解而尚有待者，約若干條，去其所解，而錄其所疑，名曰「疑案」，以丐世之共解之。……特是卷原名《疑案》，以爲不疑則不解，而予謂必有以解之，直是索解人不得耳。一經考索，則世多學人，豈無始而驚，既而疑，又劃然以解者，因更名《索解》。吾願世之見之者，但曰：「解人當如是。」不當曰：「不求甚解。」斯庶幾已。（《四書索解》卷一，頁1）

王錫認爲「疑案」只是第一步驟，更重要是引發思考，使疑有所解，所以更名爲「索解」，雖然本書並非西河自撰，但卻列於卷首，似乎希望學者能先困心衡慮，再從西河的論著中，搜檢研討，以求渙然冰釋。〔註35〕另外，本書是將西河論著中的考辨，去其解而裒輯成書，由於體例特殊，《四庫全書總目提要》對此並不認同，認爲純爲「駭俗」之作，云：

> 然有問有答，其旨在於駁註，而其跡乃似於攻經。且據錫所序，其解已散見奇齡各書中，亦何必更出此書，蹈禪家機鋒之習，則非欲詁經，直欲駭俗耳。漢晉以來儒家無此體例也。〔註36〕

由於《四書索解》的體例特殊，不符合經注常例，甚至有蹈禪家參禪之習的情形，雖然是批駁後人注解未的，但直接質問之下，似乎也呈顯經義多歧的情形，所以《四庫全書總目提要》認爲本書是「非欲詁經，直欲駭俗」。但西河於《四書改錯》中曾指出違俗改錯，雖然不合規矩，但也是不得已的結果，云：

> 《離騷》曰：「固時俗之工巧兮，偭規矩而改錯。」解之者謂俗固多錯，然背規矩而改之，則雖改亦錯。（《四書改錯》卷一，頁5～6）

〔註35〕王恬撰〈四書索解序目〉云：「第先生每舉疑義，人必不解，而先生必解之。間以所解者示人，人率視爲固然事，一似宿解本如是者，故門人王錫就先生之子述齋所輯《疑義》而專行以丐解者，謂之《索解》，使閱先生書者先拂于心，而後渙然以冰釋，似亦爲學次第一大端也。」見《四書索解．序目》，頁1。《四庫全書總目提要》四書類存目「《四書索解》四卷」提要云：「是書爲其子遠宗所編，本名《四書疑義》，有問有答，奇齡沒後，遠宗裒輯成書，存所疑而刪所解，名曰《疑義》。」，頁776。據此可以了解此書另名《疑義》，是西河沒後子弟先後編纂而成。所謂「索解人」，有先示人問題，使人「始而驚，既而疑」（見《四書索解》卷一，頁1）的作用，雖非西河親自撰作，但列於卷前，即是有見於此。

〔註36〕見紀昀等奉敕撰《四庫全書總目提要》四書類存目「《四書索解》四卷」提要。頁776。

既然時俗多錯，又爲免於「背規矩」，門人提出「索解」的折衷方式，似乎也有其道理，所以纂輯此書，基本上仍然符合西河「稽求」、「改錯」之意，而且按圖索驥，確實也有助於掌握西河考辨的成果。

（二）《論語稽求篇》七卷

收於《毛西河先生全集》第三十五～三十六冊，影印本《四庫全書》第二一〇冊，《皇清經解》第十四冊，《無求備齋論語集成》第一八五～一八六冊，《叢書集成新編》第十七冊，《龍威秘書》第八函第八集第六十二冊。據王恬〈四書索解序目〉所載，本書是西河醫痺於杭州的作品，云：

> 方初歸時，尚醫痺杭州，作《論語稽求篇》、《大學證文》諸書。而既而首丘念切，仍葺蕭山舊草堂居之。（《四書索解・序目》，頁2）

西河七十三歲醫痺於杭州，八十三歲東歸草堂，本書即是此時復讀《論語》的心得，西河嘗自述其緣由云：

> 乃少讀《論語》皦皦然，至再讀而反疑之，迨于今凡再三讀，而猶豫頓生，似宣尼所言與七十子之所編記，其意旨本不如是，而解者以己意強行之。（《論語稽求篇》卷一，頁1）

所謂「解者以己意強行之」，其實主要即是針對朱子而發，而在猶豫懷疑之後，西河嘗試釐清《論語》中古注與朱注的差異，進而探究經文原旨，《四庫全書總目提要》即說明西河主要是以古義來攻詰朱子的《論語集注》，云：

> 朱子《四書章句集註》，研究文義，期於愜理而止，原不以考證爲長，奇齡學博而好辨，遂旁採古義以相詰難，此其攻駁《論語集註》者也。〔註37〕

其中指出西河的攻駁有「強生枝節」、「半是半非」、「全然無理」之處，但其中也有其考據特詳、持論亦正之處，未可全然抹煞。但其中特殊之處是西河有意另闢蹊徑，以考據的方式批駁前人說解義理的缺失，云：

> 然而言論旁及，多見事物。凡夫禮儀器制、方名象數、文體詞例，皆事物也。如人身然，義理者，府藏也，事物者，耳目也。府藏，人所不見，我以爲府而人必爭以爲藏，何從質辨。惟耳目昭昭在人，人有指耳而稱目，指眉頰而稱頤頷者乎？義理難明，則吾以事物明之，府藏難辨，則吾以耳目辨之。雖曰顯見既差，安問微隱，然而

〔註37〕見紀昀等奉敕撰《四庫全書總目提要》「《論語稽求篇》四卷」提要，頁750。

> 事貴類推，蓋即耳目間而已，有如是其可疑者，是以無據之言必不以置喙，無證之事必不以炫聽，偶有所見，則必使聖賢形模明明可按。(《論語稽求篇》卷一，頁2)

義理與考據路徑不同，但西河認為經由類推，考據仍然可以闡明義理，尤其在人所共見的前提下，考據可以提供後人檢證是非，剖判得失，有助於呈顯客觀的答案，然而義理卻是人云云殊，可以理推，難有定準。所以西河依此方式，搜羅古義，立意考辨，藉以批駁朱子《論語集注》的缺失，開展不同的研讀方式，在研究方法上，實具開創意義。

（三）《大學證文》四卷

收入《毛西河先生全集》第三十六～三十七冊，影印本《四庫全書》第二一〇冊，《叢書集成新編》第十七冊，《龍威秘書》第八函第八集第六十三冊。據〈西河經集凡例〉所載，本書是西河在杭州時期完成的著作，云：

> 若《大學證文》則作于史館而成于家者，後見朱氏《經義考》增入《大學》改本數十本，重彙一卷。(《毛西河先生全集・經例》，頁2)

可以了解西河在京師時期已有撰作《大學證文》的構想，留寓杭州時更依據朱彝尊《經義考》的內容加以補充完成。其中備列二程以來重要的改本，西河一方面宗主《大學》古本，另外也推尋歷來改本相沿之跡，其中可以分成兩部分，第一部分有：1、《大學》，2、《大學》石經本，3、魏政始石經改本，[註38] 4、宋程氏明道改本，5、程氏伊川改本，6、朱氏元晦改本諸本。首標之《大學》即是《禮記》第四十二篇的〈大學〉，至於石經本，西河認為與注疏本無異，所以僅錄名目，至於魏政始石經本即是明代豐坊改本，西河雖然考辨其偽作之跡，卻仍從其偽託時代，所以列於程、朱之前。以上諸本皆全列其文，云：「搜列舊文，略證諸說，而全列四改文于其後」(《大學證文》卷一，頁4)。至於第二部分則宋元以後其他倣效的改本，西河選錄其中五本：1、王氏魯齋改本，2、蔡氏虛齋改本，3、季氏彭山改本，4、高氏景逸改本，5、

[註38] 西河撰《大學證文》卷二云：「考魏史正始中，諸儒虞松等校過石經，魏邯鄲淳、鍾會以古文、小篆、八分書之于右，豎在漢碑之西，魏政始中原有五經書石之事，其云『政和』，則宋徽宗年號，係政始筆誤。」，頁2。據此可以了解偽石經原作「政和」，但西河認為此為宋徽宗年號，為從其偽託時代，所以改題為魏政始石經改本，但事實上題為「政始」仍然並不正確，正本清源則應作「正始」，西河考辨其中，卻仍受其影響，確實令人遺憾。但為存其原本，便於檢閱，本文則依其所題為稱，茲附論於此。

葛氏屺瞻改本作爲代表，諸本則僅列其中異同之處，並加按語說明。據此，一方面可以概見「道術爲天下裂」，聚訟不已的情形，進而批駁程朱改經之不是，而另一方面備列改本，也可以考見其間相襲之跡。可以了解西河宗主古本的立場，實爲鮮明。然而在改與不改之間，《四庫全書總目提要》則採取兼取包容的立場，對於西河此作，仍然多所稱許，云：

> 奇齡備列諸本，使沿革秩然，亦足資考證。蓋一則欲綱目分明，使學者易於致力；一則欲章句不易，使古經不至失眞，各明一義，固可以並行不悖耳。〔註39〕

西河表彰古本，批駁改本，力主復古存眞，至於程、朱所改，甚至宋元以後紛紛的改本，其實也都是希望能恢復《大學》的原本，只是對於文獻的著眼不同，也就有不同的處理方式，所以《總目提要》認爲明各一義，可以並行不悖，但無可諱言，改經就己，確實有其不妥之處，西河能以客觀的角度，備列諸本，不僅具有保存史料的功能，深具文獻價值，尤其對於豐坊僞石經的辨僞中，提示版本考辨的重要，更可以作爲後人研經論學的參考。

（四）《大學知本圖說》一卷

收於《毛西河先生全集》第三十七冊。據〈西河經集凡例〉所載，可知本書是西河流亡嵩山時，受高笠僧的啓發所得，對於日後研經論學影響極鉅，云：

> 《大學知本圖說》作于少林寺僧房，時遼東老僧高笠先生傳授古本《大學》，故著此。此先生一生學問所得力處，後在汝寧署著《後知本圖說》，每密藏衣絮間，出入不離，及還鄉里，急以此付家人，曰：「吾得存此，幸矣。」（《毛西河先生全集・經例》，頁2）

西河於康熙四年（1665）游少室，其間得到高笠先生傳授古本《大學》，並且開示修持心性之學，本書前半部即存錄此事，特別標舉古本爲宗，倡言「誠意」之效，並且據以析出結構，繪成「《大學》知本圖」，作爲體悟省察的依據，其中分爲：「《大學》有本」、「格物知本」、「格物以修身爲本」、「修身以誠意爲本」諸圖。至於後半部則是西河旅寓淮西時，進一步結合《中庸》至誠的概念，擴充誠意之教的成果，題爲「知本後圖」，以「《大學》知本」、「《中庸》立本」兩圖並立，節次相配，藉以說明《大學》、《中庸》皆是以修身爲本，而修身又以誠意爲宗的情形。至此，西河完成聖道進程以及內涵的建構，

〔註39〕見紀昀等奉敕撰《四庫全書總目提要》「《大學證文》四卷」提要，頁751～752。

從而也確定日後爲學的宗旨。

（五）《中庸說》五卷

收入《毛西河先生全集》第三十八～三十九卷。據卷首毛遠宗的識語，可以了解本書是西河東歸草堂，與門人相互講論的作品，云：

> 先生歸田後擬註四書，而冉冉不逮，至兩遭大病，首丘念切，因葺城東草堂，而還棲其中，足痺不外出，口語呿呿，痛故友淪亡，無可語者，會會稽章泰占以嗒血從白門還，與同邑樓象明，家充有甫作主客，而嘉興陳自曾、杭州朱鹿田，並相過問，因于早食之頃，請先生略說《中庸》，而象明、泰占各有質難，并各記其語，顧記紙零落，棄置簏中又一載餘矣。（《中庸說》卷一，頁1～2）

西河於康熙四十四年（1705）東歸草堂，以八十三歲高齡應門人要求講述《中庸》，講論內容則由門人章大來（字泰占）、樓宅中（字象明）、朱樟（字鹿田）、陳佑（字自曾）以及繼子遠宗、姪文輝等人加以編次，其後並且附以門人講論的心得。至於其中的內容，主要是批駁朱子闇於聖學內容及路徑，使後學無法領略聖人原旨，因此在講論之中，極力闡明《中庸》愼獨誠身之效，並且推極于至誠至聖之境，使學者宗主明確，不再亡羊歧路，迷途不返。

（六）《四書賸言》四卷《補》二卷

收入《毛西河先生全集》第三十九册及四十册，《皇清經解》第十七册。《四書賸言》及《四書賸言補》是西河雜論四書的作品，依《四書賸言補》之前章大來（字泰占）的識語，可以了解此爲門人陸續纂輯西河經說而成，云：

> 《四書賸言》者，西河先生說經錄也。先生歸田後，日與人說經，而學人多不在側，鮮司錄者，凡雜記問辨，皆自以紙片書出，零散投篋，而亡軼不少。嘗讀《四書賸言》四卷，疑前二卷與後二卷，如出兩手。及詢之，則前卷爲盛樅陽、王百朋諸君所輯，而後卷則先生之子述齋爲政。雖同出紙片，而補綴所聞，各有記憶，且亦陸續成此書，不能一轍。予侍坐最後，提命亦甚疏，然亦曾竊錄數則，其見之《賸言》與《經問》者，尚十餘其一，急欲綴卷末，而書已成矣，因輯作補遺，附《經集》後。（《四書賸言補》卷一，頁1）

據此可以了解《四書賸言》前兩卷是西河門人盛唐、王錫所輯，後兩卷則是繼子遠宗所編，至於後來《四書賸言補》二卷則是章大來的續補之作。《四庫全書總目提要》即說明其中收錄的情形，實爲複雜，云：

> 其書本語錄之流，隨時雜記，不以經文次序爲先後，亦不以四書分編，惟每卷目錄，各稱《論語》若干條、《大學》若干條、《中庸》若干條，《孟子》若干條耳。奇齡說經，善考證而喜辨論。故詮釋義理，往往反覆推衍，以典籍助其駁詰，支離曼衍，不顧其安。至於考核事實，徵引訓詁，則偏僻者固多，而精核者亦復不少，……未嘗不可與閻若璩《四書釋地》並傳也。補二卷中，多載其門人子姪之說，疑唐錫等亦有所刪潤，非盡奇齡之舊觀。大來序稱補綴所聞，各有記憶，且亦陸續成書，不能一轍，則雜出眾手，明矣。〔註40〕

因爲雜出眾手，所以內容上並不一致，尤其在往覆申論，多載問辨情事之餘，也顯見其踳駁之處，因此《總目提要》也認爲其中不乏精核可據之處，可供後人參考，自然不宜偏廢。

（七）《聖門釋非錄》四卷

收入《毛西河先生全集》第四十冊。西河門人陸邦烈（字又超）編，因爲朱子《四書章句集注》對於孔門弟子多有懷疑，所以陸氏取西河有關於此的考辨，裒合成帙，並且附以門人子姪之見，以辨明其非。門人王恬（字引齋）載其旨趣云：

> 宋儒自矜所學，直接堯舜，因互相標榜，原有微視先聖之意，故于北宋諸儒，高樹門幟，不容一人訾議，……而于先聖先賢，恣情敲駁，《大學》、《孝經》連篇刪改，即孔門諸賢，何一不受其削斲，相其用心，實有抑聖賢以揚同類之意。（《聖門釋非錄》卷一，頁 1）

由於並未領略聖人精義，甚至偶有誤解，因此宋人在詮釋經旨時難免有所偏差，尤其對於孔子門人，往往深寓救正之意，陸氏於是「因稍輯先生所言，與他書偶錄可引據者，彙成一卷，名曰：《釋非》。以爲聖門口語，各有精義，或未可盡非焉爾。」（《聖門釋非錄》卷一，頁 2～3）可以了解本書主要是用以批駁朱子釋經的偏頗，但《四庫全書總目提要》對此並不十分贊同，云：

> 朱子《集註》，補苴舊說，原恐後學之誤會，亦非主於排斥孔門，邦烈此書，雖無作可也。此本刻《西河合集》中，舊題奇齡自撰，今

〔註40〕見紀昀等奉敕撰《四庫全書總目提要》「《四書賸言》四卷《補》二卷」提要，頁 750～751。

考究始末，實邦烈所爲。……故改題邦烈，從其實焉。〔註41〕

《總目提要》認爲朱子承襲舊說，主要是立意補救，避免後人的誤解，而非有意貶抑聖人，自然不必嚴加苛責，但就注解經義的立場而言，本書確實有助於澄清詮釋的分際，同樣未可全盤抹煞。至於本書原題爲西河所作，《總目提要》則認爲應是門人陸邦烈所爲。但西河對於朱子非薄前賢確實多所致意，陸氏之作基本上仍符合西河的論點，甚至就其內容而言，本書也多屬西河之見，所以依其舊題，視爲西河之作，其實也並無不妥，〔註42〕至於論述的歸屬，只要引錄取用時，多加甄別，其實並無礙於釐析西河之見。

（八）《逸講箋》三卷

收入《毛西河先生全集》第四十一冊。本書是由西河繼子及門人編錄而成。但書中三卷的內容並不相屬，第一卷爲章世法（字宗之）所輯西河講論《孟子》「不動心」章的草稿。第二卷是西河之姪毛文輝（字充有）輯錄西河講論《論語》的成果，主要是辨析《集解》及《集注》間相互牴牾之處，藉以表彰《集解》說解經義的長處。而依兩卷卷首的識語，可以了解蒐輯的內容是西河八十三歲東歸草堂後，與門人相互講論的舊稿。至於第三卷〈大學辨業辨〉則是樓宅中（字象明）所輯攻詰李塨《大學辨業》的作品，李塨初師顏元，後入西河門下，但撰是書又兼用顏元之說，有違西河標舉的格物之旨，〔註43〕康熙四十五年（1076）毛遠宗從京師攜回其著作，同門譁然，以

〔註41〕見紀昀等奉敕撰《四庫全書總目提要》「《聖門釋非錄》五卷」提要，頁778。

〔註42〕西河撰《西河集》卷二十一〈復章泰占質經問書〉中提及「頃平湖陸生刻《聖門釋非錄》成一冊奉去。」收入《四庫全書》第一三二〇冊，頁175。可見此書在西河生前即已刻成，並且在門人之中傳閱，而以西河言下之意，似乎也視爲自己的作品，事實上推究其內容，確實也多數是西河的論述，所以不妨依其舊題爲西河所作，不必改爲陸生所爲。

〔註43〕章世法等輯《逸講箋》卷三載西河述其緣由云：「（塨）暨歸一年而書來請業有云：『古本《大學》說格物袛量度本末，似少實際，塨擬以《周禮》司徒職三物之教當之，似德性道藝較有把捉，恐《大學》教人成法只得如此。』此即陰行習齋說也。予隨答之云：『《大學》實際全在誠意，觀古本于誠意章歷引諸經，歸之知本，則凡於緝熙敬即六德，止孝止慈，即是六行，尚安有德行道藝在誠意前。夫不從古本則已，既從古本，則本文自有物字，物有本末，明指明新，若更添一物，則仍須補而後已，三物與天下之物無異也。』其說折去已久。」，頁2。所謂司徒職三物，即《周禮》卷十〈大司徒〉云：「以鄉三物教萬民，而賓興之，一曰六德，知、仁、聖、義、忠、和。二曰六行，孝、友、睦、姻、任、恤。三曰六藝，禮、樂、射、御、書、數。」，頁160。西河主古本《大學》之教，堅持誠意爲宗，但李塨則承自顏元之教，混入《周

爲叛教，所以立意批判，撰成本篇，西河說明其中緣由，云：

> 今彼重理前說，要是其夙習不能忘，非有他故，祇其中引據俱襲予《證文》一書，而又不著所出，且其說亦終有貽誤處，恐他日不諒，或以爲毛氏之學原是如此，則不可不爲一辨，若存性存學，則習齋之書，何與于我而煩嘵嘵爲。(《逸講箋》卷三，頁2)

自此西河與李塨嫌隙已生，分路歧出，卷中內容即存此公案。其中除西河講論之外，也雜有門人子姪的附論，由於是重加蒐輯的叢殘之稿，所以題爲「逸講箋」，雖然本書並非專論之作，但仍然可以提供後人了解西河與門人講論四書情形，尤其對於「不動心」的推究，以及對於李塨《大學辨業》的批駁，更是具有參考的價值。

（九）《大學問》一卷

收入《毛西河先生全集》第四十五冊。本書是西河答門人邵廷采（字允斯）之問纂集而成，邵氏於康熙三十八年（1699）投入西河門下，研求陽明之學，本書即是此時相與研議的作品，卷首即載其緣由云：

> 邵廷采問：「往讀王文成公古文《大學》，不得其解，近先生作《大學證文》示人，首載不改之《大學》，而過于矜慎，不即爲訓釋，仍未瞭然。竊不自量，欲懇略作指示，使天下學者並曉大意，何如？」(《大學問》卷一，頁1)

西河於是因其問，依《大學》原文分段加以疏解，其中不假割裂重組，不藉移易改作，而是直接依據原文加以闡發，並且進而與《大學知本圖說》的要旨相互配合，完全匯歸於修身誠意的進學途徑，據此可以了解西河發展陽明學說，以及講論古本《大學》的心得。

（十）《四書改錯》二十一卷　附錄一卷

本書是康熙四十七年（1078）西河八十六歲時所編，主要是用以批駁朱子的《四書章句集注》，然而康熙五十一年（1712）朱子升祀配享孔廟後，朝廷尊朱的立場已經確定，西河於是自斧其版，所以《毛西河先生全集》也並未加以收入，金孝柏跋《四書改錯》即說明本書傳世極少，云：

> 《西河全集》中說經數十種皆入《四庫全書》著錄，行世已久，其《四書改錯》一種，刊成旋毀，故流傳甚少。己巳夏，余偶從書賈

禮》司徒教萬民之法，自此宗旨有別，嫌隙已生。

得此書，繼因求觀者眾，遂付剞劂。……嘉慶辛未五月望日，甌山金孝柏跋。（《四書改錯・附錄》未標頁碼）

今中央圖書館、東海圖書館所藏即是嘉慶十六年（辛未）的重刊本。書前有門人唐彪〈四書改錯序目〉述其緣起云：

先生老不事筆札，每以未註四書爲憾，門生兒子善承意，輯先生《經集》與《講錄》之及四書者，作《四書正事》八卷，正其釋事之有錯者，已行世再期月矣。顧陸續補綴，似失紀要，先生於伏床時更爲整理，使兒孫知書者增損移易，分三十二門部，計四百五十一條，合二十二卷。名曰：「改錯」，雖仍未正義，然而義亦多可見焉。（《四書改錯・序目》，頁 1）

對於《四書改錯》的體例形製已略有提及，至於其中旨趣，及撰作目的，西河於書前說明更詳，云：

康熙丙戌，予東還草堂，以年踰八十，不能著書，兒子遠宗，偕兄子文輝從京師歸，與門人張文彬、文楚、文藿兄弟，輯予經集中有四書註作駁辨者，合之作《正事》一書，先正其名物、文藝、禮制、故實，而闕其義于有待。以爲義煩而事簡，第正其簡者，且又不盡其刊正之力，謂之括略。而惜其陸續補綴，無經紀也。……因取《正事》一書而條理之。而遠宗、文輝仍赴京師，三張兄弟以傭書散去。老病臥床，日呼兒孫能書者，口授而使記之，題之曰「《四書改錯》」。《離騷》曰：「固時俗之工巧兮，偭規矩而改錯。」解之者謂俗固多錯，然背規矩而改之，則雖改亦錯，吾之題此，正恐改者之仍有錯也。他日皇上南巡，當躬進此書，以丐聖鑒，否則藏于家，以俟門生兒子之入獻焉。康熙戊子某月日。（《四書改錯》卷一，頁 5～6）

可以了解在康熙四十五年（1706）西河八十四歲時，原本就有《正事》一書，用來糾正前人釋事之有錯者，後來依此整理，更加具有系統，康熙四十七年，本書才纂輯完成。前後參與纂輯有張文彬（字二監）、文楚（字南服）、文藿（字風林）三兄弟，以及繼子遠宗（字述齋）、姪文輝（字充有）、兄孫毛詩（字耦萇）等人，取《離騷》「固時俗之工巧兮，偭規矩而改錯」的命義，題爲「四書改錯」。內容方面，本書採取不同於傳統注釋疏解的方式，而是引錄朱子《四書章句集注》的內容，逐條加以批駁，共分爲三十二門部，四百四十七條，其中批駁的層面十分廣泛，甚至包括與四書相關的問題，皆嘗試予以釐清。可以了解本書是西河晚年寄以厚望，希冀邀得上寵的專力之作，立意雖不高，但用力甚深，在層層批駁中，時有精闢之見，足資考據，尤其倡言高論，標舉考據，更有震聾發聵之功，錢穆《中國近三百年學術史》云：

> 朱注四書，自南宋以來五百年，元、明兩朝奉為取士之準，晚明以來學者雖有述朱述王之異，然未有大張旗鼓以肆攻擊如西河此書之烈也，其傲睨之氣，縱橫之辨，良足以震聾發瞶，轉移一世之視聽矣。〔註44〕

由述朱述王的理學之爭，轉而成為推究經典原旨的考據，標示風氣的轉移，以及學術路徑的改易，論其地位，實有不刊之功，只是時勢不由人，自是西河始料所未及。

以上為西河四書學之專著，其中包括早年發憤，一生受用之體證，以及晚年孜孜矻矻，研議經義，考辨原委，冀以轉移一代風氣的論著，門類既多，範圍亦廣，其中有與當世名士相與之論辯，也有與門生弟子論纂編輯的作品，雖然稍顯蕪雜，卻是西河一生學力所著，為求明晰，茲表列如下：

書　名	纂輯者	卷　數	收錄情形	撰成時間
《四書索解》	王錫輯	四	《毛西河先生全集》34、35冊 《叢書集成新編》10冊 《藝海珠塵》匏集33、34冊	
《論語稽求篇》	毛西河撰	七	《毛西河先生全集》35、36冊 《四庫全書》210冊 《皇清經解》14冊 《無求備齋論語集成》185、186冊 《叢書集成新編》17冊 《龍威秘書》八函八集62冊	
《大學證文》	毛西河撰	四	《毛西河先生全集》36、37冊 《四庫全書》210冊 《四庫全書珍本》九集65冊 《叢書集成新編》17冊 《龍威秘書》八函八集63冊	康熙三十八年

〔註44〕詳見錢穆撰《中國近三百年學術史》第六章「閻潛邱毛西河」，頁230～231。

《大學知本圖說》	毛西河撰	一	《毛西河先生全集》37 冊	
《中庸說》	章太來等輯	五	《毛西河先生全集》38、39 冊	康熙四十四年
《四書賸言》	盛唐等輯	四	《毛西河先生全集》39 冊 《皇清經解》17 冊	
《四書賸言補》	毛遠宗等輯	二	《毛西河先生全集》40 冊 《皇清經解》17 冊	
《聖門釋非錄》	陸邦烈輯	四	《毛西河先生全集》40 冊	
《逸講箋》	章世法等輯	三	《毛西河先生全集》41 冊	
《大學問》	毛西河撰	一	《毛西河先生全集》45 冊	康熙三十八年
《四書改錯》	張文彬等輯	二十二	嘉慶十六年重刊本	康熙四十七年

此外，在《西河集》所收錄的書論中，包括卷十五〈復沈耿巖編修論大學證文書〉、卷十八〈與馮山公論論孟書〉、〈與朱鹿田孝廉論論孟書〉、卷一百二十〈折客辨學文〉、卷一百二十二〈辨聖學非道學文〉……等，都散見西河研議四書的心得，在相與討論中，可以提供西河觀念形成的線索，也是不可偏廢，本文即以此爲範圍，勾稽旁搜，分析門類，呈顯西河四書學的進程及其內涵，一方面補充朱注的不足，並且進而希望能彰明幽微，體現四書豐富的內涵。

第三章　西河四書學撰述的背景與動機

第一節　時代背景

一、明清之際科舉的因襲與變革

明清鼎革之際，不僅是新舊王朝的更替，也是典制變革時期，尤其在家國淪亡之後，清初諸儒不免對於明朝以八股制藝選士的方式提出批評，認爲是敗壞學風之舉，〔註1〕甚至清廷在承襲明制之餘，也曾經對此加以研討，嘗試改變此一典制，例如康熙初年，就曾經兩度廢除八股，改用策論的方式，另外，康熙十八年（1679）在科舉之外，更以開科徵士的方式，網羅天下文士，也都可以作爲證明，雖然最後仍然回歸舊制，但思以改革的情形，卻是可以了解。〔註2〕而就西河本身的經歷而言，更容易了解其中轉折的關鍵，以

〔註1〕明、清之際，在強調實學，反對空疏浮華的學風中，黃宗羲、顧炎武、王夫之等大儒，往往在檢討前朝典制時，痛斥八股取士敗壞天下人才，使學術衰微，終至靡爛。並且在制度上思以改革，詳見劉虹撰《中國選士制度史》中論明清之際對於八股取士的批判及改革選士方案的設計。頁355～364。

〔註2〕趙爾巽等撰《清史稿》卷一百八〈選舉三〉即載云：「鄉、會試首場試八股文，康熙二年，廢制義，以三場策五道移第一場，二場增論一篇，表、判如故。行止兩科而罷。四年，禮部侍郎黃機言：『制科向係三場，先用經書，使闡發聖賢之微旨，以觀其心術。次用策論，使通達古今之事變，以察其才猷。今止用策論，減去一場，似太簡易。且不用經書爲文，人將置聖賢之學於不講，請復三場舊制。』報可。七年復初制，仍用八股文。二十四年，用給事中楊爾淑請，禮闈及順天試四書題俱欽命。時詔、誥題士子例不作，文、論、表、判、策多雷同剿襲，名爲三場並試，實則首場爲重。首場又四書藝爲重。」，

及相關的影響。如西河少習制藝，對於四書相當嫻熟，自撰〈墓誌銘〉中就提及舉諸生時取第一，〔註3〕盛唐〈西河先生傳〉更載西河入塾時，以善誦而盡讀《論語》注文，此皆可以了解西河早年研習四書，積極投身科舉的情形。但西河幼年讀《論語・學而篇》「其爲人也孝弟」一章時，批判朱注在仁與孝弟中牽扯何者爲根本，有扭曲經義之嫌，並且對於朱子闡發性中「曷嘗有孝弟來」的論旨，〔註4〕提出「此言不忍聞」的批駁，〔註5〕似乎聰敏之外，也能反映西河學有定見。不過，西河最終並未以制藝聞達（詳見前文），全祖望〈蕭山毛檢討別傳〉便認爲西河其實不善科舉文，所以在結束流亡後，應試並不順遂。〔註6〕其中所述與西河幼年應試，推官陳子龍評稱才子的情形，似乎迥然不同，一方面或許是全氏輕薄西河之餘，以「毀人不益其惡，則聽者不愜於心」的心態，誇張其事；再者，西河流亡於途，塡詞賦詩之餘，不免也就疏於舉業，不過在改朝換代之際，詩文與舉業之中，西河會有所去取，

頁3149。

〔註3〕西河撰《西河集》卷一百一〈墓誌銘〉云：「五歲請讀書，無師，太君口授《大學》已訖讀，問其字何等？太君買市雕《太學》一本，令循所讀自認之，一再周無不識者。總角舉諸生，一月中取小試第一者四爾。」收入《四庫全書》第一三二一冊，頁125。可以了解西河自幼所習，雖然仍是傳統士人啓蒙的路徑，但其中卻表現出超乎常人的聰敏。

〔註4〕《論語・學而篇》「孝弟也者，其爲人之本與！」朱熹注云：「或問：『孝弟爲仁之本，此是由孝弟可以至仁否？』曰：『非也。謂行仁自孝弟始，孝弟是仁之一事。謂之行仁之本則可，謂是仁之本則不可。蓋仁是性也，孝弟是用也，性中只有箇仁、義、禮、智四者而已，曷嘗有孝弟來。……』」《論語集注》卷一，收入《四書章句集注》，頁48。朱子爲維護仁的根源性，所以否定孝弟爲本的概念，但如此也就違背如實客觀的訓詁原則，偏離經文原本期勉孝弟的訴求。

〔註5〕盛唐撰〈西河先生傳〉云：「及入塾，太翁以先生善誦，使盡讀《論語注》勿賸字，至『其爲人也孝弟』章，請于塾師曰：『願勿盡讀。』曰：『何故？』曰：『人性祇仁耳，無孝弟，此言不忍聞。』師大奇之。」見《毛西河先生全集》卷首，頁11。可見西河糾彈朱注之意，似乎早著於心，其後疏解四書，對於此章也屢屢申致批駁之意，例如《四書改錯》卷十八，頁17～18、《聖門釋非錄》卷一，頁3～4，以及《四書賸言補》卷二，頁1，都可以釐清「孝」與「仁」的關係，實不必解釋爲「根本」，才又勉強迴護仁的根源性，貶抑孝弟應有的價值。

〔註6〕全祖望撰《鮚埼亭集・外編》卷十二〈蕭山毛檢討別傳〉云：「西河才素高，稍有所聞，即能穿穴其異同，至數萬言，於是由愚山以得通鄉之先達姜公定菴，爲之言於學使者，復其衣巾。顧以不善爲科舉文，試下等者再，時蕭山司教者，吾鄉盧君函赤，名宜，憐其才，保護之，然懼其復陷下等，卒令定菴爲之捐金入監。」，頁826。

可說是時移勢改，無可奈何的結果，其實無須深寄譏評。〔註 7〕但此一情形，直到康熙開科徵士，西河轉而以詩賦聞達，才一改過去蹇困的際遇，西河對此殊榮，以及不必重操制藝舊業，自然頗爲得意，所以在其經注、文集中屢屢提及此事，如奏進《古今通韻》時，即云：

> 我皇上聰明首出，開闢景運於四征匇庭之日，即爲文德修來之舉，命中外大臣各舉文學而親試之，一做唐宋制科舊例，分別等第，悉授館職，較之有司鄉會諸科，頗爲鄭重。乃臣等菲薄，濫叨盛典。〔註 8〕

西河頌贊康熙文武皆備，除平定宇內的武功之外，特標康熙恢復唐、宋舊例，親自開科試士，可說是文德修來之舉，推究其中，未嘗不是對於本身參與開科徵士的盛典，頗感矜重，所以在〈周春坊新簡兩浙提督學院賀屏序〉中，西河更指出此科實爲曠世大典，云：

> 古惟天子得試士，制科是也。嗣此則試之禮部，又試之門下，所稱明經、進士諸科，隋、唐以降，代有沿革。……曩者制科之興，實繫曠典，然亦漢、唐以後故科目耳，乃君以貫傅之年，應天子召試，拔居高等，夫制科莫盛于唐，然以昌黎之聞望，累赴不售，雖既舉禮部，尤以未登科爲憾。至宋則東坡兄弟並登制科，然而夷考當時東坡所登止三等耳，子由且四之，而君且裒然舉首。〔註 9〕

西河引據故事，歷舉制科由來，說明制科是天子直接開科徵士，而且是久已不行的隆盛大典，在稱許友人成就之餘，同爲天子親試出身的西河，其實也未必無深自持重之意，也就是由於西河不同的際遇，對於一般必須嫻習八股制藝的科舉途徑，自然有更深刻的反省，尤其是依附制藝舉業的四書書義，〔註 10〕也

〔註 7〕西河撰《西河集》卷三十三〈吳應辰詩序〉中，西河即引錄前人之言云：「舊習舉義者戒勿爲詩，而爲詩者謂爲舉義家必不工。」，收入《四庫全書》第一三二〇冊，頁 279。主要因爲兩者路徑有別，實難以兼擅，在西河撰〈王鴻資客中雜詠序〉中，更透露其中的轉變云：「今之爲詩者，大率兵興之後，掣去制舉，無所挾摛而後乃寄之。」，頁 280。足見明亡之後，西河流亡於途，雜詠興慨之餘，自然寄託於塡詞賦詩，而不復修習科舉之藝。

〔註 8〕詳見西河撰《西河集》卷五「奏疏」中〈奏爲恭進韻書事〉收入《四庫全書》第一三二〇冊，頁 30。

〔註 9〕見西河撰《西河集》卷三十八〈周春坊新簡兩浙提督學院賀屏序〉收入《四庫全書》第一三二〇冊，頁 322～323。

〔註 10〕顧炎武撰《日知錄》卷十九「三場」一則，即對於科舉制度所造成的影響提出考察，云：「國初三場之制雖有先後而無重輕，乃士子之精力多專於一經，

就多有研討之意。此皆可以了解康熙的開科選士，確實對於西河影響頗深，所以在《四書改錯》卷首西河即申明制科與八股有別，用以批判世俗對於四書書義的觀點並不正確，云：

> 謂四書文爲制文制藝，錯也。制文制藝者，天子自爲策制以試士，名爲制科，又名爲大科，其科自西漢賢良文學以後，沿隋、唐及宋，累累不絕，如宏詞、拔萃、直言、極諫等，與進士、明經諸科相間舉行，惟元、明兩朝八比興，而制科遂絕，凡舉考廉、方正，皆止薦辟，並不策試，是制文以八比廢，而反謂八比是制文，是指晝作夜，眞大夢也。(《四書改錯》卷一，頁 3)

西河從名義及歷史沿革上，釐析兩者的差異，指出世人以爲八股科舉即是制科，使兩者相溷，事實上是貶抑了制科的地位。此外，西河更進一步強調專習八股有礙於經義研究，如〈又奉史館總裁劄子〉一文，西河即對八股制藝提出批判，云：

> 某幼攻八比，自十五爲諸生後，稍習經史，即遭逢鼎革之際，其于前代掌故並未窺見。然在崇禎十七年，避兵南山，竊聞先仲氏錫齡與客論嘉靖年興獻禮議，嘆曰：「國朝養士數百年，尊之專之，非習八比即目爲他途，抑勿令進，乃究無一讀書者，即明明典禮見在六經，雖朝堂數語可以立決，而乃瞪目張口，東譋西噣，驀若狂發，甚至鬨三市、撼九廟，號乎震天地，使祖宗社稷皆爲不安，以致帝王憤激，漸相決裂，議禮之儒，一變而爲權奸，諂諛專制國柄以幾致于壞，試問當時執政者所讀何書而遽令至此？」某嘗聞其言而記之。〔註 11〕

雖是引述兄長之言，標舉前朝事蹟，但其實是深寄本身對於八股制藝的批評，在感慨之餘，與之前表彰制科的情形相較，也就可以明顯察覺其中的差異。

略於考古。主司閱卷，復護初場所中之卷，而不深求其二三場。夫昔之所謂三場，非下帷十年，讀書千卷，不能有此三場也。今則務於捷得，不過於四書一經之中擬題一二百道，竊取他人之文記之。入場之日，抄謄一過，便可僥倖中式。而本經之全文有不讀者矣。率天下而爲欲速成之童子，學問由此而衰，心術由此而壞。」，頁 475。可見所謂八股制藝，實際上則是首重四書，而且在擬題的風氣下，不免風俗日低，所以科舉不僅無助於學問，甚至有礙於心術，對於此問題，歷來有識之士實多有反省之意，西河即是對於考課的虛矯不實提出諫正，進而推究《章句集注》的缺失，作爲改易典制的參考。

〔註 11〕見西河撰《西河集》卷十二〈又奉史館總裁劄子〉，收入《四庫全書》第一三二〇冊，頁 90。

所以西河幼習制藝，卻終而棄之，轉而研求經義，闡發聖道，其間的轉變，似乎即是根植清初科舉典制的變革，西河即探討歷來選士的典制，釐清八股制藝與經義的關係，門人王恬在《四書索解序目》引述西河之言云：

> 先生嘗言四書爲千聖百王一貫授受之學，在聖功所始，與聖道所至，悉具是書，漢用策經法，尚不失大義，隋唐帖經，則文括問經，則詁訓熟，至八比一出而策經亡，即帖括詁訓俱廢絕矣。(《四書索解・序目》，頁1)

西河強調八股一出，歷來以經義取士之法俱廢，其中固然有考辨沿革，推尊古制之意，但在比析得失之間，申述八股有礙經義的研習，則是清楚明白，西河在《論語稽求篇》並且以本身爲例，進一步推證此一論旨，云：

> 予少讀《論語》爲經生，長而棄去，及以辭賦應制科，暨館閣撰述，則皆與經義無與，然而甫乞假，而讀《易》、讀《禮》、讀《春秋》、《論語》，則是經學之必無籍于八比明矣。(《論語稽求篇》卷一，頁1)

西河舉出本身曾經出入八股制藝的經驗，說明辭賦應制、館閣撰述，以及後來的歸鄉讀經，其實皆與幼年所習的八股舉業無關。而從另一角度而言，也就是因爲西河並非以八股出身，對於四書的觀點，反而能持平客觀，既不會惑於朱注的權威，迷而不返，當然也不會遂所願就棄如敝屣，〔註12〕而能純就經典的立場，標舉其中原具的價值，不僅從中闡發經文本旨，推究聖人修身經世之大義，更進而擺脫八股科舉尊奉朱注的限囿，興復古學。雖然清廷最終仍是依循舊制，但在典制擬議之初，使西河能夠自出機杼，避免陷溺於朱注權威中，則是頗值得注意之處。

二、清初朱學與王學的論爭

對於明朝的傾覆，清初儒者深寓反省之意，尤其對於明末王學空疏學風，更是多所批評，〔註13〕於是有寓意補救的王學後勁，也有轉而宗主程朱理學

〔註12〕西河即以明代爲例，批判士人應舉時，四書是往往是出入必備，隨身所攜，但只要一朝得遂所願，卻又棄如蔽屣，如《論語稽求篇》卷一即載云：「明制以八比取士，士子挾四書一編，及他一經，穴紙而貫以繩，居置几按，出而攜之巾箱間，及試禮部有名，則唾而抵之床下，曰：『厭晦。』」，頁1。其中描寫實爲生動，據此，也可以了解在科舉制度之下，士人看待四書的態度確實有所偏差。

〔註13〕請參見李師威熊撰〈清初經學的復興運動〉對於清初諸儒的論述。收入《孔

的學者，但學術上不同的宗主，卻也形成清初朱學與王學兩派的論爭，〔註 14〕而且在朝廷表彰朱學的情況下，更衍成朝野之間學術立場的對立。〔註 15〕就西河本身而言，雖然往往自恃侍從身分，論述是基於現實的考量，但如果進一步檢視西河相關之著作，卻也不是亦步亦趨的揣摩上意，毫無自己面目，尤其在標舉伸王抑朱的立場上，批判程、朱的支離扭曲，倡言良知誠意之效，持論最堅、旗幟最明，雖然並未顯見王門派系的影響，〔註 16〕但護衛王學的魄力，名著朝野，卻也不容置疑，此皆可見在清初朱學與王學的論爭中，西河所堅守的立場，主要因爲西河生於浙東講學之鄉，出入其間，根柢早著，如西河曾經自述「少嘗與同志者赴講，必齋宿以往」，〔註 17〕影響之深也就可以想見，如門人盛唐〈西河先生傳〉述其學術轉折，即說明西河早年參與講會，深受陽明、蕺山影響，云：

孟月刊》第二十九卷三、四期，民國 79 年 11、12 月。

〔註 14〕見梁啓超撰《中國近三百年學術史》云：「王學反動，其第一步則返於程、朱，自然之數也。因爲幾百年來好譚性理之學風，不可猝易。而王學末流之敝，又已爲時代心理所厭。矯放縱之敝則尚持守，矯空疏之敝則尊博習。而程朱學派，比較的路數相近而毛病稍輕。故由王返朱。自然之數也。」，頁 107。雖由王學而返回朱學是有其時代背景，不過梁氏對於清初以王學自任的學者，卻是頗爲尊崇，云：「清康、雍間。王學爲眾矢之的，有毅然以王學自任者。我們卻不能不崇拜到極地。」，頁 58。主要即是宗主王學之人敢於立異於朝廷，不畏威權，不惑流俗，確實令人佩服。

〔註 15〕見王茂等撰《清代哲學》在探討清初學術時，即首先說明朱學與王學兩派的分野云：「清初順康間的學術形勢，在民間社會，仍以陽明學爲大宗。當時黃宗羲倡蕺山學，盛於東南；孫奇逢繼承王學而稍變其說，盛於北方；李顒接泰州之餘緒，盛於西北。而又有毛奇齡、湯斌、朱彝尊等往來其間，聲氣相通。程朱理學派只是由於清廷的提倡，三四理學大臣熊賜履、李光地輩扶持，借功令來維護其存在。」，頁 13。對於清初學術概況可以有大略的了解。

〔註 16〕西河撰《大學知本圖說》中，西河自述爲學歷程時，指出曾在嵩山時受高笠先生之教，而高笠先生又自言學出關東賀凌臺，至於凌臺則是賀欽（醫閭）之孫，傳陳獻章（白沙）之學。頁 5～6。錢賓四《中國近三百年學術史》對則此認爲「西河好奇，託諸神夢，謂受之於高笠僧，其事荒怪，可喜而不必盡可信也。」，頁 230。醫閭先生謹守體驗，學術並不明顯，實難究析與西河相承之處，但如果單就西河論學宗旨及觀點而言，則大抵是直接陽明，而且似乎也並未受王門諸派系的影響。王茂、蔣國保等人著之《清代哲學》分析西河標舉良知誠意，尊奉古本〈大學〉，即強調並未有其門户的傳承關係，但在清初「可說得上是陽明正宗，與黃宗羲、孫奇逢、李顒不同。」，頁 36。在學派流衍上，可以有助於了解西河學術宗主的概況。

〔註 17〕西河撰《大學知本圖說》載云：「自陽明先生講學于鄉，所在立講堂，而蕺山先生繼之。少嘗與同志者赴講，必齋宿以往，歸而廢然者累日。」，頁 1。

> 先是江東舊俗多立王文成講堂，而山陰劉忠端繼之，會講不輟，每講歸，先生必累嘆，謂德性廣大，既無下手一功可爲把捉，而問學瑣屑，又汎鶩而無所屬，自金溪、新安稍見門户，而心性事物便截然兩途，所謂道一者安在。且經籍晦蝕久矣，窮經之學，鄙爲玩物，而一當家國大事，則考制議禮，率杜撰爭執，貽誤後世。然則儒者何所用，至是豁然，謂心意家國，統該于身，德性不修，非學也；經術不明，亦非學也，覺中有根柢，而外鮮遺落，涉艱履險，皆坦坦焉。（《《毛西河先生全集》卷首，頁17～18）

可見西河少即熟悉良知、慎獨學說，至於晚年專力於經術，務求有用於世，其實主要也是對此反思檢討的結果，尤其在流離四方之際，處艱難困阨之境，卻仍能操持根柢，多所體悟印證，更屬難得，如自撰〈墓誌銘〉中曾經提及遠赴施閏章之招，在湖西講學的往事，就特別指出對於陽明學說有深切的領會，云：

> 初湖西有舊講堂，王文成講學處也。外有白鷺洲，使君斯設講會于其中，時楚人楊君恥庵從東來，率其徒講文成之學，使君與之辨《詩》、辨《禮》、辨《尚書》，皆不能詘，予辨而詘之，使君以爲其學疏，遂以新安之學抵其隙，謂學在事物，不求之事物，而求心性，非空門乎！恥庵不之辨，少頃午食，使君曰：「子淵不遷怒何易？昨怒官庖闕供具，責之宜也。今使治魚留乙，而又責之，則遷怒矣。」恥庵曰：「若此者可得求之事物否？」予聞之大悟，即下拜，歸而惺惺然，坐通夜不寐。〔註18〕

在相與論辨之際，西河並未明斥施閏章宗主朱子學說，但始終對於操持心性之學較爲親切，也就可以顯見早年從學講論的影響。至於稍後預證人講會，講學於紹興古小學時，席間融貫諸儒，抗言高論，終能吸引以繼承王學自任的邵廷采，〔註19〕投書求教，廁身弟子之列，西河宗主陽明的立場，也就可

〔註18〕見西河撰《西河集》卷一百一自爲〈墓誌銘〉，收入《四庫全書》第一三二一冊，頁129。

〔註19〕梁啓超《中國近三百年學術史》云：「時清聖祖提倡程朱學，孫承澤、熊錫履輩揣摩風氣，專以詆毀陽明爲事，念魯常侃侃與抗不稍懾。……蓋陽明同里後輩能昌其學者以念魯爲殿。」，頁57。今以邵廷采《思復堂文集》中所載，就有〈明儒王子陽明先生傳〉、〈明儒劉子蕺山先生傳〉、〈王門弟子所知傳〉、〈劉門弟子傳序〉、〈姚江書院傳〉等傳，可以了解邵廷采確實是以存續王學作爲一生的職志。

以得到進一步的說明，如邵氏〈候毛西河先生書〉即以自身的觀察，明白指出西河標舉良知、愼獨，有功於聖學，云：

> 致良知三字實合致知存心一功，所謂察識于此而擴充之，……此三字如吾師直標宗旨，即今無二人。……蕺山之所謂獨，蓋即良知本體，道心之微，與朱子殊，不與文成殊，特變易旗幟，改換名目，以新號令，作士氣耳。少時入姚江書院，見淺學紛紛讀得致良知三字，滑成骨董，其賢者罔不高論禪宗，去先賢曾幾何時，流弊若此。文成恐學者支離於學問，蕺山恐學者荒忽於靈明，興衰起墜，同一苦心，其相羽翼於孔孟之門，後先固一也。……吾師集中有此，尚求酌定。〔註 20〕

其中標舉陽明、蕺山，剖析良知、愼獨學說的異同，引述之餘，對於西河是讚譽有加，甚至認爲「至先生而發明陽明之學乃無餘蘊」、「王門見知聞知之任，非吾師誰屬！伏惟吾師恤其荒迷而救其沒溺」，〔註 21〕其後，更以陽明表彰之古本《大學》請求西河指示其大意，〔註 22〕可見西河護衛良知學說，不僅表現在會講間的倡言高論，更見諸伸王抑朱的撰述中。而在史館撰述時期，西河並且曾經力主《明史》應去〈道學傳〉而立〈儒學傳〉，藉以彰顯回歸正統儒學的企求，論辨之中，一再強調陽明是純乎儒者，應列名其中，西河〈辨聖學非道學文〉一文便載有其事始末，云：

> 向在史館，同館官張烈倡言陽明非道學，而予頗爭之，謂道學異學，不宜有陽明，然陽明故儒也。時徐司寇聞予言，問：「道學是異學何耶？」予告之，徐大驚，急語其弟監修公暨史館總裁削道學名，敕《明史》不立〈道學傳〉，祇立〈儒林傳〉，而以陽明隸勳爵，出〈儒林〉外，于是道學之名則從此削去，爲之一快。〔註 23〕

西河與張烈雖然同主陽明不入〈道學傳〉中，但其中著眼之處不同，張烈有

〔註 20〕見邵廷采撰《思復堂文集》卷七〈候毛西河先生書〉，頁 609～610。

〔註 21〕見邵廷采撰《思復堂文集》卷七〈候毛西河先生書〉，頁 616 及 617。

〔註 22〕《毛西河先生全集》中有《大學問》一卷是回答邵廷采的作品，如《大學問》卷首即載云：「邵廷采問：『往讀王文成公古文《大學》，不得其解，近先生作《大學證文》示人，首載不改之《大學》，而過于矜愼，不即爲訓釋，仍未瞭然，竊不自量，欲懇略作指示，使天下學者並曉大意如何？』」，頁 1。據此，可以清楚了解本書的撰作緣由。

〔註 23〕詳見西河撰《西河集》卷一百二十二〈辨聖學非道學文〉收入《四庫全書》第一三二一冊，頁 322。

意貶損陽明對於學術的貢獻，然而西河卻是一再申明陽明所展現的學術，本就不在道學範疇之內，而是符應孔、孟嫡傳的儒者本業，並且更據以主張《明史》應列〈儒林傳〉而不應列〈道學傳〉，此皆可以概見西河維護陽明的努力。雖然史館最後依西河之見刪去〈道學傳〉，但在定位陽明的屬性上，卻終未依從西河的擬議，正視陽明學術的成就，西河〈折客辨學文〉即載當時力排眾議之事，云：

> 往在史館時，同官尤悔庵闔題得〈王文成傳〉，總裁惡傳中多講學言駁令刪去，同官張武承遂希意極詆陽明。……既而〈文成〉一傳，館中紛紛，有言宜道學者，有言宜儒林者，有言宜勳臣者，總裁斷曰：「勳臣而已，又曰前文無〈道學傳〉，惟宋有之，今何必然，請無立「道學」名，但立「儒林」，而屏陽明之徒于其中何如？」眾皆唯唯，獨予不謂然，然而不能挽也。〔註24〕

雖然事終不成，但西河在陽明的定位問題上，獨持異議，堅主陽明應入〈儒林傳〉中的努力，可說是不遺餘力，至於西河堅持的理由，主要即是彰顯陽明在有明一代立學衍派的地位，相較其勳爵事功，貢獻尤大。所以檢討西河承繼陽明學說，除講論考辨之外，在清初朱學與王學的論爭中，更有實際上捍衛之功。只是西河學有所宗，護衛稍過，不色免也落人口實。章學誠《文史通義》即云：

> 浙東之學，雖出婺源，然自三袁之流，多宗江西陸氏，而通經服古，絕不空言德性，故不悖於朱子之教。至陽明王子，揭孟子之良知，復與朱子牴牾。蕺山劉氏，本良知而發明愼獨，與朱子不合，亦不相詆也。梨洲黃氏，出蕺山劉氏之門，而開萬氏弟兄經史之學；以至毛全祖望輩尚存其意，宗陸而不悖於朱者也。惟西河毛氏，發明良知之學，頗有所得；而門户之見，不免攻之太過，雖浙東人亦不甚以爲然也。〔註25〕

章氏標舉浙東學術，以史家綜合統觀的立場作爲基礎，不免模糊朱子與陽明學說相歧之處，但能以學派流派的角度看待西河，彰顯西河嚴守門戶，發明良知之說，則是頗有見地。至於所謂攻之稍過，正可以了解在清初朱學與王

〔註24〕詳見西河撰《西河集》卷一百二十〈折客辨學文〉收入《四庫全書》第一三二一冊，頁305～306。

〔註25〕見章學誠撰《文史通義》卷五〈內篇五〉「浙東學術」，頁523。

學的論爭中，西河捍衛王學的努力。所以西河駁朱子，非僅止於考辨正誤，而是在學術進程上宗主不同，自然標舉伸王抑朱的旗幟，；此皆可以了解西河早年參與講會，確實影響極深。所以在批評西河駁朱過激、或是以其希冀獎掖，有違立誠之教時，〔註 26〕其實必須更進一步詳究西河的學術背景，了解西河承繼王學，發揚良知學說的實情，方能避免矯枉過正，錯失西河研習四書的眞義。

第二節　撰作動機

一、對時勢的反省與評估

西河一生的經歷頗爲豐富，除應制出身所給予的深刻感受之外，如果以更大的視野省察，主要即是西河曾流離四方，又曾仕宦於朝，在多方見聞的激盪下，對於時勢有更深入的評估與省思，因此在西河經解論述中，可以清楚發覺對於上意的揣摩，以及對於時勢所趨的觀察心得，主要也是因爲西河並不諱言指出論旨觸發的來由，如《論語稽求篇》篇首，西河即由檢討前朝典制，闡述本身的撰作動機，云：

> 嘗考漢令分古今二學，古學校文，則聖賢所垂，必不許更篡一字，而至于今學，射策勸祿，則任從出入。明制不然，《章句》取士，必限以共遵，而至于改經換傳，顚倒聖言，則一概不禁，是以《禮記·大學》從朱氏改後，復有爲石經改本于隆、萬年間公然呈進，恬不爲怪。今又不然，取士照舊式，雖曾用臺臣疏，加以宸斷，已經敕改八比，而既以諸生未嫻，姑復從舊，至于群儒別解，不襲《章句》，有裨聖學者，特頒上諭，使搜輯呈進，凡若干本。而待衛成德較刻經解數萬

〔註26〕錢穆撰《中國近三百年學術史》第六章「閻潛邱毛西河」載云:「今平心而論，西河制行固未修飭，而其論學，伸王抑朱，於姚江、蕺山浙東一脈，不得謂全無地位。惟陽明良知首重立誠，西河未透此關，即已根本不足稱道，雖才氣足以跨駕一時，尚不如考證所得，確有成績，可不以人見廢耳。故潛邱尊朱，已爲隨逐，西河伸王，亦是趕趁，均之非躬行實踐，從自身自心打熬透悟。與同時黃、顧諸君子異矣。兩無足取，可勿斤斤爲之置辨也。」，頁 236。錢氏以經義考辨以及學術宗主兩方面來說明西河學術得失，確實頗有見地，但如果能進而分別學行，「不以言舉人，不以人廢言」，相信必能更客觀地呈顯西河宗主陽明，倡言誠意的貢獻。

卷，則多與取士《章句》不相合者。(《論語稽求篇》卷一，頁3)

西河分別漢令與明制的差異，並且說明其間的得失，但表彰漢制之餘，所謂古學校文、今學任從出入的說法，似乎並非歷史實情，西河是以此來說明經義的研析與運用，雖然異轍殊途，但漢制仍然可以保有經典原來的面貌，相較專用宋人經注，卻擺落經典的明制，顯然有所不同。當然西河也有意以此來對應今制，讚誦康熙取士照舊式，又廣搜異解的兩種策略，尤其康熙曾有廢除八股、別開制科、廣納異解的措施，更隱然有興復古學之意，或者至少是未來趨勢所在，所以研考經義，尤其是另出新解，確實是立名邀功的捷徑，既可別立一家之言，又可附和康熙敕改八股專用《四書章句集注》的主張，所以西河在《四書改錯》中批駁前人引據朱注往往多有錯誤之後，特別強調康熙有意改革科舉典制，云：

> 聖天子知其然，已于甲辰、丁未兩科直廢八比，而惜諸臣依徊無能爲仰承之者，以致因循有年，仍還故轍。然猶特頒敕諭，搜天下經註之與學官異者，悉收入秘府，其神鑒卓然，深知學官經註有誤如此。(《四書改錯》卷一，頁4～5)

康熙二年（1663）八月曾下詔停制義，改用策論，並且更動其中科考的場次，不過只施行康熙三年（1664）及康熙六年（1667）兩次，之後又恢復初制。〔註27〕西河引述故事，主要即是申明康熙已有改革八股制藝之意，只是風氣未開，缺乏佐助之臣，所以西河仰承上意，批駁朱子《四書章句集注》，並藉以撼動八股舉業，事實上是符應侍從身分之舉，因此西河研議四書時，屢屢以進呈聖鑒爲念，也就可以了解其中緣由，〔註28〕當然如果進而一改朝廷功令所尊，更是佐立典制的不世之功，如此盛事，主要也是因爲西河在京師時，頗得風聲，尤其在史館中時常經由馮溥言及入侍所聞，得知康熙在質詢

〔註27〕見趙爾巽等撰《清史稿》卷六〈聖祖本紀〉，頁168。並請參見前文的論述。

〔註28〕《四書改錯》撰成時西河已經是八十六歲，但卻仍然以進獻爲念，如《四書改錯》卷一即云：「他日皇上南巡，當躬進此書以丐聖鑒，否則藏于家以俟門生兒子之入獻焉。」頁6。繼子毛遠宗在《中庸說》卷首即載康熙南巡時敕搜異解的盛況，云：「仁和王草堂嘗欲輯《大》、《中》雜說爲《章句》所不合者，擬勒成一書，上應明詔，而逡巡不果。會天子南巡，儒生有學者多獻經說，即崑山徐氏經解數百卷，總收入秘府，其廣大不遺如此。」頁3。對於康熙廣收異解，以及學者趨之若鶩的情狀，可以概略想見。不過事與願違，西河晚年專力於四書，以求進獻的願望，最終卻未能實現，甚至成爲後人譏刺的話柄，則是西河始料所未及。

群臣四書等相關問題時，往往學有定見，並非朱注所能牢籠，〔註 29〕如此自然給予西河擺脫朱注權威相當的激勵。所以西河門人在纂輯《毛西河先生全集》時，特別引列康熙廣收異解之事冠於〈西河經集凡例〉中，一方面宣示盛典，並且也用以說明西河撰作動機，確實有仰承上意之意，云：

古經儒以經術起家，凡設科勸祿，每論說至數百萬言，大師徵召至千餘人，無非闡明經學爲事，自元時以八比取士，專用一家言，加之以試帖語詞，周章雜出，而經學晦矣。皇上聖明，曾于康熙甲辰、丁未兩科敕廢八比，而既以古學未復，姑從舊以俟徐定，乃復特開制科進士，使古學大顯，然後重頒聖諭，博搜天下經解殊異于《章句集註》者，使陸續呈進，以充實內府。先生痛畢生行役，經術荒落，遽于請急歸田之後，屏絕一切文賦詞業，力闡群經，思不負主知，以少佐允升猷訓之一。(《毛西河先生全集・經例》，頁 1～2)

門人所述，一方面明白地表彰西河晚年屏棄文賦詞業，專力闡發經義的情形，再者，標舉康熙興復古學，廣收異解的作爲，也可以在「不負主知，以少佐允升猷訓」的前提上，據以推知西河力闡群經的撰作動機。

當然西河並非僅止於迎合上意，而是對於學術發展有進一步的考察後，針對朱子經注，及以八股制藝對於後世的影響，提出深刻的反省，如《四書改錯》即載錄西河檢討前朝故事，說明朱注已經無法饜服人心，云：

明儒薛應旂爲兩浙提學副使，以「大學之道」試諸生，諸生有以三達尊對者，應旂斥之，其人曰：「大人之學，朱氏《章句》也。大人舍德位與齒有他義乎？」應旂曰：「不然。吾亦知《章句》添此人字，然此字有添不得者，假以德耶？則何以處小學。大學是大人，得毋

〔註 29〕張文彬等輯《四書改錯》卷一載西河云：「康熙二十年，予在史館，益都相公言上幸南書房，問諸詞臣，《論語》『柳下惠』註云：『食邑柳下。』《孟子》『柳下惠』註又云：『居柳下。』其一名而異註，何解？眾無以應。」，頁 6。相同之記載也見於《四書索解》卷一，頁 2。此外，《四書賸言》卷一也記載另一則事情，云：「嘗在史館，益都相公竊言入直時有詞臣進頌，以「貧樂」「好禮」對句不敵，傍一臣引〈坊記〉正之，眾不語，獨今上云：『不然，《史記・弟子傳》與《後漢・東平王論》皆作「貧而樂道；富而好禮」，比偶悉敵，未嘗不對也。』群臣皆伏地，咋舌不能起。」頁 3。西河引述此類軼事，往往是據以考辨頌揚，大作文章一番，隱有引爲同道之意。但據此可以了解在充任館閣之職時，除「高文往來」外，在揣摩上意的前提下，經由耳語的傳播，似乎也給予西河日後批駁朱注相當的鼓勵。

小學是小人乎？若云以位，則『自天子以至庶人』本文何解？如以齒，吾未聞長年高年而稱爲大人者也。況十五成童，未成丁也，即高年亦未也。」其人慚而退。（《四書改錯》卷十七，頁3）

在尊奉功令，務求定式的科舉中，主試者執相異之見，自然頗爲特出，而且又是西河鄉里前賢的故事，影響更是深刻，所以西河引爲同調，並據以深入辨析，說明前朝已經有擺落《章句集注》，並且對於朱子添字解經的作法提出檢討的事情，而既然已有前例，也就提醒後人不必因循苟且，不知變革。事實上在明、清之際，對於八股制藝，學者普遍都有檢討之意，當代風氣，西河所知當然更加深刻眞切，如《四書改錯》中西河即引錄當時有考官糾正世襲朱注，傳訛踵誤的情形，用以彰顯熙康君臣同氣相求，務求其實的風氣；〔註30〕《四書索解》中更提及與門人討「書義」拗曲，講論之間難以申論彌合之事，〔註31〕可見不論在考選人才的典制，或者是在進一步推究義理時，西河認爲朱子《四書章句集注》所展現的內涵，其適用性上已有不足之處，無法符應時代務實的要求，自然有待釐清與補正。

二、對世習朱注的反彈

如果進而探究西河撰作動機，除揣摩上意將有變革之外，似乎可以歸結於對世習朱注的反彈，除針對朱子本身訓解經義的缺失外，主要也是對於朱子學說在朝廷奉爲功令的情況下，率天下士人學而不思，已經成爲禁錮思想的牢籠，使人不敢稍越雷池一步，不僅取代傳統經典的研習與傳承，使古學不興，另一方面後人的轉而剽襲，也使篤實學風隳壞殆盡，對此情況，清人多有檢討，認爲經學之廢，實由於此，〔註32〕西河研經論學之餘，對此也多

〔註30〕張文彬等輯《四書改錯》卷一載西河云：「吳門何屺瞻爲今皇上欽取進士，曾于文評尾，深咎常熟毛氏重鏤註疏板，亦陰附朱註，改『拔』作『枝』，爲之嘆息。始知聖代儒臣早有能辨訛者。」，頁8。標舉其事，即是用以表示新王朝已有檢討朱注之勢。

〔註31〕王錫輯《四書索解》卷一載西河云：「客投考文爲『有父兄在』題，其文大不流暢，一似格格有物者，初疑其人善屬文，何便至此？既而思之曰：『題自難明，文安得達。』時在坐者，不解予意。」，頁14。西河批駁世襲朱注，往往難以申論其旨，主要因爲朱注本身確實有拗曲難通之處。

〔註32〕顧炎武撰《日知錄》卷二十「《四書五經大全》」即對此頗爲感慨，認爲「將謂此書既成，可以章一代教學之功，啓百世儒林之緒，而僅取已成之書，抄謄一過，上欺朝廷，下誑士子。唐宋之時，有是事乎？豈非骨鯁之臣已空於

所批駁，並且進而深究朱注造成的影響，其中有據《章句集注》的內容篡改原本的文字載記，西河即舉時人所作之《四書考》爲例，說明後人附會朱注，增文訓解，認爲實在無異於「焚書」，〔註 33〕另外也有引據朱子他注彼此附和，使經義相互混淆的情形，〔註 34〕甚至有依據朱注而校改經文文字的例

建文之代，而制義初行一時士人盡棄宋元以來所傳之實學。上下相蒙以饕祿利，而莫之問也？嗚呼！經學之廢實自此始！後之君子欲掃而更之，亦難乎其爲力矣。」，頁 525～526。四庫館臣在重理前代典籍時，也有如此的感慨，《四庫全書總目提要》「《四書大全》三十六卷」提要云：「初與《五經大全》並頒，然當時程式，以四書義爲重，故五經率皆庋閣，所研究者惟四書，所辨訂者亦惟四書，後來四書講章浩如煙海，皆是編爲之濫觴，蓋由漢至宋之經術於是始盡變矣。」，頁 742。至於四書之撰述，「《四書通義》二十卷」提要云：「夫吳眞子據眞氏、祝氏、蔡氏、趙氏之書，纂爲《四書集成》，自以爲善矣。而胡炳文、陳櫟重訂之，胡氏、陳氏自以爲善矣，而倪士毅又重訂之，倪氏自以爲善矣，而剡又重訂之，自剡以後，重訂者又不知凡幾，蓋隸首不能算其數也。而大旨皆曰『前人未善，吾不得已而作焉。』實則轉相剽襲，改換其面貌，更易其名目而已，輯一四書講章，是何名山不朽之業，而紛紛竊據如此，是亦不可以已乎？」，頁 760。在四書取代五經地位，成爲士人所竹習的典籍之餘，四書的研習，卻是人云云殊，漫無宗旨，而且是轉相抄襲，了無新意，清人檢討前代之餘，未嘗不對此深寄感慨。

〔註 33〕張文彬等輯《四書改錯》卷一載西河云：「至若《史記》、《家語》各載敬叔從孔子適周，見金人緘口，孔子戒以謹言事，雖其事或有之，然與容無涉，註于『三復白圭』章，又曰：『事見《家語》。』則遍查《家語》並無蹤蹟，揣其意，不過以謹言與復白圭相類，可合容、敬作一人耳。乃近人作《四書考》者，附會朱註，直引《家語》文，而增其下曰：『敬叔歸乃三復白圭之詩。』嗟乎！此非焚書乎！」，頁 15。南容名适，一名韜，與敬叔名說者，實爲兩人。詳見程樹德撰《論語集釋》卷九〈公冶長〉上之考證。頁 287～289。朱子承鄭注之誤，云：「南容，孔子弟子，居南宮。名縚，又名适。字子容，謚敬叔。」見朱熹撰《論語集注》卷三〈公冶長〉收入《四書章句集注》，頁 75。於是「南容」一人而四名，顯然有失考之處。所以西河特別澄清其中的錯誤，但比較有趣的是朱子的「失考」，再經由後人附會之下，不僅坐實其事，甚至演成情節，追根究柢，西河認爲後人的承訛踵謬，實有「焚書」之嫌。

〔註 34〕張文彬等輯《四書改錯》卷十載西河云：「朱氏既改《毛傳》，乃又自造一說，指爲宮人所作。……此本不讀書無學杜撰之言，乃朱氏註此，又註《毛詩》，而《大全》諸書又彼此附和，竟謂性情哀樂必出自宮人，而不出文王。夫所謂哀樂者，即《詩》『寤寐求』、『琴瑟友』也，宮人思后妃至寤寐反側，固亦多事。若『琴瑟友』、『鐘鼓樂』，則以嬙御班侍之人，而與后夫人摶琴拊瑟，考鐘伐鼓，稱友于講偕樂，此眞畔亂無理之甚，而反曰：『性情哀樂，獨得其正。』既已大妄」，頁 13。朱子一改舊說，卻又指實爲宮人，固然可以迴護文王形象，但也使經旨拗曲。而後人重申其論，彼此附和，自然不免歧路亡羊，終不可返。

子，〔註35〕可見在朝廷尊奉，士人共習朱注的情形下，確實使學風隳壞，文字載錄尚且如此，遑論其他。所以西河指出往往在士人少之所習，長而不疑的情況下，觀念既成，辨析甚難，因此西河特別提出呼籲，認爲必須摒除「先見」，平心探討，才能得其實情，云：

今人熟于朱註，急難理辨，試平心探討，未有不呀然驚，廢然返者。此不可有先見存也。(《論語稽求篇》卷五，頁3)

先見既存，即爲規矩，也就可以了解西河取《離騷》「固時俗之工巧兮；偭規矩而改錯」命篇的用意，〔註36〕所以只有希冀讀者平情諦觀，才能深究得失。金是習氣既成，多有謬失，一時之間，實在難以完全更改，對於此一情況，西河即以《大學》傳習爲例云：

是書在五經《禮記》竟削其文，至今猶幸見眞本者，藉十三經中鄭氏註耳。明嘉靖間，王文成公刻古本《大學》，當時文士在官者，自中及外，稱明代極盛之際，尚相顧眙愕，並不信《大學》復有此本，可爲浩嘆！(《大學證文》卷一，頁6)

由於改本傳習既久，原本復出，反而難以取信世人，士人之蒙昧，可見一斑。西河認爲主要因爲元、明以來，朝廷專用朱子改本之故，於是有朱子的《大學》，而無古本《大學》，甚至在此移彼易的改經風氣中，更是難復其眞，西河即對此深寄感慨，多所批評，云：

元、明兩代，則直主朱子改本而用以取士，且復勒之令甲，敕使共遵，一如漢代今學之所爲設科射策，勸以利祿者，而于是朱子有《大學》，五經無《大學》矣，考漢代立學，原分古今，古學校文，今學取士，古學無異同，今學可出入，而明則取士從同，校文從異，故科目士子並不知朱本之外，別有舊本，而一二學古者，則又更起而施易之，或以彼易此，或以此易彼，爾非我是，競相牴牾，而沿習既久，忽有僞造爲古本獻之朝廷，以爲石經舊文，所當頒學宮而定

〔註35〕張文彬等輯《四書改錯》卷一「公叔文子」之下載西河云：「註疏古本孔安國註作公孫拔，此據《世本》衛獻公孫，公孫拔者。今監本反改枝字。相傳明代國學生有罰修註疏壞板者，以『枝』、『拔』形近，陰改『拔』作『枝』，以附會朱註，至今莫辨矣。吳門何屺瞻爲今皇上欽取進士，曾于文評尾，深究常熟毛氏重鏤註疏板，亦陰附朱註，改『拔』作『枝』，爲之嘆息。」，頁7～8。

〔註36〕張文彬等輯《四書改錯》卷一載西河自言命篇之意云：「題之曰『四書改錯』，《離騷》曰：『固時俗之工巧兮；偭規矩而改錯。』解之者謂俗固多錯，然背規矩而改之，則雖改亦錯，吾之題此，正恐改者之仍有錯也。」頁5～6。

科目者。夫祇一改經，而相沿禍烈至于如此，此不可不爲之辨也。(《大學證文》卷一，頁 1～2)

朱子改經，固然標舉義理，但惡例一開，終難遏止，所以世習朱注，不僅在學思上，鉗制思想發展，使經旨晦蝕，更加上後人習而不察，踵誤增謬，甚至是師其故技的情況下，造成矯詐造僞的風氣，如明末僞石經《大學》出，即可作爲說明。〔註 37〕所以西河認爲唯有破除朱注之迷思，擺落成見，才能興復古學，得窺聖人微旨。據此，也可以了解西河批駁朱子，並非僅止於考辨朱注，而是在更宏觀的視野中，檢視在科舉功令之下的朱學系統，以及後世習而不察的學風，其中自有其制度面的考量，以及以應時用的企圖，而非僅止於批駁朱子而已。

總之，由於如此豐富的成學背景及經歷，使西河多所觸發，雖然在學有宗主，展現專力考辨，興復經學的努力之餘，終是進退失據，未竟其功，但考察時勢，檢討風氣，突破朝廷功令的威權，並且勇於創發，以恢復聖人原旨爲職志，成就一生研經的事業，自是不可輕忽。尤其鑑於朱注久懸功令，俗見難改的情形下，轉而以更嚴密、更具說服力的方式，作爲論學依據，於是由操持心性轉而考辨經義，開展研讀四書不同的詮釋角度與方法，其間訓解的全面與多樣，迥異於前人，本身學力聰穎之外，當然西河豐富的經歷背景，也是不可忽視。

〔註 37〕西河撰《大學證文》卷一云：「夫漢、魏石經原有兩碑，而實無兩本，乃嘉靖之末，忽假爲政治石經，變置原文，與五經之所傳者，參易殆遍，而甬東豐氏爲之發藏，海鹽鄭氏爲之覈實，户曹進其書，黄門勒其字。揣其意，似亦不慊于程氏之所爲，而思奪其説，乃故託爲古文以勝之，使世之好事者，可以去彼而從此，而不知以惡人改經之，益復自蹈爲改經之惡而不之覺，其亦愚矣。」，頁 2。漢、魏石經並無刊刻《禮記》，當然沒有〈大學〉一篇，所以西河虛列名目，顯然有失考之處，但西河對於豐坊僞作之考訂，則是相當詳細，可以提供考辨的參考，請詳見後文之論述。

第四章　對《四書章句集注》的批評與檢討（上）

《四書章句集注》是朱子用力最深的著作，也是元、明以來，士人必讀書籍，但西河自幼研習四書，對於《四書章句集注》卻早就萌生檢討之意（說詳見前），即以晚年「不事筆札」，卻仍然搜討先前相關著作三十八種，〔註 1〕分別門類，輯成《四書改錯》，對於朱子《四書章句集注》提出全面的檢討，也就可以了解西河著眼於此，同樣也是用力極深。而歸納其中的內容，計分爲三十二門部，四百四十七條，由於收錄複雜，頗有重出複見之處，爲使眉目清楚，茲表列如下：

〔註 1〕西河門人纂輯《四書改錯》之前，曾輯有《四書正事》，唐彪〈四書改錯序目〉云：「門生兒子善承意，輯先生《經集》與《講錄》之及四書者，作《四書正事》八卷。正其釋事之有錯者，已行世再期月矣。顧陸續補綴，似失紀要，先生伏床時更爲整理，使兄孫知書者增損移易，分三十二門部，計四百五十一條，合二十二卷，名曰《改錯》。」見《四書改錯・序目》頁 1，可以了解《四書改錯》不論在收輯的範圍，或是門類分合方面，都可以取代《四書正事》。其中輯錄的範圍有：《大學證文》、《大學知本圖說》、《大學問》、《中庸說》、《論語稽求篇》、《四書賸言暨補》、《逸講箋》、《聖門釋非錄》、《四書索解》、《講錄講餘錄》、《經問》、《經問補》、《仲氏易》、《推易始末》、《易小帖》、《河圖洛書原舛編》、《太極圖說遺議》、《古文尚書冤詞》、《尚書廣聽錄》、《舜典補亡》、《國風省篇》、《毛詩寫官記》、《詩札》、《僞詩傳詩說駁義》、《大小宗通譯》、《廟制折衷》、《婚禮辨正》、《辨定祭禮通俗譜》、《喪禮吾說篇》、《辨定嘉靖大禮儀》、《周禮問》、《聖諭樂本解說》、《竟山樂錄》、《皇言定聲錄》、《明堂問》、《學校問》、《郊社禘祫問》、《春秋毛氏傳》、《春秋條貫篇》等西河先前之著作，共三十八種，詳見《四書改錯・序目》唐彪引列輯錄的範圍。頁 1～2。其中《講錄講餘錄》八卷已經亡佚。但其他著作則完全收錄於《毛西河先生全集》中，可以了解除專論之著作外，西河辨析朱子《四書章句集注》的成果，可謂盡在其中矣。

	門　　部	條目數	累　計	複　見
1	人錯	28	28	
2	天類錯	3	31	
3	地類錯	10	41	
4	物類錯	7	48	
5	官師錯	22	70	
6	朝廟錯	16	86	1
7	邑里錯	6	92	2
8	宮室錯	11	103	2
9	器用錯	10	113	1
10	衣服錯	13	126	2
11	飲食錯	8	134	1
12	井田錯	3	137	
13	學校錯	1	138	
14	郊社錯	3	141	
15	禘嘗錯	2	143	
16	禮樂錯	16	159	
17	喪祭錯	19	178	4
18	故事錯上下	43	221	5
19	典制錯	5	226	1
20	刑政錯	9	235	
21	記述錯	3	238	
22	章節錯	8	246	
23	句讀錯	6	252	
24	引書錯	9	261	
25	據書錯	13	274	4
26	改經錯	15	289	4
27	改註錯	18	307	3
28	自造典禮錯	7	314	1
29	抄變詞例錯	16	330	
30	添補經文錯	29	359	1
31	小詁大詁錯上下	41	400	
32	貶仰聖門錯上下	47	447	4

其中門類複雜，去除重複，也有四百一十一條，分量相當可觀，〔註 2〕至於涉及的內容，更是包羅萬象，從天文輿地，典制禮文，乃至於稱謂引據，文體詞例等，對於朱子注解四書缺失之處，都一一加以辨正釐清，所以本書可說是西河一生研討《四書章句集注》的成果，其中或許有故意立異的心態，但考辨精闢，推論詳實，卻也處處可見，大可補正朱子的疏失。尤其時有新解，發前人所未發，對於發揚聖道的貢獻更是值得肯定的，所以本章即以此作爲憑藉，推究西河研討《四書章句集注》的成果。而就其內容而言，西河爲避免重蹈前人重義理而少徵實的缺失，所以特別強調名物典制的考訂，標明體例爲「闕其義于有待」，〔註 3〕但其實所謂「闕其義」，並非不涉及義理，而是西河認爲其中有先後順序的關係，如《論語稽求篇》中西河就曾指出：「義理難明，則吾以事物明之，府藏難辨，則吾以耳目辨之」，因爲「言論旁及，多見事物，凡夫禮器制、方名象數、文體詞例，皆事物也。」（《論語稽求篇》卷一，頁 2）可見雖然取徑不同，但「事貴類推」（同前），以顯見的事理來推證義理隱微之處，既是人所共見，是非不僅自然明白，義理也更爲明晰確實。所以西河特別以考據及訓詁作爲論辨的基礎，包括名物制度、禮樂儀則、文體詞例乃至於訓解態度等，一一引經據典，詳加推究，一方面糾正朱子的缺失，在另一方面也進而呈顯一生專力研經的成果，當然兩者並非截然二分，而是彼此相關，互爲因果，本文即歸納《四書改錯》的內容，以備存西河考辨之功。

第一節　名物訓解方面

推究名實，溝通古今，有賴於蒐討典籍，辨析文義，但朱子申明義理之餘，對於名物訓解，則多半是沿襲舊說，缺乏進一步的考辨，西河於是轉而用心於此，藉以糾正朱注的疏失，《四庫全書總目提要》即云：

〔註 2〕《四書改錯》所收有四百四十七條，其中有三十六條重複，所以應有四百一十一條，唐彪〈四書改錯序目〉云：「使兄孫知書者增損移易，分三十二門部，計四百五十一條。」見《四書改錯．序目》，頁 1。與上述數目稍有差距，主要因爲「章節錯」一門有四條皆涵蓋兩條經文，唐氏依引列經文的數目統計，自然也就與目次所列稍有出入，本文爲求精確，一依西河考辨的內容，共計四百一十一條。

〔註 3〕張文彬等輯《四書改錯》卷一西河即明標體例云：「先正其名物、文藝、禮制、故實，而闕其義于有待。」，頁 5。強調《四書改錯》是以考訂名物爲主，而非以義理爭勝。

朱子《四書章句集註》研究文義，期於愜理而止，原不以考證爲長。奇齡學博而好辨，遂旁採古義以相詰難。〔註4〕

聖道廣大，難免各執一隅，《總目提要》分別兩人取義的差異，事實上則是頗有折衷之意，但「文義」、「古義」既不相合，自然啓人疑竇，而是否愜合於理也就有待斟酌，畢竟注解經義，必須言而有據，才能循名責實，古今對於經文的認知有差異，正是注家須著力之處，假使未能推究名實，溝通古今，事實上是有虧注家職分，西河所列三十二門部，先物後事，以名物訓解列之於前，主要即是著眼於此。另一方面，考辨名實容易定奪是非，也符合西河所云「耳目昭昭在人」的要求。〔註5〕所以西河反覆考訂，補正《章句集註》中名物訓解的錯誤，藉以釐清四書相關的內容，貢獻實多，茲以其考辨的內容，析論如下：

一、釋名有誤

循名責實是注解首要之務，但朱子說解名物，卻時有疏忽之處，如朱子認爲《論語・憲問篇》中稱述的「公叔文子」是「衛大夫公孫枝也。」〔註6〕事實上，公叔文子與公孫枝並非同一人，公叔文子本名發，爲衛國大夫，至於公孫枝則與衛並無相關，西河認爲其中顯然有誤，云：

公叔文子並不名公孫枝，據《春秋傳》本名公叔發，即禮註引《世本》有曰：「衛獻公生成子當，當生文子拔。」則又名拔，然亦舍此無他名者。若公孫枝，則秦大夫也。秦穆公時曾薦孟明伐晉，傳稱爲「子桑之忠」。子桑，枝字也。且其人有名……豈有春秋名大夫而可錯認其人如此（《四書改錯》卷一，頁7～8）

〔註4〕見紀昀等奉敕撰《四庫全書總目提要》四書類「《論語稽求篇》四卷」提要。頁750。

〔註5〕西河於《論語稽求篇》卷一即以自身的體會爲例，分析義理與考辨事物兩種方式之間的利弊得失，云：「間嘗欲取其義理，探其旨趣，剖析討論，務爲可安。而義理廣大，就仁智所見，皆可各爲爭執，而至于旨趣精微，隱顯毫末，離朱不能視，子野不能聽，是者既不敢自直而相安，于非者即欲驟爲刊之，而無所于證定。然而言論旁及，多見事物，凡夫禮儀器制、方名象數、文體詞例，皆事物也。如人身然，義理者，府藏也；事物者，耳目也。府藏人所不見，我以爲府，而人必爭以爲藏，何從質辨，惟耳目昭昭在人，人有指耳而稱目，指眉頰而稱頤頷者乎？義理難明，則吾以事物明之，府藏難辨，則吾以耳目辨之，雖曰顯見既差，安問微隱，然而事貴類推，蓋即耳目間而已。」頁2。

〔註6〕見朱熹撰《論語集注》卷七〈憲問篇〉，收入《四書章句集注》頁152。

朱子誤合兩人，不僅乖違實情，也使經旨晦蝕，自然必須加以釐清，但此一誤解其實由來已久，何晏注引孔安國時已致誤，〔註 7〕西河認爲「發」與「拔」通假，而「拔」又與「枝」字形相近，於是使「公叔發」與「公孫枝」混而爲一，但朱子未加揀擇，承訛踵謬，卻也難逃其咎。〔註 8〕西河更舉出明末有附會朱注而私改「拔」作「枝」的傳聞，批駁後世往往是習而不察，承訛踵謬。〔註 9〕只是既然形近易訛，西河卻並未進而考辨《集注》的版本，似乎也不免稍有缺憾，乾、嘉學者便指出《論語集注》有可能也是後人傳寫致誤，並非朱子原本，所以未必可以直接歸咎朱子。〔註 10〕但西河認爲朱子失察之處不僅於此，如《孟子・公孫丑上》中孟子題稱「曾西」，朱注「曾西，曾子之孫。」〔註 11〕雖然是承襲趙注的說法，〔註 12〕但西河認爲其中也有失考之處，云：

> 曾西，曾子之子，非孫也。〈經典序錄〉云：「曾申字子西，曾參之子」。子夏以《詩》傳曾申，左丘明作傳以授曾申，其人眞能衍聖門之學者，其所以字西，以申枝爲西方辰，與楚鬥宜申、令尹子申皆

〔註 7〕見何晏集解，邢昺疏《論語注疏》卷十四〈憲問篇〉，何晏注引孔安國云：「公叔文子，衛大夫公孫枝，文謚。」，頁 125。

〔註 8〕西河於《論語稽求篇》卷六言之更詳，云：「《集註》公叔文子，衛大夫公孫枝也。此襲《集解》引孔安國註而致誤者。……衛獻公生成子當，當生文子拔，拔一名發。始知枝即拔之誤。枝與拔字形相近，拔又即發之誤，拔與發字聲又相近也。朱氏《集註》極自用，至于前人遺誤處，則直受不辭，以致舉世夢夢。」，頁 16。可以了解其中是因爲字形相近而致訛。

〔註 9〕張文彬等輯《四書改錯》卷一載西河云：「註疏古本孔安國註作公孫拔，此據《世本》衛獻公孫公叔拔者。今監本反改枝字。相傳明代國學生有罰修註疏壞板者，以枝拔形近，陰改拔作枝，以附會朱註，至今莫辨。」頁 7～8。

〔註 10〕阮元《論語注疏校勒記》云：「《困學紀聞》六云：『衛公叔發，注謂公孫文子，《論語》孔注作公孫拔。』是王伯厚所見本尚作拔字。《養新錄》云：『公孫文子，朱注作公孫枝，王伯厚以爲傳寫之誤。予嘗見倪士毅《四書輯釋》載朱文公《論語注》「公叔文子，衛大夫公孫拔也。」又引吳氏程曰：「拔，皮八反。俗本作枝誤，即公孫發。」乃知今世所行《集注》本非考亭之舊，王厚齋所見亦是誤本。』據此，則《集解》、《集注》諸本枝字皆形近傳寫之訛。」收入《十三經注疏》中《論語注疏》卷十四，頁 133。可見未必是朱子承訛而誤，而是幾經傳寫之後，形近致誤，西河考辨致誤之由，卻並未考慮《集注》同樣也是後人傳寫的誤本，所以必須更進一步考辨版本，校戡文字，才能明辨是非。而此正是乾、嘉學者擅長之處，當然也可以進一步補充西河考辨不足之處。

〔註 11〕見朱熹撰《孟子集註》卷三〈公孫丑上〉，收入《四書章句集注》，頁 227。

〔註 12〕詳見趙岐注，孫奭疏《孟子注疏》卷三上〈公孫丑上〉，頁 51。

字子西並同。(《四書改錯》卷一，頁8)

依《經典釋文》所載，曾西其實是曾子之子，趙注「曾子之孫」的說法並不正確，西河並且推究名字的關聯，藉以補充注解不詳之處，至於於朱子失考之處，當然也必須加以釐清。此外，西河更指出朱子往往喜用不同的說法，然而在缺乏進一步的辨析之下，難免也就多有謬誤，如《論語・憲問篇》載孔子評論「子西」之事，何晏注云：

馬曰：「子西，鄭大夫。彼哉彼哉，言無足稱。」或曰：「楚令尹子西。」〔註13〕

對於「子西」一名，何晏並錄「鄭大夫」及「楚令尹」兩說，對於具體事蹟則相當保留，基本上並未逾越存疑傳信的立場，但朱子卻直接採用後者，並且舉例加以評述，云：

子西，楚公子申。能遜楚國，立昭王，而改紀其政，亦賢大夫也。然不能革其僭王之號。昭王欲用孔子，又沮止之。其後卒召白公以致禍亂，則其爲人可知矣。〔註14〕

西河認爲漢儒近古，舊注未必不可信，在缺乏相關資料時，不妨存錄備考，但朱子貿然採用新說，並未加以考辨，論據自然顯得薄弱，所謂的評述也就難免有鑿空立論之嫌。西河批駁朱子引據失考外，並且尋繹《論語》原文，認爲「子西」應非楚公子申，朱子釋名有誤，云：

子西，鄭大夫公孫夏也。夏爲鄭公子駟之子，與公子國之子子產本兄弟，而互執國政，其在當時原有同事得失，比較優劣，雖其人不及子產，而頗著名字，故或問及之。此漢儒馬融所指定者，惟何晏無學，以楚申字同，故妄作異說，而註竟以爲實，然錯矣。春秋時人罕道楚事者，況論人當辨時地，比方時賢，定不出齊、晉、鄭、衛之鄉，荊楚曠隔，未得連類。又且事久論定，苟欲上下，亦必進求之定、哀以前，風徽未沫，可加論騭，楚申後夫子而死，安能定之。況楚有兩子西，兩公子申，僖廿八年，司馬子西帥楚左師與晉戰。成六年，公子申以申息之師救蔡與晉戰，當時猶無知者。今此子西不通中國，至哀十三年，夫子《春秋》將絕筆，然後有楚公子申伐陳之文，見于簡書，或人何由知其人而與百餘年前之管仲、子

〔註13〕見何晏集解，邢昺疏《論語注疏》卷十四〈憲問篇〉，頁124。

〔註14〕見朱熹撰《論語集注》卷七〈憲問篇〉，收入《四書章句集注》，頁150。

產同年而語，眞夢話也。乃註引其三實事，一以立昭讓國事爲或問之據，二以沮用孔子，三以召白公致亂爲彼哉之據，則尤夢之甚。夫立昭讓國，畏強慮禍，在子期、子閭皆能之，原不足道，且其事秘，祗見楚策書，未嘗遍告列國有簡書之布也。若沮用孔子，在孔子厄陳蔡末年，召白公以致亂，掩面被殺，則其時孔子已卒，而乃以身後之事而預爲論定，夫子雖神聖，焉能有此。（《四書改錯》卷一，頁 8～9）

西河引據《左傳》所載，其實名爲「子西」者，不僅於鄭駟夏及楚公子申兩人，或許因爲公子申與孔子時代相近，所以何晏據以補充舊注，聊備一說，但其實也沒有進一步的證據可以印證，然而朱子卻據以立論，多所評析，〔註 15〕只是既然是孔子評論的對象，似乎在孔子之前較有可能，而且以《論語》經文「子產」、「子西」、「管仲」連類相及的語勢，推究事蹟，都應以鄭駟夏爲是，朱子不加甄別，也就難免有誤據誤解，使名實混淆，經義不明的情形發生。此外，西河更指出朱子甚至有誤讀前人注解，自創異說的情形，如《論語・學而篇》載「子禽問於子貢」，朱注云：「子禽，姓陳，名亢。子貢，姓端木，名賜皆孔子弟子。或曰：『亢，子貢弟子。』」〔註 16〕西河認爲朱子「或曰」的說法不僅多餘，而且顯然有誤讀鄭注之嫌，云：

從來說書並無言子禽是子貢弟子，或人之說不知所據。前儒謂此係錯讀註疏所致。鄭玄註曰：「子禽，弟子陳亢也。子貢，弟子。」謂子禽、子貢皆弟子也。而子禽讀，子貢不讀，此錯之頗可怪者。（《四書改錯》卷一，頁 11）

推尋經文「子禽問於子貢」的語義，顯然不是弟子執問的語氣，朱子以「或曰」另出新解，雖是疑而未定之辭，但既不能使經義明晰，反而造成關係混亂，不免有治絲益棼之嫌。西河認爲朱子顯然是誤讀鄭注，並未將「子貢弟子」逗開，因而產生誤解，當然必須予以更正。西河認爲主要是因爲朱子缺

〔註 15〕胡炳文《四書通》卷七引錄吳氏之言云：「當時有三子西，鄭駟夏、楚宜申、公子申也，駟夏未嘗當國，無大可稱，宜申謀亂被誅，相去又遠，宜皆所不論者，獨公子申與孔子同時。」，收入《四庫全書》第二〇三冊，頁 303。可以補充朱子採用新解的原因，但是既然與「子產」、「管仲」並列，也就不應與孔子同時，至於「鄭駟夏」的「無大可稱」，事實上正可以符合孔子斥爲「彼哉！彼哉」的評述，所以舊說未必不可信，朱子引述事蹟，牽附楚公子申，反而相當牽強，所以西河對於經文原旨的分析，應爲可據。

〔註 16〕見朱熹撰《論語集注》卷一〈學而篇〉，收入《四書章句集注》，頁 51。

乏進一步考辨，引據論證也就難免多有疏失，其中包括誤注人物之間的關係，如齊桓公與公子糾、南宮敬叔與孟懿子，朱注皆旁生枝節，混淆兄弟的次序。〔註 17〕此外，甚至有誤植時代，張冠李戴的情形出現，西河也一一指出，並且加以釐正，如《論語‧微子篇》中提及：「逸民：伯夷、叔齊、虞仲、夷逸、朱張、柳下惠、少連……」及「大師摯適齊，亞飯干適楚，三飯繚適蔡，四飯缺適秦，鼓方叔入于河，播鞀武入于漢，少師陽、擊磬襄入于海」等兩組人物，朱子認為其中「虞仲即仲雍，與泰伯同竄荊蠻者」，〔註 18〕但「與泰伯同竄荊蠻」的仲雍，既是太王之子，又是繼位為吳君之人，顯然與逸民的身分不相符，西河認為朱子注解可能有誤，必須加以澄清，云：

> 仲雍是虞仲之曾祖，虞仲是仲雍之曾孫，此豈可錯者。仲雍本太王之子，同兄泰伯竄吳，泰伯已奄有吳國而無子，仲雍繼伯為吳君已三世矣。武王克殷求泰伯、仲雍之後，得仲雍曾孫周章兄弟，而周章已君吳，因封之吳為泰伯後，而別封其弟仲于虞以繼仲雍。《漢志》所云：「封周章弟中於河北之虞。」中即是仲，則是仲者，其名虞者，其封國號也。猶之蔡仲封蔡為蔡仲；秦仲封秦為秦仲也。仲雍不封虞，何虞仲矣。特春秋晉滅虞時，宮之奇有云：「泰伯、虞仲，太王

〔註 17〕朱子引程氏之言，認為桓公為兄，子糾為弟。又注南容為孟懿子之兄。西河認為其中並不正確，云：「糾、桓長次，自《春秋三傳》、《史記》、《漢書》外，其見于他書，如《莊子》、《荀子》、《韓非子》、《尹文子》、《越絕書》、《說苑》類，無不曰：糾兄桓弟，糾長桓幼，即《管子》亦云：『齊僖公生公子諸兒及公子糾、公子小白。』祗漢薄昭〈上淮南王長書〉以漢文是淮南王兄，忌諱，故稱殺兄為殺弟。此在韋昭已明註其下，無容錯者。而乃洶口唾罵，不知其據是昭書與否？即或據此而有礙聖言，亦當稍加審慎，乃全無顧忌，不讀《春秋》，不考本事，并不查周秦以後論列文字，公然顛倒曰：桓公兄，子糾弟。名為補救，而實所以入夫子之罪，若云疏忽，則諸書皎然，何容疏忽；若云有意，則非聖之責，恐凡為聖門之徒者，難嘿然矣。」又「然且錯之又錯，仍顛倒人兄弟，忽以敬叔為懿子之兄，據《春秋傳》：……懿子、敬叔皆泉丘女所生，懿以長自養，敬以幼使僚女養之，其後懿以長襲，敬以幼不襲，此開卷便曉者，乃又作顛倒，以為有據，則並無一據，以為有意，則糾兄桓弟，將藉以立說，或者有意，此何必有意。以為過誤，則《論語》載人兄弟有幾，而一誤尚可，再誤真不可解。且朱氏倡格物窮理之說，周制君承姓；卿承氏，敬叔以弟故不襲卿承氏，而氏南宮。此或未之考，乃明謚敬叔，而不知叔之為弟，則併理亦不可問矣！」朱子喜用新解，並且藉以申論，然而缺乏詳細的考辨，所以也就難免多有疏失之處，西河即針對於此多所批評。詳見《四書改錯》卷一，頁 12～13 及頁 16。

〔註 18〕見朱熹撰《論語集注》卷九〈微子篇〉，收入《四書章句集注》，頁 15。

之昭也。」似以虞仲指仲雍者，因之《史・周本紀》亦引泰伯、虞仲語，而《漢・地理志》遂有錯註。不知《左傳》所云，謂虞之封國，其于同姓在太王之昭一輩，正指虞，不指雍。猶伯禽封魯，而傳稱魯衛毛聃爲文昭，指魯國不指魯公也。但其稱逸民者，以武王未物色時，仲且流落荊吳間作隱居事耳，不然雍與伯同竄荊蠻，且同相繼爲國君，而舍伯取雍，亦大不合。如謂泰伯端委治吳，而雍且斷髮文身以爲君，以是取雍則直逸君矣。仲在隱居時，故可逸，仲雍君焉得逸耶！（《四書改錯》卷一，頁21～22）

西河認爲虞仲並非仲雍，武王克殷後，曾經訪求仲雍曾孫周章兄弟，由於周章已經是吳國國君，所以別封其弟於虞以繼仲雍，此即「虞仲」，《論語》經文指爲逸民，是因爲武王訪求之前，虞仲是流落荊、吳，隱逸民間之士，至於仲雍則繼泰伯爲吳君之人，自然不符合逸民的身分。西河認爲主要是因爲前人誤解《左傳》，所以產生張冠李戴的情形，但只要推究命名來由，就可以釐清謬合之處。至於摯、干、繚……等八人，朱子認爲是魯樂官，並且引據張載之言，指出由於孔子正樂，加上魯國勢衰，所以自大師以下皆散於四方，〔註19〕但其中實乏清楚的引據，顯然有待商榷，西河即依據典禮，認爲朱子疏於考辨，有誤移時代之嫌，云：

太師摯八人非魯樂官，《周禮》：王大食三侑，諸侯無之。《白虎通》王者平旦食、晝食、晡食、暮食，凡四飯，諸侯三飯，魯安得有四飯官。且定、哀策書並無魯樂官竄四方事。惟〈古今人表〉以摯、干、繚、缺、方叔、武、陽、襄列之伯夷、叔齊之下，文王之上。註曰：「此紂時樂官。鄭玄謂平王時人，非也。」又《漢・禮樂志》載〈泰誓〉舊文，亦有樂官師瞽抱器奔散語。則紂時人矣。或曰：《史・殷本紀》、〈周本紀〉皆有太師、少師抱樂器出奔之文，然太師名疵、少師名疆。此摯與陽當是疵與疆兩音相近之訛，容或有之。（《四書

〔註19〕朱熹《論語集注》卷九〈微子篇〉注引張子之言云：「周衰樂廢，夫子自衛反魯，一嘗治之。其後伶人賤工識樂之正。及魯益衰，三桓僭妄，自大師以下，皆知散之四方，逾河蹈海以去亂。聖人俄頃之助，功化如此。如有用我，期月而可，豈虛語哉？」收入《四書章句集注》頁186。一方面朱子注「擊磬襄」是孔子所從學琴之人，並且認爲此則所載是賢人隱遯之事，但如依張氏所言，反而是從孔子得樂之正後，八人散之四方以避亂。其中因果關係顯然有所矛盾，必須加以釐清。

改錯》卷一，頁17）

西河稽核載記，推究禮制，認爲朱子的注解並不正確，一方面四飯爲天王所有，魯國不應有四飯官，再者，《左傳》定、哀之間也並無魯樂官竄流四方的記載，可見此說理事皆無據，所以西河指出經文所指應是商紂樂官出奔，而非魯國樂官，此皆明見於《史》、《漢》的記載，如《漢書・古今人表》中即將八人列於文王之前，顏師古並於下注云：「自師摯以下八人皆紂時奔走分散而去，鄭玄以爲周平王時人，非也。」〔註20〕可見此八人應爲紂時人物，如此既可符合賢者隱遯之旨，也切合王者的儀典，當是經文原旨。也就是對文獻的取捨不恰當，甚至有以名稱相近，便以此注彼，使相關人物更形混亂，所以西河認爲朱子解釋人名往往多有不合之處，如《論語・雍也篇》載「子桑伯子」及「孟之反」，朱子皆引用胡氏之言，認爲即是《莊子》所提及的「子桑戶」及「孟子反」，〔註21〕雖然是疑而未定之辭，但既缺乏進一步的說明，又無助於經義的闡發，西河認爲朱注僅以文字雷同，便牽合兩者，顯然有待商榷，云：

> 子桑伯子何以知爲魯人，若謂是子桑户，則在《論語》無「户」字，在《莊子》無「伯子」字，何以知爲即此人。鄭玄嘗曰：「此是《左傳》秦大夫公孫子桑。」世猶非之，曰：「伯子何居？」今但據「子桑」二字，則《莊子》尚有「子桑雽」將爭之矣。若「孟子反」則《莊子》是「子反」非「之反」，且並不名「側」。此但如王肅曰：「伯子，書傳無見焉。」孔安國曰：「之反，魯大夫名側。」始不錯耳。（《四書改錯》卷一，頁20）

雖然人物事跡不可詳考，但不妨闕疑傳信，如果僅以名稱相近便妄加牽合，反而治絲益棼，轉生更多謬誤，畢竟文字雷同，所在多有，執著字面，反而容易爲文字傳寫的錯誤所欺，注解也就更加淆亂，徒增紛擾，如朱注《孟子・萬章上》「孔子於衛主癰疽」的「癰疽」是「瘍醫」，〔註22〕西河認爲朱子同樣是依文起訓，釋名有誤，云：

> 此亦錯者。瘍醫在天官職，以下士爲之。禮註稱王臣受天子策命，與庶人在官大別。況醫多有名，如《國語》醫和、《左傳》醫緩，即

〔註20〕見班固撰《漢書》卷二十〈古今人表〉，頁891。

〔註21〕見朱熹撰《論語集注》卷三〈雍也篇〉收入《四書章句集注》，頁83及88。

〔註22〕見朱熹撰《孟子集注》卷九〈萬章上〉收入《四書章句集注》，頁311。

> 賢士大夫尚相敬禮，何得以偶然主客爲孔子諱。又且瘍醫所掌有頭創、身瘍、金傷、腕折諸症，並不專以癰疽爲名。此二字非官名，非人名，又非醫名，實誤文之顯然者。考雍本是姓，系文王子雍伯之後如雍糾、雍太宰類。此孔子所主，當是雍渠。即《史・世家》所云：「靈公與南子同車，雍渠參乘，孔子爲次乘」者，以此人係靈公嬖幸，與彌子等，且與孔子因緣，故彌子直邀其主己，而當時亦并傳有主渠一事。乃劉向《說苑》載《孟子》文作孔子主雍睢，以渠、睢聲近訛錯，而趙岐註壁中本，則并訛睢爲疽，于是七篇之本，始將雍渠二字盡變之而爲癰疽，此蹤跡之實可按者。不然衛靈時無雍睢，而劉向輯內府書又並不見趙氏壁中之本，乃忽有雍睢一名，謂非雍渠之轉訛不可也。（《四書改錯》卷一，頁26）

古籍幾經傳抄，難免訛誤，自然有待文字的校讎勘正，不能冒然引用，更不能依文起訓。西河考究相關禮文，其中並無「癰疽」之名，再者，「癰疽」也不似醫名，所以朱子解爲瘍醫，其實並無典據，事實上如果依《史記》及《說苑》所載，應是「雍渠」而非「癰疽」，可見今本可能傳抄有誤，朱子據誤文說解，自然乖違名實。

相同的情形，不僅出現在人物事蹟方面，在其他名詞的說解方面，朱注也有明顯的缺失，如朱注《孟子・告子下》「孫叔敖舉於海」爲「隱處海濱」，〔註23〕雖然承自趙注，〔註24〕但西河認爲以「海濱」釋「海」，指涉過窄，容易令人誤解，云：

> 此襲趙註而錯者。孫叔蔣之期思人。《荀子》、《呂覽》所云：「期思之鄙人」者，其地與蓼近，故楚莊滅蓼，而虞丘相即薦于莊而舉之爲相，並不曾伏處海濱，此錯也。然而舉于海何也？曰：《孟子》明曰海非海濱也。蔣蓼，楚外國，而期思又適當淮西之地，《水經》淮水經期思之北而東注于海。〈禹貢〉稱淮海，《地志》稱淮康海。康以淮通海故也。此與〈魯詩〉來淮夷而曰：「至于海邦」、〈江漢〉伐淮夷而曰：「至于南海」正同。蓋海不必在波濤間耳。（《四書改錯》卷二，頁8～9）

〔註23〕見朱熹撰《孟子集注》卷十二〈告子下〉，收入《四書章句集注》，頁348。

〔註24〕朱注「隱處海濱」顯然是承自趙注：「孫叔敖隱處，耕於海濱。」而來，見趙岐注，孫奭疏《孟子注疏》卷十二〈告子下〉，頁223。

西河據《荀子・非相篇》所載，〔註 25〕孫叔敖舉於「海」，其實是指淮西之地，而非「海濱」，秦漢以前，往往河海對舉，以「海」泛指江淮之地，用以言其鄙遠，後世幅員漸廣，地理明確，也就不適合如此含糊的稱謂，朱子引據舊注，依文訓解，卻並未釐清古今差異，自然容易使人產生誤解。〔註 26〕此外，《孟子・離婁下》載舜爲「東夷之人也」，朱注爲「東方夷服之地」，〔註 27〕西河認爲朱子添字解經，釋義同樣也有過於偏狹的缺失，云：

> 夷，裔也。邊也。東夷謂東一邊也。戰國分東西，以關爲界，凡關以東者皆謂之東一邊，若曰「夷服」，則必〈禹貢〉所稱要服二百里，夷者在甸、侯、綏一千五百里之外，將《史記》所云「就時負夏」在衛地，《書》所云「造攻自鳴條」在安邑之西者，皆不可通矣。(《四書改錯》卷二，頁 10)

所謂「東夷」，其實同樣也是泛指之辭，而非定指爲「東方夷服之地」，朱子添字說解，不僅違反訓詁常例，而且進一步按覈原典，更是相互矛盾，西河認爲此皆是朱子注解上的缺失，須加以釐清，畢竟依名起訓，容易爲文字所欺，如《中庸》提及「蒲盧」，朱注引沈括之言爲「蒲葦是也」，〔註 28〕同樣也是執名說解，釋名有誤，西河云：

> 蒲盧，《爾雅》云即蜾蠃，又名細腰蜂。每取螟蛉爲己子，祝之而化。《詩》曰：「螟蛉有子，蜾蠃負之。」可以作人存政舉之証。故《家語》載哀公問政章，有孔子曰：「天道敏生，地道敏樹，人道敏政。夫政也者，蒲盧也，待化而成。」其著待化句，所以解蒲盧，而著敏生句，則不必以蒲盧承敏樹可知也。乃改盧作蘆，以蒲與蘆並未連文者，而強爲連之，不信諸經，而信沈存中無學之一宋人，亦已可怪。及其作《或問》，亦知理詘，反曰：「此等瑣屑不足辨。」則指鹿爲馬，無不可矣。初不意以格物之儒說經言詞遁如此。(《四書改錯》卷二，頁 13)

〔註 25〕詳見楊倞注，王先謙集解，《荀子集解》卷三〈非相篇〉云：「楚之孫叔敖，期思之鄙人也。」注引杜預之言：「期思，楚邑名，今戈陽期思縣。」頁 47。即今河南固始縣西北。收入新編諸子集成第二冊。

〔註 26〕仇德哉《四書人物》卷二十六中詳列孫叔敖事跡，但對於《孟子》所謂「舉於海」則云：「更無史蹟可尋。」頁 318。推究原因，主要便是因爲惑於朱注，所以轉生疑惑。但如果依西河所言，對於孟子此言可以冰釋矣。

〔註 27〕見朱熹撰《孟子集注》卷八〈離婁下〉，收入《四書章句集注》，頁 289。

〔註 28〕見朱熹撰《中庸章句》，收入《四書章句集注》，頁 28。

《爾雅．釋蟲》云：「果臝，蒲盧。」〔註29〕可見「蒲盧」是蜾臝，而非蒲葦，朱子捨古義而就新說，未採《爾雅》訓詁名物，不僅名實乖違，也使經旨晦蝕難通。畢竟名實相符，才能言順事成，朱子疏於考辨，往往依名起訓，而且又過信新解而疑古義，不免多有疏漏，西河條分縷析，考辨古義，並且推究致誤緣由，從而使經旨合情順理，不僅補正朱子釋名謬誤之處，更可提供後人研析經義的參考。

二、釋義偏差

朱子訓解名物除名實不符的情形外，也時有釋義偏差的缺失，雖然不致於影響經文大義，但也顯見不夠嚴謹之處，所以西河反覆推衍，細加考究，除推尋經文本義的所在，並且進而指出朱子偏失之處，如《大學》引《詩》「緡蠻黃鳥，止于丘隅」，朱注「丘隅」爲「岑蔚之處」，〔註 30〕西河認爲其中並不適切，顯然有違本義，云：

> 此襲舊註而又錯者。丘隅，丘之陬也。謂丘之曲處與《詩》文「丘阿」、「丘側」並同。蓋屋有四阿，房有四隅，山之隈曲每類之。故《孟子》「虎負嵎。」「嵎」註山陬，以嵎即隅也。若岑則是巖險，不是丘，蔚則木盛，不是隅，分觀瞭然。(《四書改錯》卷二，頁 11）

朱子的說法雖然是有所承襲，〔註 31〕但「丘隅」是指山丘隅曲之處，而所謂「岑蔚」，「岑」是巖險，「蔚」是木盛，與「丘隅」並不十分貼合，所以如果依據文字本義，也就可以了解朱注偏失之處，雖然無礙大義，但確實不符合訓詁本義的訴求，釋義顯然有偏差。類似情形，還包括引據事例，混同解釋，如《論語．憲問篇》孔子評論管仲時，舉管仲「奪伯氏駢邑三百，飯疏食，沒齒無怨言」之事，朱注云：「荀卿所謂與之書社三百而富人莫之敢拒者，即此事也。」〔註32〕雖然同屬管仲之事，但西河認爲「邑」與「社」實有差距，不可隨意混同，云：

〔註29〕見郭璞注，邢昺疏《爾雅注疏》卷九〈釋蟲〉，頁 104。

〔註30〕見朱熹撰《大學章句》收入《四書章句集注》，頁 5。

〔註31〕朱注是承鄭注「於止，於鳥之所止也，就而觀之，知其所止，知鳥擇岑蔚安閒而止處之耳」而來，見鄭玄注，孔穎達疏《禮記注疏》卷六十〈大學〉頁 984。但鄭注「岑蔚安閒而止處之」，主要是爲說明「知其所止」，所以是泛指棲止之處，但朱子卻據以訓解「丘隅」本義，也就偏離了文字本義。

〔註32〕見朱熹撰《論語集注》卷七〈憲問篇〉，收入《四書章句集注》，頁 151。

> 駢邑三百不是書社三百，書社謂里社之書版籍者。三百是三百社，如魯以書社五百與衛，楚欲以書社七百封孔子類。此邑三百，當如《左傳》所云「惟卿備百邑」者，其爲邑，即《周官》四井爲邑之邑，三百邑實一千二百井，九千六百家，而邑之以駢名者，總是三百，雖仲之爲采或不止此，而其奪伯氏者，惟是數矣。蓋邑名不同，有千室之邑，則合三十邑裁彀一邑；有十室之邑，則一邑又應分作三邑。惟此邑以周制校則如此。(《四書改錯》卷二，頁 11)

朱子引據《荀子・仲尼篇》來印證此事，〔註 33〕但是否同爲一事，本就有待進一步考辨，畢竟「邑」與「社」不能一概而論，「書社三百」更不足以解釋「駢邑三百」，兩者實不能通譯詮釋。西河並且推究邑的範圍，來補正朱子釋義的缺失。而除有違文字本義的情形外，西河更指出朱子在說解名物時，也時有偏離經文原旨之處，使釋義角度偏差，如《論語・陽貨篇》載孔子發抒「匏瓜」之歎，朱注：「匏瓜繫于一處而不能飲食」，〔註 34〕西河即駁其注解不合情理，釋義有所偏差，云：

> 此不止錯者，何晏云：「匏瓜得繫一處者，不食故也。」其云不食，言不可食，非不能食。天下無植物能開口食者。《詩》「匏有苦葉」，指匏苦之不可食者爲言，故《國語》「苦匏不材，于人供濟而已。」言但可繫以渡水而不足食，便是不材。蓋食物以可食爲材，夫子之自諭正如是也。今曰不能食已怪矣，且又加一字曰不能飲。昔人有無口匏之譏，里巷刺懵闖者曰渴瓜，豈瓜果饑渴耶！(《四書改錯》卷二，頁 13)

何晏注爲「不食故也」，是說明孔子不用於世的感歎，朱子添字爲解，指爲不能，意義上已有差距，而且又指稱「不能飲食」，不僅釋義有所偏差，經文也顯得迂曲怪異，西河認爲主要是朱注並未掌握經文要旨。相同情形，如《論語・爲政篇》中「至於犬馬皆能有養」，朱注：「人畜犬馬皆能有以養之。若能養其親，而敬不至，則與養犬馬者何異。」〔註 35〕西河認爲此解也是釋義未的，有違人情，云：

〔註 33〕見楊倞注，王先謙集解，《荀子集解》卷三〈仲尼篇〉云：「立以爲仲父，而貴戚莫之敢妒也；與之高國之位，而本朝之臣莫之敢惡也；與之書社三百，而富人莫之敢距也。」收入新編諸子集成第二冊，頁 67。

〔註 34〕見朱熹撰《論語集注》卷九〈陽貨篇〉收入《四書章句集注》，頁 177。

〔註 35〕見朱熹撰《論語集注》卷一〈爲政篇〉，收入《四書章句集注》，頁 56。

此則大關名教，不止于錯，所當急急救正者。張南士曰：「古人罕譬曲喻，皆有倫類，儗非其倫，古人所禁。豈有斥親爲犬馬，而可以出口語，立文字者。鄭子家以畜老比君，遂成弒逆；鮑牧斥先君豎牛，終是奸黨。豈聖人告人而肯出此，此眞聖門之徒之言？」據包咸舊註原云：「犬能守禦，馬能服乘，皆養人者。彼所不足者，惟敬耳！」是犬馬指人子言。即何晏異說亦云：「人之所養，乃至于犬馬，不敬則無次別。」謂人之養人，自妻孥僮僕，以至犬馬，雖所養不一，猶必以敬爲差等，而況于父母。是何氏異說，亦並未嘗以犬馬儗親，然而世猶薄何氏爲無狀者，以爲此中意旨，在夫子曾自解之，〈坊記〉子云：「小人皆能養其親，不敬何以辨。」其所云能養者，明曰養其親，並未嘗曰養小人，夫子之自解不可沫也。是以《論語》出孔壁後，自漢、晉、唐、宋讀《論語》者，並不敢稍有異解。如晉東（應爲「束」）晳作〈補亡詩〉有云：「噭噭林烏，受哺于子。養隆敬薄，惟禽之似。」則禽養親也。唐李嶠〈爲獨孤氏請陪昭陵合葬母表〉云：「犬馬含識，烏鳥有情。寧懷反哺，豈曰能養。」言已不能如犬馬養也。及若馬周上疏云：「臣少失父母，犬馬之養已無所施。」宋王豊甫〈辭免起復表〉云：「犬馬之養未伸，風木之悲累至。」謂父母已亡，雖欲效犬馬之養而不可得也。不意數千年共遵之包註，而一朝改之，以漢、晉、唐、宋列代相傳，必不可易之定解，而一人忽起而更變之。向使改之而善，改之可也；變之而可反不善以至于善，雖變亦可也。乃改包註，而斥親以犬馬之名，變〈小序〉而強坐人以淫失之罪，尊經與？抑乖教與？（《四書改錯》卷二，頁 17～18）

朱子順讀經文，直接以養犬馬與養父母作比較，雖然文義曉暢，強調「敬養」的主旨不差，但西河認爲以犬馬喻指父母，則實爲不倫不類，西河引包咸舊注，認爲經文原是以犬馬養人與人子養親相參照，所以所謂犬馬是比擬形容之辭，用來喻指人子，而非實指，朱子說解雖然直捷明白，但西河指出朱子並未分別其中輕重的不同，即貿然說解，因而釋義也就有所偏差。西河引證古義，考究歷來引據的用法，進而釐清經文原旨，自然可以糾成釋義的疏失，剔除朱注的偏差之處。推究其中，主要因爲朱子依名起訓，卻未能推敲其間，難免產生疏漏，西河並且指出朱注甚至有違背文句詞性的情形，如朱注《孟子・盡心下》「穿窬」云：「穿，穿壁。窬，踰墻。」〔註 36〕西河即以文句語法的對應關係加以檢討，認爲其中釋義有所偏差，並不符合文字本義，云：

> 此又襲舊註而誤者。按：穿是事爲之名，窬是物名。二字連出，而非對出。穿窬者，猶言穿其窬。窬本訓户，穿者，穴而過之，故一作穿鑿。……豈有穿之一字而可連壁爲解者，穿是事名，虛字，忽連物名實字作解，是事物虛實已亂矣。況窬是木户，徐註所云：「鑿板爲户者。」《禮記》「蓽門圭窬」，踰即户竇。《左傳》稱「圭竇」，大抵户之小而銳首加圭者，乃註作踰墻，偏以事爲虛字連註其間，假使窬即是踰，則墻字何屬？窬即是墻，則踰字又何屬？是穿以虛事連實物，而窬又以實物連虛事，祖龍奈何？（《四書改錯》卷五，頁 4）

西河認爲穿窬是動詞結合名詞的詞結，然而朱子卻以詞聯解之，於是產生語義複沓的情形，不合經文直捷的語氣。不過主要也是因爲引據的版本不同，依文訓解，自然有不同的詮釋，未必可以定指是非。〔註 37〕另外，相同的情形，如《論語・子罕篇》「有美玉於斯，韞匵而藏諸？求善賈而沽諸？」朱注「韞匵」云：「韞，藏也。匵，匵也。」〔註 38〕卻將對舉的名詞解爲動詞，西河即對此提出批評，云：

> 韞訓作藏，則藏櫝而藏，非文理矣。韞、櫝皆包物之器。大抵以皮包物曰「韞」，故從韋。以木包物曰「櫝」，故從木。陳琳賦：「山節藻棁，既櫝且韞。」明以韞、櫝分對兩物可驗。（《四書改錯》卷五，頁 12～13）

雖然朱子的說法是承襲舊注，〔註 39〕但西河認爲經文既然已明言爲「藏」，不應又有重複，使語義複沓，所以「韞匵」應是對舉的名詞，指包物之器，而

〔註 36〕見朱熹撰《孟子集注》卷十四〈盡心下〉收入《四書章句集注》，頁 372。

〔註 37〕趙岐注，孫奭疏，《孟子注疏》卷十四〈盡心下〉云「人能充無穿窬之心，而義不可勝用也。」但後文則作「皆穿踰之類也」。頁 260。文字顯然有所不同，後附阮元校勘記云：「閩、監、毛三本同宋九經本、岳本、咸淳衢州本、廖本、孔本、韓本『窬』作『踰』。」頁 266。朱子解爲踰牆，主要因爲朱子所據的版本不同，所以解釋也就有所差異，西河考辨詞性，論究虛實，足見辨析的深入，但其中並未考慮版本的差異，則顯然有欠周衍，所以謹附論於此，藉以說明其中原委。

〔註 38〕見朱熹撰《論語集注》卷五〈子罕篇〉，收入《四書章句集注》，頁 113。

〔註 39〕何晏引馬融注云：「韞，藏也；匵，匵也。謂藏諸匵中。」見何晏集解，邢昺疏，《論語注疏》卷九〈子罕篇〉，頁 79。

非動詞結合名詞的形式，西河並且進一步說解文字本義，批駁朱注偏差之處。雖然經文的詮釋，仁智互見，甚至牽涉版本的異同，但西河爬羅剔抉，推尋本義，正可以補充朱子釋義不夠妥貼之處。

三、重出矛盾

朱子《四書章句集注》並非成於一時，而是屢經修改，至老未已，〔註 40〕所以難免有互見歧出的情形，但西河認爲既然通注四書，似乎必須說解一致，所以對於重出矛盾之處，也提出駁正，嘗試予以釐清，如《論語》、《孟子》皆載及「柳下惠」，朱注《論語．衛靈公篇》云：「柳下惠，魯大夫展獲，字禽，食邑柳下，諡曰惠。」〔註 41〕但於《孟子．公孫丑上》卻注云：「柳下惠，魯大夫展禽，居柳下而諡惠也。」〔註 42〕所謂「食邑柳下」與「居柳下」，其中的意義並不相同，西河認爲必須加以釐清，云：

> 古以食邑氏，惟畿內王官與大夫之就食其地者。如芮伯、樊仲、原同、屏括類，惠不然也。若公族倅貳，或食副田、或食公邑，皆不得以食邑爲氏。祗所居偶異，如仲遂以仲而氏東門、南宮敬叔以仲孫而氏南宮類，則以居爲氏容有之。向謂惠有兩字，《左傳》稱展禽，則字禽。《國策》稱柳下季，則字季。一是二十字，一是五十字，今知兼有二氏，本是展氏，係公子展之後，而又氏柳下，一是以字氏，一是以所居氏也。若趙岐註柳下是號，不是氏，則必如後世陶潛以居有五柳，稱五柳先生者，恐又不然。（《四書改錯》卷一，頁 6～7）

西河考辨柳下惠的名氏，其實是回應康熙對於詞臣的詢問。〔註 43〕西河引據

〔註 40〕朱子研議四書，可謂竭盡一生精力，其間幾經修改，不曾休止，紀昀等奉敕撰《四庫全書總目提要》卷三十五「《四書或問》三十九卷」提要云：「後人或遂執《或問》以疑《集註》，不知《集註》屢經修改，至死未已。」頁 722。陳鐵凡〈四書集注考源〉即對朱子研議四書的歷程，略分三個時期。詳見《孔孟學報》第四期，民國 51 年 9 月。頁 218～226。董師金裕〈朱熹與四書集注〉更推究《四書集注》的來源，剖析朱子不同歷程的成果。詳見《政治大學學報》七十期，民國 84 年 6 月。頁 1～13。一方面可以了解朱子精進奮發的情形，再者，也可以了解讀朱子經注不能定執一說。但西河認爲既然通注四書，也就不應重出矛盾，所以針對朱注歧出之處，提出詳細的考辨，嘗試予以釐清，如此也可以進一步補正朱注矛盾之處。

〔註 41〕見朱熹撰《論語集注》卷八〈衛靈公篇〉收入《四書章句集注》，頁 164。

〔註 42〕見朱熹撰《孟子集注》卷三〈公孫丑上〉收入《四書章句集注》，頁 240。

〔註 43〕張文彬等輯《四書改錯》卷一載西河云：「康熙二十年，予在史館，益都相公

《左傳》、《國策》等相關的記載，對於諸多說法加以考察，指出柳下惠應是兩字、二氏，但食邑之說並不符合柳下惠的身分，至於以「柳下」爲號的說法，似乎也並不正確，畢竟文獻茫昧，難以定指，但無論如何，西河認爲朱子各有引據，卻未加以釐清，反而使彼此歧出，有違注書之責，云：

> 柳下無定據，其云食邑，見《左傳》孔疏；居柳下，見《莊子》註；然總不知出何書，但註書者，不應兩書兩註自矛盾耳。（《四書改錯》卷一，頁 6）

朱子分注而歧出，不僅表示並未融匯貫通，而彼此矛盾之處，更是啓人疑竇，使讀者衍生困擾。〔註 44〕此外，朱注《論》、《孟》中「羿」一名，也有相同的情形，如《論語・憲問篇》中朱注：「羿，有窮之君。善射，滅夏后相而篡其位。」〔註 45〕但《孟子・告子上》朱子卻注云：「羿，善射者也。」〔註 46〕兩處顯然有歧出之處，西河即據以批評，云：

> 此又錯者，以爲有窮君耶！則不宜作善射通稱；以爲善射者耶！則又不得專指作有窮之君。豈有兩書註一名而如是鶻突者。不知此是官名，《說文》羿，帝嚳射官，其字以羽矢爲義，而加以开聲，故凡職射而以官爲氏者，皆得氏羿。揚雄賦「羿氏控弦」是也。則此註《論語》當云：「羿，古射官名。而其後多以官氏，此羿者，有窮后之氏也。」註《孟子》則直云：「羿，射官名。」與下文「大匠」對見，《集註》于「大匠」知註「工師」，而不知羿爲射官之師，豈明彼暗此與？（《四書改錯》卷三，頁 5）

「羿」既是有窮氏之君，也是善射者的通稱，雖然有特稱與泛稱的差異，但推尋文字本義，以及文句對應的關係，西河認爲「羿」原指射官，之後職射

言上幸南書房，問諸詞臣，《論語》「柳下惠」註云：『食邑柳下。』《孟子》「柳下惠」註又云：『居柳下。』其一名而異註何解？眾無以應。」，頁 6。益都相公即是馮溥，西河經由馮溥的轉述，似乎誤解康熙有質疑朱注之意，所以《四書改錯》在考論辨正時，即首列此則，藉以呼應康熙的質疑，也用來表明撰作的旨趣。

〔註 44〕閻若璩撰《四書釋地續》對此也有論辨，云：「予獨怪《集注》于《論語》『柳下』既曰食邑矣。于《孟子》『柳下』忽用《莊子》注『居柳下而施德惠』之文曰居柳下，雖居含有食義，而食邑不可徒言居。意者展禽亦如李伯陽，生而指李樹，因以爲姓；又如晉五柳先生，宅邊有五柳樹，因以爲號焉者耶？」收入《四庫全書》第二一〇冊，頁 346。

〔註 45〕見朱熹撰《論語集注》卷一〈憲問篇〉，收入《四書章句集注》，頁 150。

〔註 46〕見朱熹撰《孟子集注》卷十一〈告子上〉，收入《四書章句集注》，頁 337。

者又以官爲氏，於是也就兼有兩義，所以西河認爲朱注《論語》、《孟子》等相關資料，必須涵蓋射官之義。當然最重要是同一名稱不應有不同的解釋，使人無所適從。西河並且指出朱子在規制上的訓解上，也有同樣的情形，如《論語・子張篇》「夫子之墻數仞。」朱注：「七尺曰仞。」〔註 47〕但朱注《孟子・盡心上》「掘井九軔而不及泉。」卻指出：「軔，音刃，與仞同。八尺曰仞。」〔註 48〕兩說並不一致，西河即考究相關說法，嘗試予以釐清，云：

> 七尺出《論語》包咸註。八尺出《孟子》趙岐註。原分兩書，故註亦兩義，今《集註》既合一，且明註軔、仞同，而一七一八，則太無主張矣。考尺度註不一，包咸、鄭玄、陸氏《釋文》皆云：「仞是七尺。」而《漢書》應劭註且作五尺六寸。孔氏《小爾雅》直作四寸。此皆無可據者。惟孔安國〈旅獒〉註：「八尺曰仞。」此較諸註爲可信。據《說文》「仞者，伸臂一尋八尺。」顏師古註《漢書》亦以伸臂一尋爲言，蓋尋本八尺，以意度兩臂立義，而仞義同尋，則八尺矣。故《周禮》匠人作澮，廣與深俱兩其八尺，謂之廣二尋，深二仞，以尋與仞俱八尺也。是以仞之通軔，亦度臂立義，軔爲礙輪木。楊子太玄所云：「車案軔。」謂以木横地而止輪之轉者。舊稱以臂當車，正指尋軔爲伸臂所度木也。則仞當斷作八尺，何首鼠爲？
> （《四書改錯》卷五，頁 5～6）

歷代規制的不同，難免尺度有異，但西河稽考典籍，深究文字本義，認爲「仞」應指八尺，許慎《說文》云：「仞，伸臂一尋八尺。」即可作爲證明，雖然未必可以平息兩說的紛爭，釐清規制大小，〔註 49〕但西河認爲朱子既然通注四書，必須取其一致，不應「首鼠」、「無主張」，各自分注卻彼此歧出，使四書的架構，出現矛盾疏漏之處，則是可以肯定。

四、牽合於理

朱子以四書來申明義理，但說解字義往往也牽附於理，不僅未能闡發經文本旨，反而使文意扭曲，有違訓解本分，所以西河特別對此提出批評，認

〔註 47〕見朱熹撰《論語集注》卷十〈子張篇〉，收入《四書章句集注》，頁 192。
〔註 48〕見朱熹撰《孟子集注》卷十三〈盡心上〉收入《四書章句集注》，頁 358。
〔註 49〕許愼撰，段玉裁注《說文解字》第八篇上云：「仞，伸臂一尋八尺。」但段注引據程瑤田《通藝錄》的說法，懷疑此解並非許氏之舊，而是後人改竄之文。頁 369。

爲朱子釋義有窒礙難通之處，必須加以釐清，如《論語・八佾篇》「獲罪於天，無所禱也。」一節，朱注云：「天即理也。其尊無對，非奧、灶之可比也。逆理，則獲罪於天矣。」〔註 50〕朱子在釋義之餘，又旁出理字，西河認爲此舉不符經文原旨，有違訓解原則，云：

> 天解作理，《四書集註補》辨之甚悉，大抵宋儒拘滯，總過執理字，實是大錯。如《中庸》「天命之謂性」，性註作理，而天又註理，將理命之謂理，自然難通。況天作命解，每與理反。《孟子》莫之爲而爲者「理」也，向使孟子聞之，亦必咈然。若曰：「吾之不遇魯侯，理也。」則孟子將勃然矣。況天是天神，又有天道。《古今樂錄》載樂有大壯、大觀二舞，引《論語》「惟天爲大」，而《隋書・樂志》又曰：「大觀者，觀天之神道，而四時不忒。」是天原有神、有道，故先儒解「獲罪于天」，亦曰：「援天道以壓眾神。」眾神者，室神與灶神也。又且漢魏後儒引此句皆明指蒼蒼之天，《南齊書》所載有雜詞云：「獲罪于天，北徙朔方。」可曰「獲罪於理，徙朔方」乎？（《四書改錯》卷二，頁 1）

西河以《中庸》爲例，如果天解爲理，性也是理，所謂「天命之謂性」也就難以解釋，畢竟「天」與「理」，各有指涉，「天」蒼茫廣大，具有不可究知的命定意，但「理」所呈顯的卻是條理倫序的概念，兩者未必可以直接等同，西河推尋本義，也就可以了解朱子以理釋天的不足。相同的情形，《論語・子張篇》「大德不踰閑，小德出入可也」一節，朱注：「言人能立乎其大者，則小節雖或未盡合理，亦無害也。」又引吳氏之言云：「此章之言，不能無弊。學者詳之。」〔註 51〕西河認爲經旨本來曉暢明白，但朱子牽附於理，又旁生枝節，加以救正，顯然是多此一舉，云：

> 「德」者，事行之別名，「閑」是分限，「出入」即踰分之謂。何處好著理字，且出入非不合理也，此書實解易曉，如行大禮者，既不踰分，則儀貌小節或稍過而出，稍不足而入，總不失大禮，行大法者，既不踰度，則規模細事，或出而過張，或退入而近于弛，亦不礙大法，此以不合理責之，固爲不倫。且以子夏近小之病，進幾遠大，亦有何弊，而動輒苛刻，亦思不矜細行，終累大德，子夏豈不

〔註 50〕見朱熹撰《論語集注》卷二〈八佾篇〉收入《四書章句集注》，頁 65。
〔註 51〕見朱熹撰《論語集注》卷十〈子張篇〉，收入《四書章句集注》，頁 190。

知是古語，而言各有爲，必雷同附和，以求無弊，恐大不然。（《四書改錯》卷二十一，頁 14）

西河認爲「德」是落實在舉止行誼，並不一定要牽附於「理」，但朱子卻以理加以衡量，不僅扞格難通，也稍顯苛刻，於是論述之餘，對於子夏之言也就必須加以救正，防其有弊，而經文原旨反而顯得迂曲難通。總之，因爲朱子牽執於理，所以在相關內容上，反而拗曲牽附，有違經文本義，自然也就成爲西河據以批駁之處。

五、有違情理

西河除引據古義，駁斥朱子訓解名物有誤外，對於說解上不合情理之處，也提出檢討，如《論語・述而篇》「君取於吳爲同姓，謂之吳孟子」一節，朱注云：「禮不娶同姓，而魯與吳皆姬姓。謂之吳孟子者，諱之，使若宋女子姓者然。」〔註 52〕既然諱言「吳」，又何以稱「吳孟子」，西河認爲說解顯然自相矛盾，必須加以澄清，云：

此又錯者，止稱「孟子」，則宋女子姓，今曰：「吳孟子」，猶宋女子姓吳？《春秋》書「孟子卒」是諱之，《論語》稱「吳孟子」，猶諱之乎？蓋魯祗「孟子」，當時故加以「吳」字，其曰「謂之」者，魯人謂之也。此與〈坊記〉所云「猶去其姓而曰吳」同意。若謂昭公自諱，使若宋女，則昭公未嘗加吳字。錯矣。（《四書改錯》卷一，頁 19）

既然稱爲「吳」孟子，已經指明國家，當然也就無法隱諱其事，所以西河認爲朱子的用語顯然不合邏輯，與何晏《論語集解》所云：「禮同姓不昏，而君取之。當稱吳姬，諱曰孟子」的說法相較，〔註 53〕可以了解主要因爲朱子概括「當稱吳姬，諱曰孟子」二句，卻未加以釐析，於是暴露出語意上的矛盾。其實經文既已明指爲「謂之」，也就表示語氣有轉折之處，必須推究其中差異的所在，方能符合注解的要求，只是朱子輕忽之餘，釋義也就有所瑕疵。相同的情形，如朱注《孟子・滕文公上》「放勳」云：「放勳，本史臣贊堯之辭，孟子因以爲堯號也。」〔註 54〕西河指出朱子的注解同樣也有不合情理之處，云：

孟子焉能爲堯號，《史・本紀》「帝摯崩，弟放勳立」，與舜名重華、

〔註 52〕見朱熹撰《論語集注》卷四〈述而篇〉，收入《四書章句集注》，頁 100。
〔註 53〕見何晏集解，邢昺疏《論語注疏》卷七〈述而篇〉，頁 64。
〔註 54〕見朱熹撰《孟子集注》卷五〈滕文公上〉，收入《四書章句集注》，頁 260。

禹名文命並同。故《大戴．五帝德篇》:「帝堯，高辛氏之子名放勳。帝舜，橋牛之孫，瞽瞍之子名重華。」按:〈楚詞〉有云:「就重華而陳詞。」屈原則何因而爲舜號乎？若文命則〈禹謨〉曰:「文命敷于四海。」而〈禹貢〉即曰:「禹敷土。」〈商頌〉亦曰:「禹敷下土方。」夫惟文命，禹名，故文命之敷，即禹敷也。此非故爲號矣。若〈皋陶謨〉「允迪厥德。」非皋陶名，又非史臣贊詞，直皋陶自言，然而解者云:「堯、舜記事，皋陶記言。」一何明了。故孟子善讀書，直稱放勳曰:「放勳乃殂落。」斬斬截截，以呼帝堯，此無容他註者，若謂放勳贊詞，則史臣開卷先贊二字，一如後人題棹楔例，不又笑話乎？(《四書改錯》卷一，頁 19～20)

孟子僅是直稱堯名，其實無關乎稱美贊頌，朱子既然指出是史臣贊辭，又認爲是孟子取爲堯號，語義顯然就有所矛盾，一方面孟子引述前言加以印證，卻先題稱贊詞加以稱美，不僅不符合引述文例，也顯得旁生枝節，再者，所謂「堯號」似乎也不是孟子可以自行題稱，而是有一定的題稱慣例，所以西河認爲此是朱子疏漏之處，必須加以釐清。另外，朱子在時序的說解上，也有考慮不周的情形，如《孟子．梁惠王上》引《詩．靈臺》「不日成之」一節，朱注云:「不日，不終日也。」〔註 55〕西河認爲此說不合情理，有待考辨，云:

豈有一日成一臺者。《四書集註補》云:「此如唐太宗謂不日瓜剖、李德裕謂不明有變之類，言不計日也。」如《國語》引此詩，韋昭註「不課程以時日」正同。(《四書改錯》卷五，頁 4)

所謂「不日」是不計時日的簡省，〔註 56〕畢竟一日築臺，超乎常情，所以朱子解爲不終日，顯然並不正確，西河認爲主要是朱子推敲文意並不細心，訓解不合情理之處，也就時有所見，例如《論語．鄉黨篇》「不時不食」一節，朱注云:「不時，五穀不成、果實不熟之類。此類者皆足以傷人，故不食。」〔註 57〕西河指出其中也有不盡合理之處，無法眞切說明經旨，云:

世無黍稻李梅不成熟而可食之理，雖聖人誰則餐生穀、啖殀果者。《漢．召信臣傳》謂「不時之物，有傷于人。」後漢鄧皇后詔謂「穿

〔註 55〕見朱熹撰《孟子集注》卷一〈梁惠王上〉，收入《四書章句集注》，頁 202。

〔註 56〕鄭玄箋，孔穎達疏，《毛詩注疏》卷十六〈大雅．靈臺〉「經始靈臺，經之營之。庶民攻之，不日成之」鄭注云:「文王應天命，度始靈臺之基趾，營表其位，眾民則築作，不設日期而成之。」頁 579。

〔註 57〕見朱熹撰《論語集注》卷五〈鄉黨篇〉收入《四書章句集注》，頁 120。

掘萌芽，鬱蒸強熟」，指蓏蔬之類，如冬月生瓜，方春薦蓼，今北方人皆能之，並無五穀果實可強熟者，且強熟非不熟也。此時字，舊註朝夕日中為三時，頗亦可據，然禮經多著時食，如春酸、秋辛；春蔥、秋芥類，又如春食齊、秋醬齊；春羔膳薌、秋麛膳腥類，總是以禮食解食節尤親切。（《四書改錯》卷六，頁13～14）

西河以禮解經，確實較有理據，事實上依常理推斷，朱子解「不時」為時候未到，指五穀、果實不成熟，但五穀、果實不熟，聖人固然不食，但常人也同樣不食，所以西河認為朱注不合情理之餘，也就無法切入本文要義，顯豁聖人的精神。此外，朱注《論語・鄉黨篇》「割不正不食」云：「割肉不方正者不食，造次不離于正也。漢陸續之母，切肉未嘗不方，斷蔥以寸為度，蓋其質美，與此暗合也。」，〔註58〕西河認為其中也有拘滯之處，云：

割肉何必方，……正之與方，在禮文明作兩義，乃欲解正作方，而先合其文曰不方正，不知漢廷舉方正，謂方而又正，非謂方即是正也。正者平也，定也。《正義》謂禮割有正數，必折解牲體，使脊脅臂臑之屬，不得混雜，混即不食。此與《周禮》掌割烹之事，必先辨體名。《儀禮》少牢禮，解羊豕必分前體後體，自肩臂臑膊骼及三脊、三脅，凡十一體，所謂諸子正六牲之體者，不特大祭祀有之，此庶乎割字正字皆有經據，況《周禮》稱割肆祇解而陳其體，如肆諸市朝之肆，即細解亦縱橫之，謂之午割，與〈內則〉聶而切之批切不同，〈鄉黨〉本體文，乃引後世賢母獨行，而改割為切，改正為方以証之，不又錯乎！（《四書改錯》卷六，頁14～15）

西河以經證經，依據《周禮》、《儀禮》立論，自然不同於朱子的引據，而且以割不方正則不食來表現造次不離於正，也顯見迂曲不合情理之處，遠不如割肉不混雜的解釋妥貼，再者，引後人行事是否可以佐證前事，也有待斟酌。總之，此皆是無益於解經，而且也有違常情，自然是西河極力加以批駁、澄清之處。

六、失注而致誤

訓解是對原文的疏通解釋，應是有注才可能有誤，但西河對於朱注不詳之處，甚至失注而致誤的情形也提出諫正與補充，如《論語・微子篇》所載

〔註58〕見朱熹撰《論語集注》卷五〈鄉黨篇〉，收入《四書章句集注》，頁120。

逸民中有「朱張」一人，朱注云：「不見經傳。」〔註59〕但西河引《論語考異》加以補充說明，云：

《論語考異》謂：「《釋文》引王弼註：『朱張字子弓，荀卿以比孔子。』《正義》所云逸民各論其行，而不及朱張，以其行與孔子同，故不論。」正謂此也。（《四書改錯》卷一，頁22）

如此可以補充朱注不詳之處，有助於進一步了解經文所指。又如《中庸》「載華嶽而不重；振河海而不洩」，朱子並未注解「華嶽」一詞，〔註60〕但西河認爲此應標明爲兩山，避免混淆，云：

華嶽二山與河海對文，若不註明，則止太華一山，有偏掎矣。按：《周官》職方氏九鎮，河南曰豫州，其山鎮曰華山；正西曰雍州，其山鎮曰嶽山。此嶽瀆鎮浸，經典所最重之山，豈可明見聖經，而千載貿貿無一註者。又《爾雅》五山，其曰河南華、河西嶽，亦兩山對舉如此。（《四書改錯》卷二，頁7）

經文是華嶽與河海對舉，所以華嶽是指華、嶽兩山，但朱子並未說明清楚，容易使人誤解爲單指華山，顯然並未善盡訓解之責。另外，朱注也有說解不完整的情形，西河也嘗試加以補充說明，如《論語．子罕篇》載「子畏于匡」，朱注云：「匡，地名，《史記》：陽虎曾暴于匡，夫子貌似陽虎，故匡人圍之。」〔註61〕西河認爲其中有引人誤解之處，必須加以更正，云：

既引《史記》，即當註地名所在，而此偏不註，乃于卷首列《史記．世家》有云：「適陳過匡。」則陳地矣。陳焉得有匡，因還考《史記》則云：「去衛，將適陳，過匡。」是《史記》本作衛地，而朱氏刪「去衛將」三字，致衛地變作陳地，其引書之不足信如此。然而亦非衛匡，且謂夫子求援于甯武子以通衛君，則甯武相去百有餘年，豈有此理。若《莊子》謂畏匡在宋，則仍是寓言，世未聞夫子一過宋，而桓魋匡人兩微服者，且虎則何由暴宋匡也。不知此在《春秋傳》明明載之，「定六年，公侵鄭，取匡，陽虎不假道于衛，而穿城過之。」時虎實帥師，令皆由虎出，故得暴匡。其後夫子過匡時，顏刻爲僕，以策指

〔註59〕見朱熹撰《論語集注》卷九〈微子篇〉，收入《四書章句集注》，頁185。

〔註60〕朱熹撰《中庸章句》對於「載華嶽而不重」僅注讀音，並未加以說解。收入《四書章句集注》，頁35。

〔註61〕見朱熹撰《論語集注》卷五〈子罕篇〉，收入《四書章句集注》，頁110。

之曰：「昔吾入此，由彼缺也。」故匡人圍之。則匡實鄭地矣。顏刻即顏尅，曾爲虎僕，「彼缺」，城缺也。（《四書改錯》卷二，頁 8）

匡爲鄭地，但朱子說解不完全，容易使讀者誤解匡之所在，顯然在名物的說解上，並未善盡疏解之職，有誤導讀者之嫌，此皆因爲朱子刪削太過，致使文義歧出，所以西河認爲必須加以補正。

總之，西河依循訓解原則，對於朱子解釋名物，說解文義的缺失，一一提出糾正，在推究事由，按覈典籍之餘，進而強調合情順理，符合原旨，一方面可以補正朱子疏忽之處，提供考辨的參考，再者，使經文曉暢明白，也有助於聖道的闡發。

第二節　說解典制禮儀方面

文義解說之外，西河對於典制禮儀的考訂，以及施用原則的推究，也是用力頗深，除彰顯聖人制禮作樂，垂範後世的用意外，也對於朱子說解典禮的缺失，詳加釐正，其中剖析深入，論述精詳，頗有獨到之處，茲依其考辨之內容，列舉如下：

一、說解宗法典制有誤

《論語・八佾篇》云：「周監於二代，郁郁乎文哉。吾從周。」〔註 62〕由於周朝接續夏、商二代，在因革損益之後，禮樂典制燦然大備，所以孔子特加稱美，作爲一代文采的證明，而所謂的禮樂文采，事實上，主要則是施用於朝聘盟會、宗廟祭儀之間，用以維繫上下倫序，體現「郁郁乎文哉」的宗法內涵。因此聖人對於宗法朝廟的禮儀，也就特別著意其間的得失，四書中即詳載許多相關的考論，然而朱子訓解文意之餘，對此卻並未詳加考辨，無法彰顯聖人重視禮樂的精神，體現一代大典，所以西河進一步考據當時的典禮儀則，藉以著明聖人用意，並且進而批駁朱子注解的缺失，如《中庸》哀公問政章中「朝聘以時」一節，朱注引〈王制〉云：「比年一小聘，三年一大聘，五年一朝。」〔註 63〕西河認爲其中雜引夏、商典禮，並非周代朝聘禮文的實情，云：

〔註 62〕見朱熹撰《論語集注》卷二〈八佾篇〉，收入《四書章句集注》，頁 65。
〔註 63〕見朱熹撰《中庸章句》，收入《四書章句集注》，頁 30。

此據〈王制〉而又錯者，〈王制〉比年一小聘，三年一大聘，此是諸侯聘諸侯禮。五年一朝是夏殷朝禮。《尚書・周官》「六年五服一朝，又六年王乃時巡，諸侯各朝于方岳。」此是眞周禮，而〈周官經〉析言之，大略十二年中，王一巡狩，諸侯兩朝，凡巡狩之明年，侯服一、七年朝，甸服二、八年朝，男服三、九年朝，采服四、十年朝，衛服五、十一年朝，要服六、十二年朝，是六年中六服各一朝。而《尚書》言五服者，以要與荒鎭藩四服在五服外也。于是天子巡狩方岳，諸侯又朝于方岳之下，此常朝也。乃又有不期而會，如王國有大事，諸侯齊至，謂之時見，王如十二年不巡狩，則諸侯共朝京師，謂之殷同，此間朝也。然且五服殊方，各以時至，東方以春至，則曰朝，南方以夏至，則曰宗，西方以秋至，則曰覲，北方以冬至，則曰遇。其見于諸禮者不同者如此，若聘則天子于十二月中，每間歲下問于諸侯，以一、三、五、七、九、十一年爲度，謂之六問，而六服則皆以應朝之次年遣卿入聘，繼此則間年又聘，共六聘，凡十二年中，侯服以一、七年朝，則有二、四、六、八、十、十二年六聘，甸服以二、八年朝，則有三、五、七、九、十一年、一年六聘，皆除巡年外，以次而周，所謂陽年朝則陰年聘，陰年朝則陽年聘，朝聘不重複，此大聘也。然且天子有歸脤賀慶致禬諸小聘，而諸侯于天子則遇王國有事即遣大夫不時入聘，謂之時聘，亦謂之小聘。周制可見者約略如此。若《左傳》鄭子太叔、晉叔向所云：「歲聘間朝」諸說，皆晉霸所定諸侯朝晉聘晉之禮。而《正義》強合周制，且鄭氏《周官註》一往訛錯，即朝聘一大禮而漢、唐至今茫然，今儼註九經而復錯據，如是經學尚有賴乎！（《四書改錯》卷四，頁 1～2）

朝聘盟會是維繫宗國關係之大典，既有表明上下倫序的作用，更有實際上溝通結盟的功能，只是施行之間，牽涉極廣，未必完全依循舊規，加上天子勢衰，霸主更訂禮法，更是不易推究原本，但西河引據《尚書・周官篇》「六年五服一朝，又六年王乃時巡」的說法，〔註 64〕可以了解周制以十二年一輪，王一巡狩，諸侯則依不同距離、不同方位、不同的時節，各有二次朝覲，六

〔註 64〕見舊傳孔安國傳，孔穎達疏，僞古文《尚書注疏》卷十八〈周官篇〉，頁 271。由於西河崇信僞古文《尚書》，所以對此記載也就並未詳加考辨，事實上，如此繁複的規制，是否眞爲周制原本的面貌，顯然也有待斟酌。

次聘問。此外，還有會於方岳、不期而會以及有事遣聘等情況，也都各有儀節，所以《中庸》載「朝聘以時」，即是強調依循典禮，相互朝會聘問，藉以維繫邦誼，但朱子引據《禮記・王制》加以說明，卻並未深究周制內容，使朝聘的典制混淆，自然有失訓解之旨。〔註 65〕此外，西河並且進一步考究其中相關的典禮內容，如《中庸》「厚往而薄來」一節，朱注云：「謂燕賜厚而納貢薄。」〔註 66〕西河即認爲必須詳考典制內容，不能隨意說解，云：

> 燕賜是待來之禮，未嘗往也。《周禮》朝聘有往來，十二年中天子一適諸侯，諸侯兩朝天子，天子六問諸侯，諸侯六聘天子，即往來也。故往禮有遍存、遍頫、致福、賛喜、補災、致禬類，如天王賜胙、宰咺歸賵、周定王告晉之慶，即是厚往。若來則諸侯朝時有侯服犧牲、甸服絲枲、男服彝器、采服纖纊、衛服龜貝類，在九貢之外，聘有琮璧、幣帛、庭實、皮馬，在《春秋》入貢獻功外，皆來禮也。但厚薄則惟其意耳，若燕賜如宰夫掌客牢禮膳獻賓賜餐牽類，是饗勞禮，豈往禮乎？（《四書改錯》卷四，頁 8）

朝聘有往來應對的儀節，不論賞賜或納貢其實都有定制，未必可以隨意改易，所以西河認爲朱子引據典禮並不妥當，另一方面，燕禮也不能全該朝聘往來，所以所謂的「厚薄」，只是說明相互往來的待客之道，未必可以視爲具體的「燕賜厚而納貢薄」，畢竟厚薄之間，難有定準，而且既然往來的禮儀已定，自然無所謂差別待遇，否則反而違反典制的精神，據此，可以了解西河推究典制的態度，實較朱子嚴格。

此外，西河也考辨有關宗廟祭儀的部分，如《孟子・離婁上》中有「祼將于京」一節，朱注云：「祼，宗廟之祭，以鬱鬯之酒灌地而降神也。將，助也。言商之孫子眾多，其數不但十萬而已，上帝既命周以天下，則凡此商之孫子，皆臣服于周矣。所以然者，以天命不常，歸于有德故也。是以商士之膚大而敏達者，皆執祼獻之禮，助王祭事于周之京師也。」，〔註 67〕「祼祭」

〔註 65〕見鄭玄注，孔穎達疏，《禮記注疏》卷十一〈王制篇〉鄭注云：「天子以海內爲家，時一巡省之，五年者，虞夏之制也，周則十二歲一巡守。」，頁 225。周代禮文繁複，統轄更廣，依時施行朝聘盟會也就更顯重要，所以《中庸》強調「朝聘以時」，所指自然是周制，但朱子引《禮記・王制》爲證，事實上是兼有前朝典制，顯然並不適切。

〔註 66〕見朱熹撰《中庸章句》收入《四書章句集注》，頁 30。

〔註 67〕見朱熹撰《孟子集注》卷七〈離婁上〉，收入《四書章句集注》，頁 279。

雖然是宗廟的祭禮，但西河認爲朱子說解不詳，無法指明其中具體的內涵，以及適用的時機，容易使人誤解，所以西河進一步考究典禮，對於「裸祭」的具體內容，提出更詳細的說明，云：

> 但云助祭京師，而不識何祭，且不明言何時一來京師，一似常祭總如是者，此是大錯。嘗考諸侯無助祭法，周制六年祗一朝，猶且疏遠難齊，有一不朝，三不朝之文，豈有大饗、大祫可頻年一至京者。況卜祭有月日，必欲使六服諸侯同日而合集于廟，此必無之事。故《中庸》「序爵」，從來禮文皆指同姓內諸侯言，鄭註所云：「公卿大夫者。」而朱註于「公」字下添一「侯」字，直以異姓外諸侯當之，此千古冤禮。豈得以「助祭」二字再加枉斷，大抵六服助祭，惟開國一至，此一裸將，即武王初定天下，〈武成〉所云「丁未祀周廟，邦甸侯衛，駿奔走，執豆籩」，正其事也。外此則王國建都，當亦一至。如成王營洛，〈康誥〉有「侯、甸、男邦、采、衛，和見士于周」之文，〈洛誥〉有「王在新邑，烝，祭歲」、「王賓，殺、禋咸格」之文。又新君即位，當亦一至，如虞、舜即位，則〈虞書〉曰：「祖考來格，虞賓在位，群后德讓。」太甲即位，則〈伊訓〉云：「祠于先王，侯甸群后咸在。」是諸侯助祭，惟開國建都與新君即位三大禮，而舍此無有，此「裸將」字，自當明註曰：「此開國助祭禮」，而茫然可乎！（《四書改錯》卷四，頁 13）

由於朱子對於裸祭的時機並未加以說明，容易令人產生誤解，以爲是祭祀宗廟的通則，如此也就與諸侯助祭的內容有所矛盾，西河即以諸侯朝聘的情形爲例，指出諸國之間相距甚遠，難以一時並至，所以諸侯並至助祭在實際層面上有其困難之處，據此，可以了解唯有在開國、建都，新君即位等國之大典，才有所謂六服並至，諸侯助祭的情形，自然不可以尋常規制看待。此外，在宗祠祭祀的儀典方面，西河也對於後人誤解之處，提出澄清，例如《中庸》「舜其大孝也與！德爲聖人，尊爲天子，富有四海之內，宗廟饗之，子孫保之」一節，西河認爲朱子因爲惑於堯、舜禪讓的說法，所以未加疏解，〔註 68〕顯然也有必須再加以補充說明之處，云：

> 「宗廟饗之」，正大孝之事，與無憂、達孝、專拈宗廟之禮一類，《章句》不註者，因惑于蘇軾謬說，謂舜爲堯後，不自立廟，故蔡沈註《尚

〔註 68〕見朱熹撰《中庸章句》，收入《四書章句集注》，頁 25。

> 書》「于祖考」，亦不指是誰祖考，則不惟禮亡，并經亦可置不理矣。舜自立七廟，明見經傳，孔安國註宗廟，據《帝繫》謂舜之七廟，黃帝爲始祖，顓頊、窮蟬爲二祧，敬康、勾芒、蟜牛、瞽瞍爲四親，而馬融于《尚書》「戛擊鳴球」亦云：「舜釋瞽瞍之喪，祭宗廟之樂。」此顯據也。即或宋人好臆斷，不襲儒說，然經原有之，《尚書》云：「祖考來格，虞賓在位。」夫賓者，勝國之後，助祭新王宗廟之名，虞賓者，堯子丹朱也，此雖不註，亦定無敢曰：「丹朱入堯廟稱虞賓矣。」且〈祭法〉云：「有虞氏禘黃帝而郊嚳，祖顓頊而宗堯。」禘與祖皆宗廟祭名也。宗者，明堂配天之名也。是舜明明立宗廟以饗祖考，立明堂以配帝堯矣。若謂宗堯是立堯宗廟，則顓頊舜親也，立堯宗廟而所祖者是舜親可乎？（《四書改錯》卷四，頁 8～9）

宗廟嚴祀，是禮之大者，而舜立宗廟更是明見於經傳，不應妄加懷疑，使典制混淆，西河即以經典所錄，補充朱子未加訓解之處，並且質疑宋人「舜爲堯後，不自立廟」的觀點。當然朱子未加注解，是否便是惑於舜立宗廟之說，其實未可確知，但西河的補充說明，一方面可以佐助經旨的闡發，再者，也可以了解典制原本是清楚明白，往往是後人不察，憑臆妄斷，反而轉生疑惑，使經義晦蝕。此外，西河也對於祖廟之制，提出考辨，如《中庸》提及「脩其祖廟」一節，朱注云：「天子七、諸侯五、大夫三、適士二、官師一」，〔註 69〕說解顯然太過疏略，西河即引據典禮加以補充，云：

> 祖廟是天子七廟，若據《周禮》，則宗伯修祖廟，掌祧，修祧廟，不止七廟，此註修廟當云：以七廟兼文、武廟、祧廟爲言，若諸侯以下，則大夫自宗卿外，有無祖廟者，況官師一廟，則王考且不及，祇父廟而已，何祖廟之有？（《四書改錯》卷四，頁 9～10）

西河認爲所謂「祖廟」，所指爲文、武及祧廟，天子有七廟，諸侯五廟，固然無疑義，但大夫以下，除宗廟外，其實並無祖廟，由於朱子引據過於疏略，並未注意其間差異，自然無法適切說明「祖廟」的實際情形。而宗廟之外，西河也針對《孟子・梁惠王下》「夫明堂者，王者之堂也」一節，朱注「王者所居以出政令之所也」的說法，〔註 70〕提出考辨，釐清「明堂」的規制以及實際的作用，云：

〔註 69〕見朱熹撰《中庸章句》，收入《四書章句集注》，頁 27。

〔註 70〕見朱熹撰《孟子集注》卷二〈梁惠王下〉，收入《四書章句集注》，頁 218。

出政令自有朝寢，周王安得至東齊出政令，若爲巡狩設，則西南諸嶽何以無有？考明堂創于黃帝，自唐、虞以後，首重宗法，天子建國必以始祖爲祖，開王爲宗，既立祖廟祀始祖，則必設明堂爲開王配帝之所，名曰「宗祀」，如《國語》、〈祭法〉皆曰：「宗禹、宗湯，專祀五方五帝，而以開王配之。」及周公創制，又推文王爲近祖，合配五帝。《國語》、〈祭法〉所云：「祖文王而宗武王。」此宗法之變，所以〈我將〉之詩特頌文考配上帝，以爲宗開王而增祖祀，本創典也。乃周公爲文王大宗，不敢祖王季而宗武王，祇得祀文王爲大宗所出之帝，立出王廟，因之乘黃帝明堂有合宮舊址在泰山下，遂作魯明堂而祀出王以配帝，《孝經》所云：「宗祀文王于明堂。」明不及武王，且曰「則周公其人」，并明指周公自爲之，故孟子亦直云「昔文王治岐」，屬之文王之明堂，則此魯明堂與西周明堂有異者。但不知其地在何時爲齊有耳，《正義》謂《禮記・明堂位》載周公踐祚，朝諸侯于明堂，即此泰山明堂之在魯者，此亦明證。(《四書改錯》卷四，頁 11～12)

明堂是天子祭祀、宣明教化之處，並非居處之地，至於政令所出，則自有朝寢，所以西河認爲朱子解爲「王者所居，以出政令之所」，顯然並不適切，再者，推究《孟子》原文，既然是王所居以出政令，但《孟子》所載爲「齊宣王問曰：『人皆謂我毀明堂。』」可見「明堂」是位於東齊之地，與周天子居以出號令的說法，在地望上顯然有所衝突，而且如果是爲天子巡狩所設，但何以其他名山大川卻並未有明堂的設置，〔註 71〕諸多疑義，朱子並未加以釐清，所以西河推究明堂由來之餘，並且進一步指出周公創制緣由，藉以補充朱注典制的缺失。西河認爲此一「明堂」事實上即是泰山下之黃帝明堂，由於魯爲宗國之大宗，所以特立出王廟，用以宗祀魯國所出之王，於是將泰山的明堂舊址改爲魯明堂，以宗祀文王配帝，西河說明其中緣由，云：

禮以爲宗子立國，不敢祖天子而得父天子，因之宗國別子當立一繼

〔註 71〕見趙岐注，孫奭疏，《孟子注疏》卷二〈梁惠王上〉趙注云：「謂泰山下明堂，本周天子東巡狩朝諸侯之處也，齊侵地而得有之。」頁 35。朱熹撰《孟子集注》亦引趙氏之言云：「明堂，太山明堂。周天子東巡守諸侯之處，漢時遺址尚在。」，收入《四書章句集注》，頁 218。但周天子巡狩天下，爲何僅有魯明堂，而西南諸嶽卻並無設置，所以西河質疑此一說法，詳見《四書改錯》卷四，頁 11～12。

> 所自出之王，爲百世不遷之廟，名出王廟。周公者，固武王母弟，文王之別子，而有周開代之宗國也，宗國宜立出王廟，而魯所自出，實惟文王。(《四書改錯》卷八，頁7)

由於魯爲大宗，所以特別宗祀出王，其中關係姬周一代的宗法大典，也正是西河肆力考辨，用來彰顯典制內涵之處，此將於後文詳加論及，不再贅語。總之，不論是朝聘盟會，宗祀先祖，皆是國之大典，也正是聖人用以彰顯禮樂精神之處，但朱注過於疏略，也就時有說解不清之處，西河雖然是針對經文文義的考究，但由小而大，漸次批駁，補正前人缺誤之餘，也有助於澄清聖人命意，對經義貢獻實大。

二、說解百官爵祿有誤

典制代有沿革，後人本來就難以究其原委，而百官爵祿更是由於各國國情的不同，難以指明內容，但西河以其考辨之力，推究相關之文獻，對於朱子訓解經文的疑義，一一加以補充與澄清，例如《孟子・告子下》載桓公頒行五禁，中有「士無世官」一文，朱注云：「士世祿而不世官，恐其未必賢也。」〔註72〕西河認爲其中觀念有混淆之處，必須加以釐清，云：

> 如此則以世官爲世爵，錯之甚矣。此士字該卿大夫言，當云：「但世爵而不世官。」古官與爵殊，爵者在王朝爲公侯伯子男，在侯國爲公卿大夫士也。官者在王朝爲三公三孤六卿及諸官屬，在侯國則孤卿之爲三官與諸屬大夫之爲五官者也。世爵爲封建一定之制，不可更易，宋儒謬襲《公羊》說，謂《春秋》譏世卿，妄語也。惟世官則易于專攬，如三桓爲魯三卿，此不可易者，然而季孫爲司徒、叔孫爲司馬、孟孫爲司空，世世襲之，以致政逮大夫，漸不可挽，晉六卿俱然，故五禁及之。若世祿則但如公族子弟，食公邑之采，不惟無官，亦并無爵，豈可比較。按：春秋皋鼬之會，祝鮀曰：「武王之母弟八人，周公爲太宰、康叔爲司寇、聃季爲司空、五叔無官。」夫所謂五叔者，謂管、蔡、成、霍、毛也。管、蔡、霍現有封國，而成、毛則各封畿內，諸侯之地，何嘗無爵，而曰無官者，正謂太宰、司寇之官非所有耳。然則世官、世爵明有分辨，況下文明云：「官事無攝」，苟世官是

〔註72〕朱熹撰《孟子集注》卷十二〈告子下〉收入《四書章句集注》，頁344。

世爵，則爵可攝乎？（《四書改錯》卷三，頁1～2）

西河認爲世祿、世爵與世官應加以分別，不宜混同。封建之制，爵位世襲，而且又兼攝官事，以致於政逮大夫，桓公禁止世官，主要就是爲了避免官事專攬，敗壞政治，所以推究用意應是「世爵而不世官」，強調爵位與官職應加以分別，不宜混同世襲，至於封祿則遍及公侯子弟，未必須有爵位與官職，所以朱子以「世祿」與「世官」相較，不僅無法說明桓公眞正的用意，也混淆「爵」與「祿」的差異，所以西河認爲並不適當。但另一方面，西河也有統稱爵祿的情形，如《孟子・梁惠王下》「仕者世祿」一節，朱注云：「世祿者，先王之世，仕者之子孫皆教之，教之而成材則官之，如不足用，亦使之不失其祿。蓋其先世嘗有功德於民，故報之如此，忠厚之至也。」〔註73〕西河卻認爲此處世祿即世爵，畢竟有位則有祿，彼此是相互關聯，無須細分，只是朱子旁生枝節，混入選秀之法，則顯然不符合當時實情，云：

> 此世祿即世爵，而反以《周官》論秀法錯雜言之。按：〈畢命〉「世祿之家」，孔安國註曰：「世有祿位也。」古祿以位行，惟有位斯有祿，故《國語》范宣子論死而不朽，歷數先世之仕人國者。叔孫穆子曰：「此世祿也。」然則世祿即世爵矣。〈禮器〉（應爲〈禮運〉）「王者有田以處其子孫。」《周官》有副田祿仕田，此惟世爵者得食之，其不名世爵而變名世祿者，舊註古文云：「賢者子孫世有采地。」即其人致仕後，與其子未仕以前，俱得食采地，不另予奪，此是實錄，並無教而後官，不官而後祿之言。（《四書改錯》卷三，頁2）

所謂「世祿」是指傳之子孫，不另予奪的采地，但既然是世襲而不替，是先王用以獎掖賢人的德政，也就無關成不成材，不應旁生枝節，摻入論秀之法，使論旨轉而成爲強調教之成材的理念，雖說大義不差，但不免偏離經文原旨，有違實情，所以西河強調並無教而後官，不官而後祿的說法。至於西河混同世祿與世爵，似乎也有隨文立論，前後予盾之處，但在剖析經義的內涵，深究其中典制方面，西河釐清封建爵祿與官職的關係，自然較朱子的訓解更爲明確。而在爵祿之外，對於特殊的官職，西河也詳加考究，指明職掌的情形，如《論語・子罕篇》「大宰問於子貢」一節，朱注云：「大宰，官名。或吳或宋，未可知也。」〔註74〕對於朱注「未可知」之處，西河即引據相關資料加

〔註73〕見朱熹撰《孟子集注》卷二〈梁惠王下〉收入《四書章句集注》，頁218。
〔註74〕朱熹撰《論語集注》卷五〈子罕篇〉，收入《四書章句集注》，頁110。

以補充，云：

> 祇舉吳、宋，必以此二國在《春秋傳》有其官，吳太宰嚭、宋太宰華督類，不知此在列國亦俱有之，天子備六官，侯國三官，雖闕太宰、宗伯、司寇，而間亦增設，如魯公子翬求太宰類，特不命天子不敢與三官稱命卿耳。況此專是吳，不當及宋，雖《列子》有商太宰見孔子語，商即是宋，然《史記》哀三年，孔子過宋，遭桓司馬之難，夫司馬已爲難，焉得復有太宰往來之事，此亦祇識太宰宋官而附會成說者。惟吳則哀六年，公會吳于鄫，與子貢語。十二年，公會吳于橐皋，與子貢語。其秋，公會衛侯、宋皇瑗于鄖，與子貢語。則此太宰爲吳太宰嚭，公然可知。若哀六年，夫子適陳，而吳來侵之。〈檀弓〉有吳侵陳，陳太宰嚭與夫差問答，或者子貢亦與語，而必不然，是時夫子正當厄，孟子所云「無上下之交」者，若有太宰知夫子聖人，則不厄矣！況〈檀弓〉多叵信，吳、陳方對師，而兩軍之中各有一太宰嚭，恐未然也。若越亦有太宰嚭，則即吳太宰嚭而降越者，特子貢亦使越，而是時不使，則止在吳，不在越耳。(《四書改錯》卷三，頁 3～4)

朱子之說雖然承自何晏，〔註 75〕但西河認爲指明吳、宋有太宰一職，並實並不全面，不僅天子所備之六官中有「太宰」一職，列國偶而也間設此官，〔註 76〕而且由於子貢曾經與吳國交涉，經文所指，自然應以吳太宰嚭爲是，〔註 77〕所以西河認爲朱子並未察考《左傳》，顯然過於疏略，不過據此可以了解各國官職的設置，其實並不完全一致，西河即進一步考究各國官爵設置情形，藉以補充

〔註 75〕何晏集解，邢昺疏，《論語注疏》卷九〈子罕〉引孔氏之言云：「大宰，大夫官名，或吳或宋，未可分也。」，頁 78。似乎即是朱注所本。

〔註 76〕即以《左傳》所載，除吳、宋有大宰一職外，《春秋左傳注疏》卷四隱公十一年魯國「羽父請殺桓公，將以求大宰。」，頁 82。卷三十一襄公十一年「鄭人使良霄、大宰石㚟如楚。」頁 546。至於楚國設有大宰的記載則更多，如卷二十八成公十六年「子重使大宰伯州犁侍于王後。」頁 475。卷四十一昭公元年「楚靈王即位，薳罷爲令尹，薳啓彊爲大宰。」頁 710。可見大宰一職雖然列國不常設，但顯然也不是吳、宋兩國所專有。

〔註 77〕見杜預注，孔穎達疏，《春秋左傳注疏》卷五十九哀公十二年「吳子使大宰嚭請尋盟，公不欲，使子貢對」，之後子貢又出使吳國往說大宰嚭。頁 1026。按其史事，自然以吳大宰較爲可能。所以鄭玄亦採此說。云：「太宰，吳大夫，名嚭。」見唐寫本《論語鄭氏注》校錄，收入王素編著《唐寫本論語鄭氏注及其研究》上卷，頁 105。西河如此的推斷，與鄭注相合，可見並非無據。

朱子說解不詳之處，如《論語・鄉黨篇》「與下大夫言，侃侃如也；與上大夫言，誾誾如也」一節，朱注引〈王制〉云：「諸侯上大夫卿，下大夫五人。」，〔註78〕西河即批駁朱子忽略各國國情的差異，無法適切說明設官的實際情形，必須加以釐清，云：

> 此〈王制〉兩文，上大夫卿是一文，下大夫五人又是一文，《集註》引而合之，然兩皆錯者。上大夫不是卿也，《春秋》臧宣叔言次國下卿，當大國之上大夫；小國下卿，當大國之下大夫。是每國三卿之下，又有上下大夫。〈王制〉此文襲《孟子》「卿一位，大夫一位」文，而雜以夏、商之制，不可信者。雖卿原稱大夫，如《詩》三公稱三事大夫，魯季康子爲宗卿，稱魯大夫。然卿可稱大夫，大夫不即是卿也。若五大夫則並非五等大夫，是三卿屬官，《春秋》所云「屬大夫」者，故限五人，謂司徒卿下有小宰、小司徒。司馬卿下有小司馬。司空卿下有小司寇、小司空，共五人。此不知得升公朝可與大夫共朝位否，然是屬大夫，未聞侯國大夫止此五卿屬可以該之。況上大夫既是卿，而下大夫又是卿屬，將皇皇魯國，並無一正大夫在朝位，亦無此事也。乃俗儒附會《集註》，謂夫子是中大夫，則王朝六卿之下有中大夫，侯國無有也。又謂夫子是下大夫，則夫子曾作小司空，在五人列，今進大司寇，儼然一卿，猶是下大夫乎。按：朝位在王國，則孤與卿大夫東西異位，而在侯國，則惟卿與大夫分東西列，以三卿上無公孤。然而三卿下不止一卿，如魯以三桓爲三卿，作司徒、司馬、司空，此正卿也。乃或公子羽父求太宰、夏父弗忌爲宗伯、臧武仲作司寇，則三官之外，未嘗不仍備六官，其不嫌與王朝埒者，以所指名者，止三官耳。夫子司寇自當位三卿之下，與眾卿列，其與大夫言，自以卿而與之言，惟大夫有上下，因之有誾誾侃侃之別，乃謂夫子在大夫列，謬矣。（《四書改錯》卷三，頁 7～8）

朱子引據《禮記・王制》的說法而刪削成文，但簡省太過，顯然無法呈顯諸國的差異，〔註79〕其實諸侯各層級的官僚體系，絕非如此單純，西河批駁朱

〔註78〕見朱熹撰《論語集注》卷五〈鄉黨篇〉，收入《四書章句集注》，頁 117。

〔註79〕見鄭玄注，孔穎達疏，《禮記注疏》卷十一〈王制〉云：「諸侯之上大夫卿、下大夫、上士、中士、下士，凡五等。……大國三卿，皆命於天子，下大夫五人，上士二十七人。次國三卿，二卿命於天子，一卿命於其君，下大夫五人，上士二十七人。小國二卿，皆命於其君，下大夫五人，上士二十七人。」，

子引據方式不適當外，並且進一步按覈史籍，考辨列國屬官情形，如《左傳》成公三年，載臧宣叔分別大國與小國間不同的層級，就可了解上下大夫是在卿的層級之下，而非上大夫爲卿、下大夫五人，〔註80〕可見〈王制〉的說法太過簡略，並不能貿然引據，當然另一方面，也有可能是衍文，在上下大夫之間，誤入「卿」字，於是使上下層級混淆。〔註81〕再者，由於大夫爲泛稱，往往不同層級皆可稱爲大夫，所以卿固然可稱爲大夫，但大夫卻未必是卿，因此對於經文所指的「大夫」，也就必須詳加推究，才能確知其中的層級，如《論語・憲問篇》載有「臣大夫」一職，朱注：「臣，家臣。」〔註82〕西河認爲臣大夫即是卿所屬大夫，朱子分斷注解，反而令人誤解，云：

> 祇註一臣字，則與大夫二字不聯屬，勢必前家臣而後大夫，《春秋》又造一書法矣。古侯國三卿下有下大夫五人，稱臣大夫謂臣屬之爲大夫者，《春秋傳》魯有申豐，季氏之屬大夫是也。（《四書改錯》卷三，頁8）

西河除批駁朱子注解不合常規外，並且對於三卿，以及大夫不同層級詳加說明，指出三卿之下的下大夫即是「臣大夫」，據此也可以進一步了解諸國爵祿官職設置的情形。至於大夫之下的吏職，體系更形龐雜，除職司不同外，往往又有兼攝的情形，必須加以釐清，但朱注在說解義理之餘，並未著力於此，西河即引據《周禮》一一加以補充，如《孟子・萬章下》「孔子嘗爲委吏矣，曰：『會計當而已矣。』嘗爲乘田矣，曰：『牛羊茁壯長而已矣。』」一節，朱注云：「委吏，主委積之吏也，乘田，主苑囿芻牧之吏也。」〔註83〕西河即對於職掌的範圍，提出補充，云：

> 此襲舊註而又錯者。據〈世家〉孔子「嘗爲季氏史，料量平。」註：

頁212～220。〈王制〉主要是說明列國屬官備屬的情形，但朱子刪削成文，也就無法了解各國的差異。

〔註80〕見杜預注，孔穎達疏，《春秋左傳注疏》卷二十六成公三年傳云：「公問諸臧宣叔曰：『仲行伯之於晉也，其位在三，孫子之於衛也，位爲上卿，將誰先？』對曰：『次國之上卿當大國之中，中當其下，下當其上大夫。小國之上卿當大國之下卿，中當其上大夫，下當其下大夫。上下如是，古之制也。』」頁437。此爲實際事例，不僅可以了解大國小國的對應關係外，也可以了解在卿之下，又有上、下大夫的層級，並非上大夫即是卿。

〔註81〕王師夢鷗撰〈禮記王制篇校記〉即引據《白虎通》所引並無「卿」字，懷疑此爲衍文，見《孔孟學報》第九期，頁134。民國54年4月。

〔註82〕見朱熹撰《論語集注》卷七〈憲問篇〉，收入《四書章句集注》，頁154。

〔註83〕見朱熹撰《孟子集注》卷十〈萬章下〉，收入《四書章句集注》，頁321。

季氏者，委氏之誤；史者，吏之誤。即委吏也。《周禮》地官有委人，掌斂甸稍芻薪之賦，凡甸稍中材木薪草及瓜壺葵芋諸物，悉收而賦之，以供祭祀賓客軍旅薪蒸炊燎蓄輔之用，其事極委瑣，故曰「委吏」，委者，曲也，必合甸聚稍，聚而共相積算，故曰「會計」，即料量也。若委積則別是一官，但主給發而無所料量，自鄉里門關，以及道路之委積，苟遇應給即給之，其官名遺人，地官所謂遺人掌邦之委積者，與委人斂野毫不相涉，不得謂委字偶同可妄認也。(《四書改錯》卷三，頁 8～9)

朱子雖然承襲舊說，〔註 84〕但「委吏」是掌會計之職，而「委積」卻是給發之職，雖然名稱有雷同之處，但兩者各有所司，自然不應混同，〔註 85〕西河即以《周禮》所載之職掌，推究原本，釐清其中的差別，自然可以補正朱子誤合之處。

當然百官爵祿，範圍牽涉極廣，難以全面考究，尤其職司之間，又時有兼攝的情形，未必可以完全釐清，但由於西河嫻習於禮，尤其對於《周禮》所載之典制，鑽研頗深，〔註 86〕並且又能參稽史料載記，詳考制度的內涵及沿革，所以針對四書相關之內容，也就能引經證經，考辨百官爵祿的內涵，使先秦典制得以呈顯其面貌，既可補正朱子疏忽之處，對於經義的發揚，更是貢獻良多。

〔註 84〕見趙岐注，孫奭疏，《孟子注疏》卷十〈萬章下〉趙注云：「孔子嘗以貧而祿，仕委吏，主委積倉庾之吏也。不失會計，當直其多少而已。乘田，苑囿之吏也，主六畜之芻牧者也。」頁 185。

〔註 85〕見鄭玄注，賈公彥疏《周禮注疏》卷十六〈地官〉有委人一職，云：「掌斂野之賦，斂薪芻，凡疏材木材，凡畜聚之物，以稍聚待賓客，以甸聚之物待羈旅，凡其余聚，以待頒賜。」，頁 244～245。至於委積之職，主要則是卷十三〈地官〉中遺人所掌，云：「掌邦之委積以待施惠，鄉里之委積以恤民之艱阨，門關之委積以養老孤，效里之委積以待賓客，野鄙之委積以待羈旅，縣都之委積以待凶荒。」，頁 204～205。西河認爲兩者職掌的內容實有區別，自然不應混同。

〔註 86〕皮錫瑞撰《經學通論》卷三云：「毛氏以《周官》爲戰國時書，不信爲周公所作，又力辨非劉歆之僞，而謂周制全亡，賴有《周禮》、《儀禮》、《禮記》三經，有心古學，宜加護衛，最爲持平之論。」，頁 51。又近人屈萬里《古籍導讀》也稱許西河「辨《周禮》非劉歆僞作，又立論精詳者，當以毛奇齡最早。」，頁 166。由於西河善用《周禮》所載的典制，既不惑於周公制作之說，也未爲劉歆僞作說影響，並且在援引論述之間，參稽史料，強調先秦典制的客觀呈現，對於經旨的闡發，貢獻實多。

第五章　對《四書章句集注》的批評與檢討（下）

第三節　引據方面

朱子《四書章句集注》特別強調義理部分，對於訓解文義，說解典制方面，雖然並非不重視，但多半是沿襲舊文，而且由於不以考辨爲長，難免也就有所疏失，〔註1〕西河除加以改正外，並且推究其中的原因，主要便是朱子在引據考證方面須再加強，所以西河一再強調「事不考古而欲注書，舉筆即錯矣」（《四書改錯》卷十，頁 6），認爲必須「詳考諸書始論定者」（《四書改錯》卷十，頁 5），而《四書改錯》中即列有「引書錯」、「據書錯」等項目，對於朱子誤引前事，錯據禮文的情形提出檢討與批評，除呈顯明確的訓詁原則外，更有助於經義的闡發，茲依西河所列，分析如下：

一、未詳考原旨而牽合

西河認爲說解經文，必先審核原旨，詳考事情緣由，但由於朱子疏於察

〔註 1〕如紀昀等奉敕撰《四庫全書總目提要》卷三十五「《論語集註考證》十卷、《孟子集註考證》七卷」提要即云：「其書於朱子未定之說，但折衷歸一，於事跡典故，考訂尤多，蓋《集註》以發明理道爲主，於此類率沿襲舊文，未遑詳核，故履祥拾遺補闕，以彌縫其隙。」頁 732。卷三十六「《論語稽求篇》四卷」提要亦云：「朱子《四書章句集註》，研究文義，期於愜理而止，原不以考證爲長。」，頁 750。

考本事，引據說解甚至有彼此矛盾，違悖經文原旨的情形發生，如《論語・陽貨篇》「佛肸召，子欲往」一節，朱注云：「佛肸，晉大夫趙氏之中牟宰也。」又引張敬夫之言加以說明云：「然夫子於公山佛肸之召皆欲往者，以天下無不可變之人，無不可爲之事也。其卒不往者，知其人之終不可變而事之終不可爲耳。一則生物之仁，一則知人之智也」〔註2〕西河認爲朱子不探求事情緣由，卻引據他人評論，並不符合詮釋的常規，云：

> 既曰「天下無不可變之人」，又云「知其終不可變」，大不可解，夫所云欲往而變其人者，將以不畔爲變耶？抑欲變化其人使爲聖賢之徒耶？且既無不可變矣，又何以知終不變，讀書須識事，夫子欲往，非胡亂草草，今讀夫子書，亦當就夫子本事推原其情，豈有本事全不曉而懸空作揣摩者。公山之畔，《春秋傳》顯然不待言也。若佛肸之畔，則策書無明文，然《史記》明云：「佛肸爲中牟宰，趙簡子攻范、中行，伐中矣，佛肸畔。」則趙氏、范、中行氏見《春秋傳》者，正與夫子相關切，當夫子仕魯時，魯定與齊景、衛靈同謀叛晉，與趙鞅爲難非一日矣，及趙鞅與范、中行相攻，而齊、魯、衛三國又共助范與中行，此三國巳（疑爲「之」）事，亦夫子巳（同前）事也。今夫子去魯而趙氏家臣宰中牟者，乃反從范氏、中行氏而畔趙氏，此一變端，尤有心斯世所拂衣而起者，而惜乎以暴易暴，終不可往，則是往與不往，皆夫子至情，亦夫子實事，豈可讀其書而漫然不一察也。（《四書改錯》卷十一，頁3～4）

朱子引據張敬夫「生物之仁」、「知人之智」來說解經義，但西河認爲既然說「天下無不可變之人」，又說「知其終不可變」，就文義而言，顯然有矛盾之處，西河認爲必須先了解事實緣由，推論也才能允合事理，絕不能憑空揣想，鑿空立論，所謂孔子欲往，是因佛肸叛趙，正是魯國擺脫晉國勢力的最佳契機，不管往與不往，都是孔子基於平治天下的考量，目的絕非在於改變佛肸的人格。相同的情形，《論語・述而篇》「子疾病，子路請禱」一節，朱注「誄」字云：「誄者，哀死而述其行之詞也」，〔註3〕但既然是爲孔子疾而請禱，朱子卻解爲「哀死而述其行」，似乎有違子路的本意，所以西河認爲朱子疏於考究實情，說解顯然有誤，云：

〔註2〕見朱熹撰《論語集注》卷九〈陽貨篇〉，收入《四書章句集注》，頁177。
〔註3〕見朱熹撰《論語集注》卷四〈述而篇〉，收入《四書章句集注》，頁101。

此又錯據，誄文者，子路以子病請禱，而病者親問，則正當以古禱禮對，而對以諡誄之誄，子路縱不學，亦寧不少爲病者嫌乎？古有禱禮，有諡禮，而總名曰「誄」，「誄」者，累也。禱者，累功德以求福，諡則累功德以易名。明分二禮，但以累功德同，故均以累字稱之，實則禱曰禱誄；諡曰諡誄，故《周官》大祝作六詞直分五曰「禱」、六曰「誄」，謂禱誄可稱誄，而諡誄必不可稱禱，今明曰「禱爾」而偏以哀死之諡誄當之，可乎？按：《說文》「誄，禱也」。《論語》誄曰：「禱爾于上下神祇」是也。而孔安國註《論語》云：「誄禱篇也。」徐鍇曰：「即《尚書・金縢》之詞」，鄭司農曰：「即《春秋》傳鐵之戰，衛太子禱于軍中是也。」是誄即是禱，禱爾一句，即禱篇之文，註太錯矣。（《四書改錯》卷十四，頁 10）

「禱」有兩義，朱子雖然也是引據禮文，但西河認爲本是爲孔子祈福去疾的祝禱，卻成爲哀死者之辭，顯然與子路本意相反，推究其中，主要因爲朱子並未詳考其中事由，所以才會有錯誤的引據。當然對於原典的認知有時是因疏忽而致誤，有時卻是因爲詮釋角度的偏差，產生誤引的情形，如《論語・雍也篇》「質勝文則野；文勝質則史」一節，朱注引楊時之言云：「文質不可以相勝，然質之勝文，猶言甘可以受和，白可以受采也。文勝而至於滅質，則其本亡矣。雖有文，將安施乎？然則與其史也，寧野。」〔註 4〕楊氏以質爲本，以文爲末，並不符合經文「文」、「質」對舉並重的概念，所以西河認爲其中釋義似乎有所偏差，云：

此據文大錯，不可不急正者，經凡言質文皆以質樸與文飾對待爲言，如《尚書大傳》王者一質一文類，並未有言質是本，文是末者。惟宋儒楊時錯讀〈禮器〉「甘受和，白受采，忠信之人可以學禮」語，謂甘是和之本，白是采之本，忠信是禮之本，則質是文之本，不知質是質樸，文是文飾，故可相勝，若是本末，則未有末而可勝本者，況本是忠信，不惟不可相勝，宋儒每言文質彬彬爲三分文，七分質，幾見行禮而可有三分無忠信者。讀書須讀全篇，況〈禮器〉亦容易卒讀，其云「甘受和，白受采，忠信可學禮」，此是質地之質，與文質之質了不相涉，質地猶言胚子，如調和之家以甘味爲胚子，繪畫之家以白色爲胚子，學禮之家以忠信爲胚子，胚子者，本也。故又

〔註 4〕見朱熹撰《論語集注》卷三〈雍也篇〉，收入《四書章句集注》，頁 89。

> 曰「忠信禮之本也」。若文質之質，則〈禮器〉明云禮有以文爲貴者，龍袞黼黻類是也，有以素爲貴者，大圭、大路類是也，是文素即文質，文素互貴，即文質彬彬，而乃引質地之質，作樸質之質，讀受和受采之文，而不讀以文爲貴，以素爲貴之文，認質爲本，認文爲末，此聖經聖學之厄，而朱氏一引其說註林放章，再引其說註子夏問素絢章，三引其說註此章，而至于棘子成章，則直以失本末之差貶抑子貢，而其說至再至三，牢不可破矣，錯矣！大錯矣！（《四書改錯》卷十四，頁 11～12）

楊氏引據《禮記・禮器篇》之文，〔註 5〕但西河認爲〈禮器篇〉所謂的「甘」與「白」是指質地而言，所以有本末輕重之分，但經文「質」與「文」卻是對等的關係，所指應是「質樸」與「文采」的相須相待，與「本質」之說並不相關，自然不應冒然引據，使經旨混淆。

二、引據與原文不密切

除掌握原旨，詳考本事外，西河認爲引據資料也必須考慮其相關性，如《孟子・萬章上》「大孝終身慕父母，五十而慕者，予於大舜見之矣」一節，朱注云：「言五十者，舜攝政時年五十也，五十而慕，則其終身慕可知矣。」〔註 6〕西河除考辨引據的來源外，對於朱子引據文獻的情形，也進一步加以釐清，云：

> 「舜五十而慕」，此古〈舜典〉舊文之無可稽者，若五十攝政，則襲《史・本紀》「舜年三十徵用，五十攝政，又八年而堯崩」語，然又錯者，據《尚書》舜生三十徵庸，三十在位，然而此三十年中，有歷試三年，《書》所稱詢事考言三載者；有攝相二十八年，《書》所稱受終以後二十有八載者，是受終攝政在歷試三年以後，二十八載以前，先儒所定舜以三十三年攝帝位者，此是《書》正文，非如《世本》、《帝系》、《古史考》、《帝王世紀》之可以造異聞，爭各見也。且朱氏既註《孟子》，自當以《孟子》文爲主，孟子曰：「舜相堯二十有八載。」明明以攝政甚早，越廿八年而堯始崩，與《尚書》之「二十八載，帝

〔註 5〕見鄭玄注，孔穎達疏《禮記注疏》卷二十四〈禮器篇〉云：「君子曰：『甘受和，白受采，忠信之人，可以學禮。』」，頁 474。

〔註 6〕見朱熹撰《孟子集注》卷九〈萬章上〉，收入《四書章句集注》，頁 303。

> 乃殂落」正合，乃反據五十攝政，八年而堯崩之語，以註《孟子》，《尚書》已矣，《孟子》何居？（《四書改錯》卷十，頁 1）

世系年代，或許傳聞異辭，西河除推定年代之外，主要是對於朱子引據《史記》卻未按覈《孟子》的情形提出批評，西河認爲既然注解《孟子》，當以疏通原典爲要務，而《孟子》既已提及「舜相堯二十有八載」的說法，不應疏忽本經而旁據他說，使經文詮釋的順序，顯得本末倒置。此外，《孟子・滕文公上》「墨之治喪也」一節，朱注云：「《莊子》曰：『墨子生不歌，死無服，桐棺三寸而無槨。』是墨之治喪，以薄爲道也。」〔註 7〕但既然是解釋墨子，西河認爲朱子引《莊子》加以說解，似乎也並不適當，云：

> 既註「墨子」，當引《墨子・節葬篇》「棺三寸，足以朽骨；衣三領，足以朽肉；掘地之深下無菹漏則止矣。」此眞《墨子》，何得舍此引他人書乎？且不歌不服何與焉？（《四書改錯》卷十四，頁 3）

對於申明墨子節葬之義，或許並無歧出之處，但引《莊子》說明墨子，自然不及直接引證《墨子》來得直捷。此外，引據與原旨的關係不密切，也會造成詮釋上的瑕疵，西河即以《孟子・盡心上》「楊子取爲我，拔一毛而利天下不爲也」一節爲例，朱注引據《列子》云：「《列子》稱其言曰『伯成子高不以一毫利物』是也」，〔註 8〕但所謂「伯成子高不以一毫利物」，與楊朱「拔一毛而利天下不爲也」，內容上並無相關之處，所以西河批評朱子引據有疏失，云：

> 此與楊子何與？《四書集註補》云：「禽子問楊子曰：『去子體之一毛以濟一世，汝爲之乎？』楊子曰：『世固非一毛可濟也。』曰：『假濟爲之乎？』楊子弗應。」（《四書改錯》卷十四，頁 2）

其實《列子・楊朱篇》中有更適合的內容，可以說明楊朱「拔一毛而利天下不爲也」的事由，《四書集注補》早已引錄批駁，西河即以《四書集注補》所引的內容加以說明，〔註 9〕只是《列子》一書的眞僞，西河似乎並未多加考辨，不免稍有疏失，〔註 10〕但西河質疑朱子引據不適當，則是確然可據。總之，引據詮釋，必須考慮與原旨是否相關，不僅要符合經文本身，並且要切中文義，才能有助經旨的闡明。

〔註 7〕見朱熹撰《孟子集注》卷五〈滕文公上〉，收入《四書章句集注》，頁 262。
〔註 8〕見朱熹撰《孟子集注》卷十三〈盡心上〉，收入《四書章句集注》，頁 357。
〔註 9〕參見張湛撰《列子》卷七〈楊朱篇〉中所載。收入新編諸子集成第四冊，頁 83。
〔註 10〕詳見張心澂撰《僞書通考》「道家類」對於《列子》之考辨。頁 818～833。

三、引述資料有闕誤

西河剖析引據原則之餘，並且強調引文必須符合原文，避免引據有誤，云：

> 引經之法，胸能記憶，則引文雖異，其旨不忤，否則必取原文對寫之。(《四書改錯》卷九，頁 6)

可見對於引文的掌握，也是注解所必須注意的要項，否則「大義既乖，細儀又舛」(《四書改錯》卷九，頁 7)，反而造成詮釋上的瑕疵，也就有失注解的本意，當然其中最明顯的是刪削部分文字而致誤，如朱子〈論語序說〉引孔子「適陳，過匡，匡人以爲陽虎而拘之」一事作爲論據，〔註 11〕但《史記‧孔子世家》所載的內容是「去衛，將適陳，過匡」，〔註 12〕西河認爲朱子刪去「去衛」一句，容易使後人誤以爲「匡」地位於陳，不僅造成地理的混淆，也使經文本義晦蝕不明，西河認爲主要歸咎於朱子刪削引文而致誤云：

> 朱註于《論語》卷首，則錯刪《史記》，且有似乎在陳者，經書之晦蝕如此。(《四書改錯》卷十一，頁 7)

畢竟一字之誤，可能使原旨盡失，但朱子引據改寫之際，卻未詳加考慮，自然必須加以澄清。此外，引據的出處有問題，也會造成後人的誤解，使詮釋有瑕疵，如《論語‧雍也篇》「仲弓問子桑伯子」一章，朱注云：「《家語》記伯子不衣冠而處，夫子譏其欲同人道於牛馬。」〔註 13〕但《家語》並未載及此事，所謂「欲同人道於牛馬」是出自劉向《說苑‧脩文篇》，云：

> 孔子見子桑伯子，子桑伯子不衣冠而處。弟子曰：「夫子何爲見此人乎？」曰：「其質美而無文，吾欲說而文之。」孔子去。子桑伯子門人不說，曰：「何爲見孔子乎？」曰：「其質美而文繁，吾欲說而去其文。」故曰，文質脩者謂君子，有質而無文謂之易野。子桑伯子易野，欲同人道於牛馬，故仲弓曰：「太簡。」上無明天子，下無賢

〔註 11〕見朱熹撰〈論語序說〉，收入《四書章句集注》，頁 41～42。

〔註 12〕見司馬遷撰，瀧川龜太郎考證《史記會注考證》卷四十七〈孔子世家〉云：「居頃之，或譖孔子於衛靈公，靈公使公孫余假一出一入，孔子恐獲罪焉，居十月，去衛，將適陳，過匡。顏刻爲僕，以其策指之曰：『昔吾入此，由彼缺也。』匡人聞之，以爲魯之陽虎，陽虎曾暴匡人，匡人於是遂止孔子。」其下瀧川龜太郎考證即引西河《四書賸言》的說法，指出《春秋左氏傳》定公六年有「公侵鄭取匡」一文，顯見匡地應屬於鄭。頁 751。據此可以補充朱注疏忽之處。

〔註 13〕見朱熹撰《論語集注》卷三〈雍也篇〉，收入《四書章句集注》，頁 84。

方伯，天下爲無道。臣弒其君，子弒其父，力能討之，討之可也。當孔子之時，上無明天子也，故言雍也可使南面。南面者，天子也。雍之所以得稱南面者，問子桑伯子於孔子，孔子曰：「可也，簡。」仲弓曰：「居敬而行簡以道民，不亦可乎？居簡而行簡，無乃太簡乎？」子曰：「雍之言然。」仲弓通於化術，孔子明於王道，而無以加仲弓之言。〔註 14〕

在強調文質兼備的前提下，所謂「欲同人道於牛馬」，其實是劉向對於「子桑伯子」的評論，而非孔子之言，可見朱子引據有誤，西河即對此提出澄清，云：

《家語》並無此文，此見之劉向《說苑》，而註錯引作《家語》者，且同人道于牛馬，亦非夫子所譏語。(《四書改錯》卷十四，頁 1)

由於朱子引據有張冠李戴之嫌，當然也影響論述的結果。相同的情形，如《孟子・滕文公下》「葛伯仇餉」一節，朱注云：「《商書・仲虺之誥》也。」而後文引《書》「徯我后，后來其無罰」時，朱子又注云：「餘已見前篇。」〔註 15〕似乎是指出處相同，但其實兩篇各有來源，西河指出其中顯然有誤，云：

「后來無罰」是《商書・太甲篇》文，與〈仲虺之誥〉「后來其蘇」別是一篇，乃云見前篇，錯矣。(《四書改錯》卷十四，頁 1)

雖然同屬《尚書》，但既然各有出處，自然必須標注清楚，避免引據的錯誤。此外，如《論語・憲問篇》「蘧伯玉使人於孔子」一章，朱子引《莊子》云：「『莊周稱伯玉行年五十而知四十九年之非』。又曰：『伯玉行年六十而六十化。』蓋其進德之功，老而不倦。是以踐履篤實，光輝宣著。不惟使者知之，而夫子亦信之也。」〔註 16〕但「行年五十而知四十九之非」一語，其實是出自《淮南子》而非《莊子》，所以西河指出朱子引據有誤云：

《莊子》並無五十知非之文，祇云：「蘧伯玉行年六十而六十化，未知今之所謂是之非五十九非也。」其後言孔子亦如之，大抵謂人生善遷，六十即變，未審六十之所謂是，不即五十九之所謂非也，非不是過，知非不是改過，且是旁人知是非，非己知是非，且是六十知五十九，非五十知四十九，又且伯玉、孔子皆六十化，不是伯玉一故事。惟淮南王安錯讀《莊子》有「蘧伯玉年五十而知四十九年

〔註 14〕見劉向撰，趙善詒疏證《說苑疏證》卷十九〈脩文篇〉，頁 583。
〔註 15〕見朱熹撰《孟子集注》卷六〈滕文公下〉，收入《四書章句集注》，頁 268。
〔註 16〕見朱熹撰《論語集注》卷七〈憲問篇〉，收入《四書章句集注》，頁 155～156。

非」語，而《集註》襲之，且不云《淮南子》，而云《莊子》，錯又錯矣。今天下皆認是伯玉事，且直以知非爲五十典故，嗟乎！冤至此。(《四書改錯》卷十四，頁2)

朱子混同《莊子》、《淮南子》所載之內容，其實「蘧伯玉行年六十而六十化」一文是出自《莊子・則陽篇》，〔註17〕至於「伯玉行年五十而知四十九年之非」則是出自《淮南子・原道訓》，〔註18〕兩者各有出處，當然不宜混稱，使後人產生誤解。此外，朱注《論語・衛靈公》「君子哉蘧伯玉，邦有道則仕，邦無道則可卷而懷之」一文，舉例說明云：「如於孫林父、甯殖放弒之謀，不對而出，亦其事也。」〔註19〕西河指出其中也有引據錯誤的情形，云：

孫林父謀逐君在襄十四年，甯喜謀弒君在襄二十六年，並無甯殖，此甯殖是甯喜之錯。喜者，殖子也。(《四書改錯》卷十，頁21)

只要推究《左傳》所載，孫林父逐君是襄公十四年，而甯喜弒君卻是襄公二十六年，一放一弒，兩事相隔十二年，顯然朱子有誤植事情的情形，必須加更正。〔註20〕總之，由於朱子未詳考經文事由，又加上引據不夠嚴謹，不僅影響經文的解讀，更造成錯誤的推論，所以西河批評朱子注書，不僅不能詮釋原旨，反而使「諸書既焚，六國且混沌矣」(《四書改錯》卷十一，頁13)，雖然批評過激，但可以提醒後人必須力求嚴謹，信守引據的分際，而且由於西河的考辨，補正朱注謬誤之餘，對於引據的原則，也有更明確的規範，足供後人參考。

第四節　文體詞例方面

詮解經文也必須留意經文的語法句勢，以及相關的訓詁規則，一方面避免經文的破碎，也可使原意不致扭曲。但朱子注解四書，往往卻以己意分經

〔註17〕見郭象注，郭慶藩集釋《莊子集釋》卷二十五〈則陽篇〉云：「蘧伯玉行年六十，而六十化，未嘗不始於是之，而卒詘之以非也。未知今之所謂是之非五十九非也。」，收入新編諸子集成第三冊，頁390。

〔註18〕見高誘注《淮南子》卷一〈原道〉云：「故蘧伯玉年五十，而有四十九年非。」，收入新編諸子集注第七冊，頁9。只是一作「有」、一作「知」，文字稍有不同。

〔註19〕見朱熹撰《論語集注》卷八〈衛靈公篇〉，收入《四書章句集注》，頁163。

〔註20〕見杜預注，孔穎達疏《春秋左傳正義》卷三十七，襄二十六傳云：「故公使子鮮，子鮮不獲命於敬姒，以公命與甯喜言曰：『苟反，政由甯氏，祭則寡人。』甯喜告蘧伯玉，伯玉曰：『瑗不得聞君之出，敢聞其入。』」頁630。

別傳，離析章句，流風所扇，甚至造成後世改經就己的風氣，〔註 21〕西河對此提出批駁之餘，進而強調經文的詮釋必須符合訓詁詞例。換言之，也就是必須在文法句例的層面中，推究經文的意義，方能客觀持平，允合經文原旨。

一、移易分合有誤

朱子除注解《大學》內容外，對於經文也加以移易改動，甚至進而分經別傳，指明作者，云：「右經一章，蓋孔子之言，而曾子述之。其傳十章，則曾子之意而門人記之也。」〔註 22〕但其中除推說是「因程子所定」之外，並無進一步的論據，西河撰《大學證文》一書，即以存錄比較的方式，釐清其中的差異，〔註 23〕《四書改錯》中更以文體詞例的角度，批評朱子移易經文的錯誤，云：

> 古經文是經，經註是傳，皆是兩書，無有一書而分割作經傳者，如《易經》有《易傳》、《周氏傳》、《京房傳》是也；《書經》有《書傳》、《伏生大傳》是也；《詩經》有《詩傳》、《毛傳》、《韓嬰傳》是也；《春秋經》有《春秋傳》三傳是也；《周官經》有《周官傳》，李氏獻《周官傳》四篇是也。自仲長統不曉傳是註，因有「《周禮》，禮之經；《禮記》，禮之傳」語，而朱氏並不曉是兩書，於《大學》、《孝經》則並以一書而分作經傳，是經、傳二字尚不解，而可鑿然曰誰記之，誰述之乎？（《四書改錯》卷十三，頁 2）

古籍經傳有別，並不混淆，至於後世以傳配經，主要是取便於閱覽，並非原本就是經傳雜出的情形，所以自然不能在一篇之中強加分別，釐經別傳，至於推測經傳的作者，當然更是無據之舉，西河即以後世莫衷一是，聚訟紛紛

〔註 21〕西河撰《大學證文》卷一即以漢學爲例，批駁宋人改經之非，云：「考漢代立學，原分古今，古學校文，今學取士，古學無異同，今學可出入，……故科自士子並不知朱本之外，別有舊本，而一二學古，則又更起而施易之，或以彼易此，或以此易彼，爾非我是，競相牴牾，……夫祇一改經，而相沿禍烈，至于如此，此不可不爲之辨也。」頁 1～2。

〔註 22〕見朱熹撰《大學證文》，收入《四書章句集注》，頁 4。

〔註 23〕西河撰《大學證文》卷一即存錄二程，及朱子改本，說明其中的差異，云：「河南二程氏並讀《大學》，疑其引經處參錯不一，因各爲移易，實未嘗分經別傳，指爲誰作，且變置其文而加以增補，而朱氏元晦乃復爲之割之析之，遷徙顛倒，確然指定爲孰經孰傳、孰言孰意，孰衍當去、孰闕當補，而且推本師承，以爲皆程子之所爲，一則曰程子所定，再則曰竊取程子，夫程子則焉能不受哉！」，頁 1。

的情形，指出朱子此舉影響頗鉅，必須加以更正，云：

> 乃祇此《大學》原未嘗錯，何必改補？自二程與朱氏改後，而作僞無忌憚有如是者。然且前後競改，約五十餘改本，而並不改曾子記之，與門人述之之錯，寧狼藉聖經，千態萬狀，而必不敢稍拂儒者之意，竟至于此。(《四書改錯》卷十三，頁 4)

程、朱之後，改本紛出，在此移彼易，莫衷一是的情形下，卻仍然一直沿續朱子分指作者，釐經析傳的架構，無法復其原本，影響之深，可見一斑，對此，西河批評云:「章節之錯，莫錯于《大學》之分經傳，判綱領條目，將經文移掇前後，與《中庸》之自爲章次，使千百年聖賢所傳之書爲之一變，此絕大關繫，不止錯者。」(《四書改錯》卷十三，頁 4）由於朱子分經別傳，改易經文，改之不足，甚至加以補作，不僅使經文原貌迥異前代，更使後世爭訟不已，顯然已經違悖注者本分，所以西河特別加以批評，藉以糾正此一錯誤。

除批評分經別傳的不當外，西河對於朱子判讀經文分合之處，也提出檢討，如《論語・學而篇》及〈子罕篇〉皆有「主忠信，無友不如己者，過則勿憚改」之語，朱子於〈子罕篇〉注「重出而逸其半。」〔註 24〕但西河認爲朱子對於經文重出的標注，其實並不恰當，云：

> 此分章錯者，「君子不重」十一字自爲一章，「主忠信」三句自爲一章，此本〈子罕篇〉文而複簡于此者，今既註重出，乃不註之不重章，而反註之〈子罕篇〉，以致威重、忠信，上下相承處，齟齬不接，或以忠信爲威重之基，或以取友改過爲固學之地，總無是處。此錯註也。(《四書改錯》卷十三，頁 5)

西河認爲《論語・學而篇》「子曰：君子不重則不威，學則不固。主忠信，無友不如己者，過則勿憚改」一章中，「主忠信」以下是〈子罕篇〉重出於此，因爲君子強調「威重」，與下文「主忠信」之間的文意不相聯貫，顯然有錯簡，所以西河認爲正確的處理方式，應是在〈學而篇〉之下直接標注複簡，並且移至〈子罕篇〉加以解說，從而避免經文的牽強難通。此外，西河對於朱子標注重出而不甚嚴謹之處，也加以釐清，如《論語・泰伯篇》及〈憲問篇〉皆有「不在其位，不謀其政」之語，朱子於〈憲問篇〉「子曰：不在其位，不謀其政。」云:「重出。」然而在後文「曾子曰：君子思不出其位」一章卻注

〔註 24〕見朱熹撰《論語集注》卷一〈學而篇〉收入《四書章句集注》，頁 50。及卷五〈子罕篇〉，頁 115。

云：「此艮卦之〈象辭〉也。曾子蓋嘗稱之，記者因上章之語而類記之也。」〔註 25〕朱子既然已經指為重出，但卻又認為與下一章同類相及，可見對於重出的標注，顯然有不夠精確之處，西河云：

> 既云：「因上章之語而類記之」，則上章非重出矣。此本是一章，其記曾子文者，以曾子聞子語時，特引子〈象詞〉以証明之。與牢曰：「子云」，同一記例，其在〈泰伯篇〉二句則複簡也。今註重出者，又不註之〈泰伯篇〉，反註之此「曾子曰」之上，以致曾子引經，不解何意。此又一錯註也。（《四書改錯》卷十三，頁 5）

既然在〈憲問篇〉「不在其位，不謀其政」下已經標示「重出」，但卻又在下一章「君子思不出其位」中指出「記者因上章之語而類記之」，朱子在處理上顯然有所矛盾，西河認為〈憲問篇〉既然是曾子引〈象辭〉來證明孔子之言，所以應是一章，至於〈泰伯篇〉所載才是重出之文，必須加以釐清。至於注解標注的位置，西河認為也必須加以注意，如《論語・學而篇》「有子曰：『禮之用，和為貴。先王之道，斯為美，小大由之，有所不行，知和而和，不以禮節之，亦不可行也。』」一章，朱子於「小大由之」下標注，後文又引程頤之言，對全章加以論述，〔註 26〕西河認為如此分節，截斷原本的文意脈絡，顯然並不恰當，云：

> 此分節錯者，「禮之用，和為貴，先王之道，斯為美」，禮樂本同原也，此一截也。「小大由之，有所不行」，苟細行瑣屑，過于拘曲，則窒而不行，禮勝則離也，此又一截也。「知和而和，不以禮節之，亦不可行也」，乃若知必和而專于和，不事撙節，則過曲不可行，而過通亦不可行，樂勝則流也，此又一截也。舊註不分節，然疏義晝截如是，《集註》既引〈樂記〉「禮勝則離……」八字于註下，而分節則以小大由之與先王句作一節，不矛盾乎？（《四書改錯》卷十三，頁 6）

西河認為經文可以分成三段，從「禮之用」至「斯為美」，為綱領，而「小大由之，有所不行」以及「知和而和，不以禮節之，亦不可行也」，則是對此的補充說明，但朱子於「小大由之」之下分斷，於是與上文「有所不行」截然兩分，不僅阻礙語氣，也造成文義的歧出，有違經文本來的脈絡。由此可以

〔註 25〕見朱熹撰《論語集注》卷四〈泰伯篇〉，收入《四書章句集注》，頁 106。及卷七〈憲問篇〉，頁 156。

〔註 26〕見朱熹撰《論語集注》卷一〈學而篇〉，收入《四書章句集注》，頁 51。

了解如果分章斷句有誤，不僅違反詞例，也會造成詮釋上的困擾，使後人產生誤解，所以辨析章句也是注經所必須留意之處。

二、辨析句讀有誤

句讀不清，當然也會影響文意的解讀，西河即依訓詁詞例，對於朱子斷句的情形，提出澄清，如《論語・爲政篇》孔子引《書》「孝乎惟孝，友于兄弟，施於有政，是亦爲政。奚其爲爲政。」朱注云：「《書》云孝乎者，言《書》之言孝如此也」，〔註27〕但西河認爲朱子於「孝乎」斷句，似乎有待商榷，云：

> 此句讀錯者，舊註包咸云：「孝乎惟孝，美大孝之詞。」則孝乎不句，而惟孝句，雖引〈君陳篇〉而自爲詞句，如《書》云：「高宗諒陰，三年不言」、堯曰：「允執其中，四海困窮」、〈湯誥〉「帝臣不蔽，簡在帝心」、《孟子》引〈泰誓〉「有罪無罪，惟我在」、引〈伊訓〉「造攻自牧宮，朕哉（應爲載）自亳」，皆非《書》原文，古人引《書》例類如此，若其解則如禮云禮乎禮，漢語肆乎其肆，皆甚至語，故曰：「美大孝之詞。」乃自漢、晉、唐，以迄于宋，凡引《論語》文皆如此，讀如班固《白虎通》曰：「孝乎惟孝」、袁宏《後漢記》曰：「孝乎惟孝」、潘岳〈閒居賦〉曰：「孝乎惟孝」、夏侯湛〈昆弟誥〉曰：「孝乎惟孝」，以至陶潛〈卿大夫孝傳贊〉、張耒〈淮陽郡黃氏友于泉銘〉、唐王利貞〈幽州石浮圖頌〉、宋眞宗朝張齊賢奉詔作〈曾子贊〉、《太平御覽》引《論語》文皆曰：「孝乎惟孝」，是此一句，歷千百年如一轍者。《集註》改讀，而少見多怪，反以惟孝之句爲腫背馬矣！今學宮諸賢贊詞亦尚有「孝乎惟孝，曾子稱焉」之語，世曾有過而問焉者乎？（《四書改錯》卷十三，頁 11）

西河考察歷來相關的引據，此句應作「孝乎惟孝」，孔子引《書》來稱美孝之爲德，但朱子從中斷句，則使「惟孝」轉而成爲解釋後文的發語辭，兩者雖然各有所重，但西河認爲朱注與原本不同，似乎必須加以釐清。此外，《論語・八佾篇》「揖讓而升下而飲，其爭也君子」一節，朱注云：「揖讓而升者，〈大射〉之禮，耦進三揖而後升堂也。下而飲，謂射畢揖降，以俟眾耦皆降，勝者乃揖，不勝者升，取觶立飲也。」〔註28〕西河除批駁其不合典禮外，也指

〔註27〕見朱熹撰《論語集注》卷一〈爲政篇〉，收入《四書章句集注》，頁 59。
〔註28〕見朱熹撰《論語集注》卷二〈八佾篇〉，收入《四書章句集注》，頁 63。

出朱注句讀與前儒不合，必須進一步釐清，云：

> 如此則揖讓屬升，飲屬下，大無理矣。揖讓祗屬升，則于下于飲時全不揖讓，已自乖錯。若以飲屬下，則飲在堂下，將〈射禮〉所云：「司射命設豐，司宮命奠觶，小射正命不勝者升階取觶于豊上而飲之」俱作何解？且此一飲在禮文明曰「作飲」、曰「升飲」，而乃曰「下飲」可乎？況此在《論語》與〈射義〉俱載孔子言俱是此揖讓七字，且俱有讀法，《論語》王肅註云：「此七字連作一句。」〈射義〉鄭玄註則「揖讓而升下」五字作句，「而飲」二字又句，今以飲屬下，則禮文禮意與前儒句讀之例俱蕩然矣。不止錯矣。（《四書改錯》卷十三，頁 12）

西河以考據典禮作爲理解經文的基礎，並進一步依循前儒訓解的句讀，認爲此處應是「揖讓而升下而飲」七字連成一句，表示不管是升、下與飲，都須相互揖讓，彼此謙退，但朱子從中斷開，使「揖讓」屬於升，「飲」屬於下，自然有失禮儀。此外，西河也剖析經文的語氣涵義，對朱子的注解提出補正，如《論語‧陽貨篇》「予與爾言，曰：『懷其寶而迷其邦，可謂仁乎？』曰：『不可』；『好從事而亟失時，可謂知乎？』曰：『不可』。……」一節，朱子注云：「貨語皆譏孔子而諷使速仕，孔子固未嘗如此，而亦非不欲仕也，但不仕于貨耳。故直據理答之，不復與辯，若不諭其意者。」〔註 29〕西河推究其中問答的情形，認爲朱子的理解並不正確，云：

> 「懷寶迷邦」，兩問兩答，皆陽貨與夫子爲主客，則「日月逝矣，歲不我與」下，何以重著「孔子曰」三字，是前二答必非夫子語，善讀書者，此處便當著眼，不然，《論語》此書失文例矣。此惟明儒郝京山解此極當，郝云：「前兩曰字皆是貨口中語，自爲問答，以斷爲必然之理，此如《史記‧留侯世家》張良阻立六國後八不可語，有云：『今陛下能制項籍之死命乎？曰：未能也。能得項籍頭乎？曰：未能也。能封聖人墓，表賢者閭，式智者門乎？曰：未能也。』皆張良自爲問答，並非良問而漢高答者，至漢王輟食吐哺以下纔是高語，此章至孔子曰以下纔是孔子語，孔子答語祗此耳，故記者特加「孔子曰」三字以別之，千年夢夢，一旦喚醒，可謂極快，且貨語絮絮，而夫子祗五字答，不絕之絕，尤爲可念。郝氏解經多武斷，

〔註 29〕見朱熹撰《論語集注》卷九〈陽貨篇〉，收入《四書章句集注》，頁 175。

惟此極當，然則此當註：「曰不可」三字句，曰字勿斷。(《四書改錯》卷十三，頁 13)

如果深究文意，經文中的「曰不可」，事實上並非孔子答語，而是陽貨自設問答，如此不僅自然生動，也不會有既然回答，又不復與辯的矛盾解釋，而後文有「孔子曰」，也就可以了解之前的「曰不可」確實並非孔子之語，因此西河認爲解讀此章，必須詳考語氣，細加說明，於「曰不可」下標注勿斷，使讀者避免誤解。總之，西河以更細緻的考辨，剖析文句語勢，使訓詁原則得以發揮，也使經文文義更爲明確。

三、添補文句而致誤

朱子疏通經文，往往藉由改易添補來詮釋文義，但也因此造成語意歧出的情形，所以西河批評朱子釋經有「抄變」、「添補」之習，有違訓詁原則，如《論語・學而篇》「信近於義，言可複也；恭近於禮，遠恥辱也；因不失其親，亦可宗也」一節，朱注云：「言約信而合其宜，則言必可踐矣。致恭而中有節，則能遠恥辱矣。所依者不失其可親之人，則亦可以宗而主之矣。此言人之言行交際，皆當謹於始而慮其所終，不然則因仍苟且之間，將有不勝其自失之悔者矣。」〔註 30〕但西河指出朱注有偏離主旨，不符合語法句例的疏失，云：

此故抄變其句例而大旨俱乖錯者，本文大旨祗重信、恭、因，上句開指，下句申明，若曰信則近義，以其言可復也；恭則近禮，以其遠恥辱也，因不失親，以其亦可宗也。從無異解，《集註》忽從而抄變之，劇輕信恭因而轉重義禮與親，謂約信必近義，而後言可復，則以字論之，信者誠也，諒也，踐言也。從來字書並無以約信解信者。〈曲禮〉約信曰誓，謂要約而主于信，則謂之誓，若約信而又曰信，出自何書，且信是信，不是約也。以句論之，則信必近義，而後言可復，當用「矣」字，不當用「也」字。「矣」是承煞詞，「也」是申煞詞，「也」、「矣」不相借也。況以文義論，則既曰信，雖或不近義，而言亦可復，尾生未嘗不踐言也，此揆之字句與文義而無一當者。按：經解以信義並稱曰信與義，而〈表記〉引子言直曰「恭近禮」、「儉近仁」、「信近情」，明明以近義、近禮屬之恭信，聖言有

〔註 30〕見朱熹撰《論語集注》卷一〈學而篇〉，收入《四書章句集注》，頁 52。

明證矣，何抄變爲？（《四書改錯》卷十六，頁 12）

經文結構可以分爲三段，西河認爲每段都是上句開示而下句說明，但重點在於強調爲人必須「信」、「恭」、「因」，此爲具體可以實踐的部分，但朱子卻轉而重視「禮」、「義」、「親」的重要性，於是使原本開示——申明的對舉型式，轉成爲如果——然後的因果敘述，不僅倒果爲因，也使經文期勉後人尊循的用意落空，西河認爲主要因爲朱子變換敘述語氣，無形中偏離經文原旨，所以西河從文字訓詁、語句詞氣，以及相關的考辨，說明朱子所言實有不妥之處。類似的情形，如《論語・泰伯篇》「民可使由之，不可使知之」一節，朱注云：「民可使之由於是理之當然，而不能使之知其所以然也。程子曰：『聖人設教，非不欲人家喻而戶曉也，然不能使之知，但能使之由之爾，若曰聖人不使民知，則是後世朝四暮三之術也，豈聖人之心乎？』」〔註 31〕對於所謂「不可使知之」的疑慮，朱子引程子之言加以教正，但西河認爲朱子顯然有所誤解，必須加以糾正，西河即從文句語氣著眼，推究其義，云：

> 聖言可使不可使，而註又以能使不能使抄變之，夫能與可非通字也。可與不可，我得主之，此其權操之自上，故夫子言此，勉有位者。若能與不能，則但任自然，聖言反多事矣。且使由、使知，當有著落，由者，行也，謂行事也。知則知此所行之事之義也。今曰由理之當然，不能知其所以然，則是由是理，知亦是理，吾不知理是何物，且不知上之使行理者作何如使法，不特民不能以理行，實未聞唐、虞、夏、商、周有使民行理者，此大荒唐也。夫此一民字，除學宮俊秀及士官師外，即《周官》九職任民之民，其事即九職任事之事，如三農、園圃、百工、商賈，以及虞衡、藪牧、嬪婦、臣妾、閒民皆民也，三農生九穀，園圃毓草木，百工飭八材，商頁通貨賄，皆事也，使之者，則但使播種藝植，而不告之以因天、因地之情，但使飭化阜通，而不更導之以審曲面勢，懋遷化居之意，以祇使行事，未嘗使知義也。即或事可通教，如以十二施教佐十二職事之所未備，然亦只教以行事，而不教以義，如教祀事者，祇使教祀典，而鬼神之通不教焉。教昏事者，祇使教昏儀，而陰陽之合不教焉，何則？一使知義，則行不終行，教不終教，始必以論說緩行，既而以疑臆礙行，萬或錯誤、或遷變，則不惟不知，而終于不行，是上

〔註 31〕見朱熹撰《論語集注》卷四〈泰伯篇〉，收入《四書章句集注》，頁 105。

之不使民知，豈欲愚黔首哉，豈朝四暮三哉，實揆之于民而有不可也。(《四書改錯》卷十六，頁 17～18)

西河認爲朱注改「可」爲「能」，並且添入一句「由於理之當然」，雖是立意迴護，但顯然有「抄變」文字的疏失。其實從文句語態上推究，此章是描述性的語句，實不必理解爲訓解教導的原則，因爲「揆之于民而有不可也」，畢竟在實際層面本來就有其困難，而了解於此，也就無所謂是否符合「聖人之心」的疑慮。此外，《孟子・告子上》「學問之道無他，求其放心而已矣」一節，朱注云：「學問之事，固非一端，然其道則在於求其放心而已，蓋能如是，則志氣清明，義理昭著，而可以上達；不然，則昏昧放逸，雖曰從事於學，而終不能有所發明矣。」〔註 32〕《朱子語類》更載有朱子對此之評論，云：「上有學問二字在，不只是求放心便休。」〔註 33〕西河指出朱子同樣也是寓意補救，於是又「抄變」經文來「曲護己意」，云：

據此則求放心但爲學問而設，其曰「義理昭著」，謂必存心則學問義理始昭著也，曰「有所發明」，必存心始學問可發明也，是孟子一生只在求放心，而註者抄變其詞，謂必著義理，孟子一生只存心養性，而註者抄變其詞，謂必發明學問，是背馳也。此不過因改《大學》格物爲窮致物理，以學問加之正心誠意之先，因之凡求放心，凡盡心知性，俱顚倒抄變，名爲補救，而實所以曲護己意，故解此節甚鶻突，一似求放心所以學問，一似求放心又須學問，因又曰：「上有學問二字，不只是求放心便休。」殊不知孟子歷言「盡其心」、「存其心」、「放其良心」，「陷溺其心」、「豈無仁義之心」、「心之所同然」、「心不若人」、「人心亦皆有害」，其言心不一，並不曾有學問二字，況此求放心，明指仁心，從仁人心也，來仁人心也，然後接放其心，而不知求，又接有放心而不知求，然後又接學問無他，求放心而已，是此心即仁心，求放心即求此仁心，與志氣清明，下學上達何涉？況昭著義理，發明學問，則直忘卻前文，自爲作說，宜其引經據理，皆祗見一句，而于前後文全不曉，第以故變詞例言之，凡經文而已矣，皆煞指之詞，謂祗在此也，今反曰「不止放心」，須在學問二字

〔註 32〕見朱熹撰《孟子集注》卷十〈告子上〉，收入《四書章句集注》，頁 334。

〔註 33〕見黎靖德編《朱子語類》卷五十九〈告子上〉，頁 1410。主要是朱子對於《孟子》「求放心」，顯然不太放心，所以寓意補救。

> 上，則毋論他經，即《孟子》「堯舜之道，孝弟而已矣」、「道二，仁與不仁而已矣。」謂孝弟須堯舜，仁不仁須道二，則人必笑之，況有無他字，如古之人所以大過人者，無他焉，善推其所爲而已矣。可曰善推所爲，須大過人乎？（《四書改錯》卷十六，頁23～24）

西河認爲朱子是以補救之名來曲護己意，對於孟子標舉「求放心」的用意，事實上並未能眞切領略其中的義理，於是在「求放心」與「學問」之間，也就夾雜不清，所以經文原本是「學問之道無他」，卻改易成「學問之事，固非一端」，藉以呈顯學問廣大，但顯然已經違背《孟子》原旨。相同的情形，《孟子·盡心上》「盡其心者，知其性也」一節，朱注云：「以《大學》之序言之，知性則物格之謂，盡心則知至之謂也。」〔註34〕西河指出其中不符合訓詁常規，釋義實有缺失，云：

> 此抄變之最甚者，以盡訓知，非字法；盡心者由于知性也，非句法，……《大易》盡性，《中庸》能盡其性，俱非知也。即《孟子》盡心耳矣，盡心力而爲之，非知心也。況謂知性是物格，則性即物矣，尤屬無理，總因改《大學》格物，而意不自安，必多方拗曲，以伸己意，實則知性是格物，不特《大學》無此說，《孟子》無此說，凡古昔聖賢俱無此說，大抵心、性、天一串，心由于性，生心之謂性是也，性由于天，天命之謂性是也，然是溯而得之，非逆而出之也，蓋盡心之量而無所闕，則便知心所自來，與性所從出，一氣俱到，此誠而明者。至存心養性是一學問人，故曰事天，言從乎此也，若修身俟死，則困勉終身，又降天一等，而曰命，言不過從天之命我者，使不殞耳。此實孔孟論學層次，如生知學，知困，知及生安學利困勉等，並非兩頭一腳，分承拆配，如朱子註《中庸》法，蓋聖賢口語，經書文例，俱未嘗有時文配搭在脣齒中也，讀者詳之。（《四書改錯》卷十六，頁24～25）

朱子以《大學》解釋《孟子》，認爲「知性」即「物格」；「盡心」即「知至」，但兩者各有範疇，不能通譯，西河認爲朱子強加比附，已經違反訓詁原則，顯然有「抄變」之嫌，必須加以澄清。

此外，朱子在詮釋經文，更時有添字解經的情形，西河考辨經文原旨之外，也對此一一加以糾正，如《論語·學而篇》「賢賢易色」一節，朱注云：

〔註34〕見朱熹撰《孟子集注》卷十三〈盡心上〉，收入《四書章句集注》，頁349。

「賢人之賢，而易其好色之心。」〔註 35〕朱子在「易色」中，添入「好色之心」，西河批評此解有誤，云：

> 祗一色字，必添好字，已過矣。況好色安可易，又必添好色之心，然此是誰之心，又必添其好色之心，則以一字而添如許字，天下必無此文理，又且經中多色字，萬一「其次辟色」，亦曰吾辟其好色之心，將何辨正。不知易色有二義，一作改易之易，音翼，則色是顏色，謂改容而禮之，舊註云「變易顏色」是也，一作輕易之易，音異，則色是女色，謂尊賢則輕女色，李尋〈論天象〉有云：「少微在前，女宮在後，賢賢易色。」取法于此，顏師古所謂「尊上賢人，輕略于色」是也。(《四書改錯》卷十七，頁 1)

朱注雖然是承自何晏《集解》，〔註 36〕但西河認為「色」以「其好色之心」作為解說，顯然有添字作解之嫌，並不符合訓詁原則，畢竟人人可以添入不同的解釋，甚至完全改易經文意旨，如此也就難有定解，西河即援引古注為例，不論是作改易顏色，以示尊賢，或是「尊上賢人，輕略于色」，都能符合經文原旨，無須加以添補改易，而且就釋義的範圍而言，西河認為好色本是人情之常，朱注一概屏斥，反而顯得偏狹。此外，《大學》「大學之道」一節，朱注：「大學者，大人之學也。」〔註 37〕朱子在「大學」中，添入「大人」，西河除批駁其說並無實據外，並且認為朱子詮釋的方式也有待商榷，云：

> 大學，學之大者，《漢書》、《大戴禮》皆云「大學習大藝，小學習小藝」，而賈誼《新書》引《容經》云「大學踉大節、業大道；小學踉小節、業小道」，總是一義。朱氏改《大學》，補格物窮理為學者始事，而時多譏之，因心不自安，乃作〈答胡廣仲諸人書〉，自為辨說，且造《小學》一書，以為古人涵養主敬皆在小學中，故入《大學》後便可格物窮理，因目小學為小子之學，而于大學則添一「人」字，曰「大人之學」，然終不能解說，及或問「大人」二字，但曰「對小子之學而言」，亦並不言此何等大人也。(《四書改錯》卷十七，頁 2～3)

朱子為符應「涵養主敬」與「格物窮理」的要求，進一步落實「小子之學」

〔註 35〕見朱熹撰《論語集注》卷一〈學而篇〉，收入《四書章句集注》，頁 50。

〔註 36〕見何晏注，邢昺疏《論語注疏》卷一〈學而篇〉何晏注引孔氏云：「言以好色之心好賢則善。」，頁 7。

〔註 37〕見朱熹撰《大學章句》，收入《四書章句集注》，頁 3。

的進程，於是特別添出所謂「大人之學」這個境界，但既不合古義，於理也不夠周全，所以西河認爲朱注「大學」爲「大人之學」，不僅有添字解經之嫌，而且不論在德與位兩方面，都難以自圓其說。〔註 38〕類似的情形，如《論語・爲政篇》「孟懿子問孝，子曰：『無違。』」一節，朱注云：「無違，謂不悖於理。」〔註 39〕西河認爲朱注牽合於理，同樣也有添補失旨之處，云：

> 此無違正對孝字，即《論語》幾諫章所云「不違」、《中庸》哀公章所云「順親」者，此下原不得添補一字，乃以恐涉從親之令，預添「于理」二字于其下，則理即禮也，理者，義之則；禮者，事之則也，既曰「不違于理」，則其說已明，何必又向樊遲補出禮字。況理與禮同音，既曰「不違理」；又曰「不違禮」，將必自辨曰：「我前所言者是玉傍之理，今所言者是示傍之禮。」豈非多事？（《四書改錯》卷十七，頁 1～2）

朱子在孝與無違之間，又橫添「不悖於理」一句，不僅阻斷文氣，而且在文義也隔了一層，確實有不妥之處。甚至由於朱子的添補詮釋，有乖違原旨情形的產生，如《論語・陽貨篇》「唯上知與下愚不移」一節，朱注引程子之言云：「人性本善，有不可移者。何也？語其性則皆善也，語其才則有下愚之不移。所謂下愚有二焉，自暴、自棄也。人苟以善自治，則無不可移，雖昏愚之至，皆可漸磨而進也。惟自暴者拒之以不信，自棄者絕之以不爲，雖聖人與居，不能化而入也。仲尼之所謂下愚也。然其質非必昏且愚也，往往強戾而才力有過人者，商辛是也。聖人以其自絕于善，謂之下愚，然考其歸，則誠愚也。」〔註 40〕其中添入「人性本善」一句，於是在「上知與下愚不移」與「以善自治無不可移」兩種說法中，游移其辭，西河認爲其旨正與夫子之言相反，須加釐清，云：

> 此不止添補，實一反子言，以救子之失，然而不必者。子明言氣質不下性字，與上文本性相對，則原未嘗失言也。《孟子》以堯爲君，而有象、〈王制〉五方之民，各有性，不可推移，蓋陰陽之氣，血肉之質，原有不能變易者，程氏乃云「此總非性，惟放心而不知求，

〔註 38〕高師仲華撰〈大學辨〉即對於西河解「大學」之旨，十分推崇，認爲在符合訓詁原則之餘，也能照應《大學》內涵。見高師仲華撰《高明經學論叢》，頁 105～138。

〔註 39〕見朱熹撰《論語集注》卷一〈學而篇〉，收入《四書章句集注》，頁 55。

〔註 40〕見朱熹撰《論語集注》卷九〈陽貨篇〉，收入《四書章句集注》，頁 176。

> 故其習愈下。」……且以不求心而習愈下為下愚所從來，則是習矣，本欲以習移下愚，而下愚是習，則其所以移之者，又是何物？況氣質之性，朱氏謂起于張、程，則此正性之屬氣質者，雖明言性亦無害，況本文無性字，而乃以下愚非性而補救之，不又多事乎？（《四書改錯》卷十七，頁15～16）

孔子論究上智與下愚，難以移易，只是說明實際的情形，但程氏旁牽於本性、才質、故習，依違於人性本善之說，在添枝加葉之餘，既無益於釋義，也使經旨支離破碎，於是本來簡潔明白的道理，反而顯得迂曲難通，所以西河批駁為多事，必須加以釐清。

總之，注經難為，但朱子往覆申述，立意補救之下，往往有改易經文，添補文字的情形，不僅阻斷文氣，而且無益於解經，甚至有違背原旨的情形，西河強調訓詁明經，所以特別著意於此，在考辨經文原旨之餘，對於朱注違反文體詞例的缺失，也一一加以釐清，進而呈顯更為明確的訓詁規則，足供後人參考。

第五節　訓解態度方面

注經在於闡發聖道，除疏通經文奧義之外，當然也要信守如實客觀的原則，但西河認為朱注在說解經文本義之外，卻也經常以個人見解，糾正經文，尤其對於孔子弟子，更是多所苛責，有違訓解常規，西河認為主要因為朱子對於經文內容，往往未能平情看待，尤其在不合己意的情況下，更是寄寓補救之意，藉以提出不同的見解，雖然可以了解朱子是以述代作，發揮理學的精神，但從另一角度，此舉顯然有違訓解分際，所以西河在強調如實客觀，力求彰顯聖人原旨的前提下，即對於朱注偏頗之處，一一加以釐清，在彰顯經典原旨之餘，也進而樹立明確的注經原則。

一、立意補救而致誤

朱子注解四書時，往往藉以發揮個人的見解，如《論語・里仁篇》「夫子之道，忠恕而已矣」一節，朱注云：「夫子之一理渾然而泛應曲當，譬則天地之至誠無息，而萬物各得其所也。自此之外，固無餘法，而亦無待於推矣。曾子有見於此而難言之，故借學者盡己、推己之目以著明之，欲人之易曉也，蓋至誠無息者，道之體也，萬殊之所以一本也；萬物各得其所者，道之用也，一本之所以萬殊也。以此觀之，一以貫之之實可見矣。」〔註 41〕朱子雖然曲盡形容，彰顯聖道的宏大，但事實上，對於曾子所標示的聖道，卻是意有未愜，所以暗指曾子「有見於此而難言之」，藉以補救其中過於簡易的缺失，西河即批駁朱子並未明透一貫之理，對於所謂忠恕之道，更是或信或疑，說解不夠客觀，云：

> 此由見道不明，過疑聖賢所造定有深淺，且疑此際頗邃謐，必非可以忠恕兩字顯然揭出，故其于一貫並無明註，而至于忠恕，則或疑或信，似合似離，一往鶻突，殊不知聖道淺近，一貫只是一串，一串之道只在忠恕，夫子此忠恕，曾子門人亦此忠恕，無二道，亦無二心。然且忠恕二字，究只一恕字，此推之《論語》二十篇，與《大學》、《中庸》、《孟子》無不然者。……近儒不知聖道，併不識聖學，其于下手入門處，全然不曉，東振西觸，曰立志、曰主靜、曰主敬、曰涵養用敬、曰格物窮理，千頭萬腦，終無歸著，以致六、七百年來，誰能于下手入門處明白指出，及驟聞一貫，而彼我茫然。夫萬殊一本，此佛家之萬法歸一也。且亦籠統何著落，及聞忠恕二字，宜警然矣。乃猶錮蔽之久，翻疑爲借端之目，夫明指本心，而猶曰借端，則于當身且不知，而欲其知道、知學，難矣。(《四書改錯》卷十九，頁 1～3）

曾子提示的聖道門徑，入手雖然簡單，但其實規模宏大，尤其有助於踐履之功，只是朱子構畫聖道內容，卻並未著力於此，尤其對於「忠恕一貫」之道，更是游移其辭，多有懷疑，西河對此提出批駁，認爲朱子見道不明，過於強調宏大之境，卻輕忽簡易直接的入門途徑，不僅詮釋立場有失客觀，也使聖人的精神無法如實彰顯。相同的情形，如《論語・子張篇》「子夏之門人小子，當洒埽、應對、進退則可矣」一章，朱注即引據程子之言，加以論證，云：

> 程子曰：「君子教人有序，先傳以小者近者，而後教以大者遠者，非先傳以近小，而後不教以遠大也。」又曰：「洒掃應對，便是形而上者，理無大小故也。故君子只在愼獨。」又曰：「聖人之道，更無精粗，從洒掃應對，與精義入神貫通只一理，雖洒掃應對，只看所以然如何。」又曰：「凡物有本末，不可分本末爲兩段事。洒掃、應對

〔註 41〕見朱熹撰《論語集注》卷二〈里仁篇〉，收入《四書章句集注》，頁 72。

是其然，必有所以然。」又曰：「自洒埽、應對上，便可到聖人事。」〔註42〕

朱子並且據以申明不能輕忽「洒掃應對」的主張，云：「程子第一條，說此章文意，最爲詳盡，其後四條，皆以明精粗本末，其分雖殊，而理則一，學者當循序而漸進，不可厭末而求本，蓋與第一條之意，實相表裡，非謂末即是本，但學其末而本便在此也。」（同上）於是在釐清本末時，朱子強調循序漸進，終而可以達致其功。但西河認爲程、朱過於強化「洒掃、應對」的內涵，並不符合經文原旨，云：

> 乃程氏數說則又與朱氏說異，朱氏尚云灑埽、應對須用涵養、須用持守，而程氏則直云灑埽、應對即是形上，即是精義入神、即是聖人之事、無精粗、無本末、無大小，聖學聖道從此大亂大亂矣。夫所謂一貫者，非謂灑埽可貫誠正，謂誠意、正心、成己、成物，由聖學以至聖道，本一串也，所謂不分兩段事者，非謂小子之事不分聖人之事也，謂明善誠身，參天贊地，從聖道以溯聖學，無容兩分也。若灑埽、應對則明明與《大學》中事絕流斷港，安得一串，又安得不分兩段，況立言須有著落，謂灑埽、應對即是形而上者，夫形而上者謂之道，形而下者謂之器，語出《易繫》，然其所爲形者，即物也。灑埽不是物，固非形下之器，然亦安所爲形上，安所爲道，然且直進之爲精義入神，吾不知執箕汎帚，有何神義，即灑而埽之，其得進于義之精而神之入，端是何故？據云事有其然，有所以然，其然者，事也，所以然者，理也。今事在灑埽，則其理不過糞地而已，事在應對進退，則其理不過待賓長、執役使而已，而謂有精義，得聖人之事，實未之聞。（《四書改錯》卷十九，頁7～8）

朱子有意強調「洒掃應對」之功，所以特別引據程氏說法加以印證，但事實上，朱子也曾經對此加以反省，認爲直接以「洒掃應對」即是「精義入神」，確實也有不妥之處，〔註43〕但注解《論語》卻又加以採用，顯然必須加以澄

〔註42〕見朱熹撰《論語集注》卷十〈子張篇〉，收入《四書章句集注》，頁190。

〔註43〕黎靖德編《朱子語類》卷四十九〈子張篇〉即載朱子對此之反省，云：「某向來費無限思量，理會此段不得。如伊川門人，都說差了。……如何諸公都說成末即是本？後在同安，出往外邑定驗公事，路上只管思量，方思量得透。當時說與同公某人，某人亦正思量此話起，頗同所疑。今看伊川許多說話時，復又說錯了。所謂『洒掃應對與精義入神，貫通只一理。雖洒掃應對，只看

清，但西河認爲程、朱說法的差異，其實只是對於進程的觀點不同而已，對於「洒掃應對」的內涵，同樣都有過分引伸之嫌，西河並且對於程、朱的說法提出批駁，一方面是聖道無大小、精粗之分的說法，不僅模糊了誠意、正心的進學歷程，再者，以「洒掃應對」牽附形上的概念，缺乏可以確實追尋的目標，以及爲學成德的崇高內涵，也顯見概念不清，所以西河指出程、朱所擬構的聖學進程顯然有誤，詮釋也有失分際。此外，朱子也常以後起觀念詮釋經義，如《論語・陽貨篇》子曰：「性相近也，習相遠也」一節，朱注引程子之言，云：「此言氣質之性，非言性之本也，若言其本，則性即是理，理無不善，孟子之言性善是也。何相近之有哉？」，〔註44〕朱子爲維護性善之概念，所以引據程子之言加以釐清，認爲「此所謂性，兼氣質而言者」（同前），但分別性理、氣質之性，是以後起觀念解經，西河認爲此舉實屬多事，並不符合釋經原則，云：

> 夫子罕言性，至此專下一性字，安見便屬氣質。宋儒認性不清，惟恐相近與《孟子》性善有礙，故將此性字推降一等，屬之性質以補救之，不知相近正是善，謂善與善近，雖其中有差等，堯、舜與湯、武不必齊一，然相去不遠，故謂之近，若是氣質，則如《禮記》所云剛柔、輕重、遲速異齊，不待習而先相遠矣。乃分別孔孟言性，一本一氣質，或專或兼，如許精晰，總是門外人說話，嘗謂孟子自解性善有二，一是以舜我比較，正指相近，而于是以「有爲若是」，授其權于習；一以善屬才，明分善不善，而于是以「求得舍失」至「倍蓰無算」爲習之相遠。則是性善二字原包性相近三字，而習之相遠即從此可見，孔孟前後總是一轍，何專何兼？何本何氣質？皆門外語也。……是孟子言性不一，而儒者無學，自性善外，不敢別出一性字，稍及不善，便謂之異端，得罪名教，而性昧矣。（《四書改錯》卷十九，頁 4～6）

程、朱爲確立孟子性善論的根源價值，於是對於孔子「性相近」的說法，便

所以然如何』，此言洒掃應對與精義入神是一樣道理。洒掃應對必有所以然，精義入神亦必有所以然。其曰通貫只一理，言二者之理只一般，非謂洒掃應對便是精義入神。固是精義入神有形而上之理，即洒掃應對亦有形而上之理。」，頁 1208。雖然朱子最後有所體會，但可以了解朱子對於程氏之言，顯然深寓反省之意，並非一致無間。

〔註44〕見朱熹撰《論語集注》卷九〈陽貨篇〉，收入《四書章句集注》，頁 175～176。

刻意補救，或是直接指爲氣質之性，或是稱爲兼有氣質之性，雖然稍有不同，但同樣是著意於補救「性相近」與「性善」分歧之處，事實上，孔、孟性論本就相通，所謂「相近」，指出此心同，此理同的可能性，正可作爲本「善」的證明，而朱注執意補救，不僅有糾正孔子之嫌，也使聖人原旨更加模糊，〔註 45〕所以西河認爲朱注補救之舉，不僅無益於解經，也違背訓解應有的分際，必須加駁正。

二、推尋太過，批評孔門弟子過於嚴苛

朱子說解文義，不僅時有補救之語，對於四書中著錄的人物，也是多所褒貶，尤其對於孔子與弟子之間的答問，往往推尋弟子的缺失，藉以彰顯聖人開示道理的精妙宏大，但推究太過，既無益於經旨，反而有入人於罪的情形，所以西河認爲朱子立場顯然有偏頗之處，必須加以釐清，如《論語・子罕篇》「子疾病，子路使門人爲臣」一章，朱注引楊氏之言云：「非知至而意誠，則用智自私，不知行其所無事，往往自陷于行詐欺天而莫之知也，其子路之謂乎！」〔註 46〕西河認爲其中對於子路的批評過於嚴苛，有違客觀持平的詮釋原則，云：

> 夫子爲司寇，門人多爲夫子臣者，即臣于他大夫，非主友之分，然在夫子從政時，諸子皆見爲屬大夫，其時統係具在也。況夫子去官，非見擯者，則以卿禮葬夫子，而門人爲臣，比之主友，漢儒所云君臣禮葬者，亦無不可，特此時無有，一如近代在籍官喪葬之例非見任者，故夫子不許，要之，子路非誕罔也。其曰「詐」、曰「欺」，亦祇從有無二字責之，原非矯詐欺蔽，有害天理，而註以不能致知、誠意，重詬子路，夫致知、誠意爲聖門下手第一層工夫，曾子路升堂，但未入室，夫子親爲品題者，而重詬至此，豈聖言定有漏，聖門必不肖耶？何也？（《四書改錯》卷二十一，頁 2）

朱子引據楊氏之言來批駁子路的缺失，但貶抑之餘，卻未切合經文要旨，由於孔子曾爲司寇，雖然已經不在其位，但子路在孔子病重之際，仍以家臣之

〔註 45〕西河認爲朱子的補救之舉，在《四書章句集注》中屢屢可見，不僅是用來說明個人意見，而且往往有糾正孔子之意，張文彬等輯《四書改錯》卷二十西河即提出批評云：「若《集註》貶抑，節節有之，名爲補救，而實所以顯正夫子之失。」頁 1。

〔註 46〕見朱熹撰《論語集注》卷五〈子罕篇〉，收入《四書章句集注》，頁 112～113。

禮治其事，事實上，不僅表示厚重其事，同時也是人情之常，至於孔子強調不在其位，無須矯飾，並且指出「且予與其死於臣之手也，無寧死於二三子之手乎？」顯示孔子在虛名之間，更重視師生的眞誠情誼，此正可作爲孔子與弟子之間研禮求道，追尋眞理的最佳說明，所以客觀而論，對於夫子的風範，應加表彰，而對於子路，事實上，則無須深責，然而朱子《論語集注》卻與此相反，不僅並未著力闡發孔子心意，反而指責子路「用智自私」，自陷於「行詐欺天」，持論顯然太過嚴苛，有失詮釋的分際。相同的情形，如《論語・憲問篇》「子路問事君」一節，子曰：「勿欺也，而犯之。」朱注引范氏之言云：「犯非子路之所難也，而以不欺爲難，故夫子告以先勿欺而後犯。」〔註 47〕西河認爲其中同樣也有持論過苛之處，云：

> 子路生平以不欺見稱，故小邾射以句繹奔魯，尚欲要路一言以爲信，豈有事君而反出于欺者，此不過正告以事君之道，而註者必曰「對病發藥」，聖門無完行矣，且勿欺而犯，有何先後，第以勿欺爲主，而可犯即犯，此豈有期限而以先後指定之。（《四書改錯》卷二十一，頁 7）

西河認爲朱子預存「對病發藥」的觀念，所以在孔子與門人的對答中，往往反覆推究弟子的缺失，以符應孔子的說法，然而孔子不過是直言事君之道，未必定是弟子的缺失，所以范氏指責子路「不欺爲難」，不僅不符合子路個性，在詮釋上，也是倒果爲因，並不符合釋經的原則。相同的情形，包括批評子路「不達爲國以禮」、〔註 48〕「喜于有爲不能持久」〔註 49〕等，也都顯見嚴苛，於是子路重然諾、果於從政的形象，反而成爲負面評價的論據，此皆有違持平客觀的要求。此外，如《論語・顏淵篇》「子張問政」一章，朱注引程氏之言云：「子張少仁，無誠心愛民，則必倦而不盡心，故告之以此。」〔註 50〕程、朱對於子張的批評，同樣也有倒果爲因的情形，西河即對此提出批駁，云：

> 聖人答問，必答其所問之事，所問之義，未嘗答其人也。如必因病

〔註 47〕見朱熹撰《論語集注》卷七〈憲問篇〉，收入《四書章句集注》，頁 155。

〔註 48〕見朱熹撰《論語集注》卷六〈先進篇〉「子路、曾皙、冉有、公西華侍坐」一章，朱注引程氏之言云：「子路等所見者小，子路只爲不達爲國以禮道理，是以哂之，若達，卻便是這氣象也。」收入《四書章句集注》，頁 113。

〔註 49〕見朱熹撰《論語集注》卷七〈子路篇〉「子路問政」一章，朱注引吳氏之言云：「勇者喜於有爲而不能持久，故以此告之。」收入《四書章句集注》，頁 141。

〔註 50〕見朱熹撰《論語集注》卷六〈顏淵篇〉，收入《四書章句集注》，頁 137。

> 發藥，則告顏淵「鄭聲淫、佞人殆」，淵必喜淫好佞矣。乃只此無倦一答，程氏譏其無誠心；楊氏謂其難能，故難繼；范祖禹謂其外有餘而內不足；朱氏又謂其做到下梢無殺，合龐涓至樹下，萬弩齊發，爲之駭然。（《四書改錯》卷二十一，頁9）

孔子提示爲政之道，程氏卻據以批評子張「少仁，無誠心愛民」，甚至推測「必倦而不盡心」，不僅偏離經文要旨，西河認爲程氏持論太過，同樣也有入人於罪之嫌，其實孔子只是直言爲政之道，並非專指子張的缺失。所以西河認爲如果過於強調「因病發藥」的觀點，也就無法平情諦觀，如實闡發經旨。相同的情形，朱子對於孔子弟子的持德修養方面，同樣也是多所苛責，如《論語・爲政篇》中「子游問孝」、「子夏問孝」兩章，朱注引程氏之言云：「子游能養而或失于敬；子夏能直義而或少溫潤之色。各因其材之高下，與其所失而告之，故不同也。」〔註51〕分論兩人的特質，並且加以褒貶，但西河認爲其說有待商榷，云：

> 子亦概言孝道耳，如必告以所不足，則顏淵克復之告，既多欲而弖違禮，難乎爲顏氏子矣。且論人須有據，子夏能直義，吾不知出自何書？若色不溫潤，則其事頗祕，千載而下，亦何從知之？（《四書改錯》卷二十一，頁10～11）

程氏指責子游「失於敬」，而子夏「少溫潤之色」，但其實並無確實的依據，西河並且指出溫潤之色完全是屬於個人的隱私，千載之下，更是難以得知，可見程氏的推論，完全是爲符合救病發藥說，於是倒果爲因，牽強立論，所以西河認爲其中有「貶抑聖門」的偏失，必須加以駁正。〔註52〕事實上，朱子也曾對此加以反省，如《論語・雍也篇》子謂子夏曰：「女爲君子儒，無爲小人儒」一章，《朱子語類》中載朱子提出「聖人爲萬世立言，豈專爲子夏設」的觀點，對於謝氏批駁子夏的說法提出檢討，認爲孔子只是據實以告，未必是針對個人的缺失，〔註53〕但朱子注解《論語》，卻引謝氏之言作解，云：「君

〔註51〕見朱熹撰《論語集注》卷一〈爲政篇〉，收入《四書章句集注》，頁56。

〔註52〕張文彬等輯《四書改錯》有「貶抑聖門」一類，西河對於《四書章句集注》批評孔門弟子過於嚴苛之處，一一提出諫正，包括批評有子「譬之木，有子說枝葉」。原憲「邦有道而不能有爲，只小廉曲謹，做得甚事」、「夫子知其學之未足以有爲，雖無枉道之誠，而未免于素餐之媿。」樊遲是「粗鄙近利」、「志則陋矣」，宰我是「良心死了也」、「信道不篤」。子貢是「有志于仁，徒事高遠，不知其方」。冉求是「扶不起」等。頁3～18。

〔註53〕黎靖德編《朱子語類》卷三十二載云：「問：『謝氏說子夏之文學雖有餘，意

子、小人之分，義與利之間而已，然所謂利者，豈必殖貨財之謂？以私滅公，適己自便，凡可以害天理者皆利也。子夏文學雖有餘，然意其遠大者或昧焉，故夫子語之以此。」〔註54〕其中顯然有矛盾之處，西河即對此提出批評，云：

> 曾賢如子夏，而可以「害天理」三字橫加之乎？朱氏驟聞謝說亦知難通，有云聖人爲萬世立法，豈有專爲子夏設，則朱氏亦早以其言爲無理矣，及作註，而又特引其語以示世，非有意貶抑而何？（《四書改錯》卷二十一，頁12）

孔子提示儒者應當志其大者，但朱子《論語集注》卻引據謝氏之言來指責子夏昧於遠大，不僅無助於闡明孔子原意，對於子夏更是苛責太過，有入人於罪之嫌，所以西河認爲必須糾正朱注推尋太過，有違公道之處，從而確立如實客觀的詮釋原則。

總之，西河推究原旨，雖然以批判代替詮釋，但全面檢討《四書章句集注》的缺失，包括名物訓解、典章制度、引據論述、文體詞例，乃至於訓解態度等，除補正朱子的謬誤與疏失，寄託考辨的成果外，更是有助於澄清歷來承訛踵謬的誤解，所以凌廷堪指出西河如「醫家之大黃，實有立起沉痾之效，爲斯世不可無者」，〔註55〕而錢穆《中國近三百年學術史》也認爲西河「傲睨之氣，縱橫之辨，良足以震聾發聵，轉移一代之視聽矣」，〔註56〕可以說明西河對於《四書章句集注》的檢討，確實有補苴罅漏的成效，足以一新耳目，而其彰顯聖人原旨，以及樹立訓詁原則，對於四書精義的發揚，更是貢獻良多。

其遠者大者或昧焉。〈子張篇〉中載子夏言語如此，豈得爲遠者大者或昧？』曰：『上蔡此說，某所未安。其說道子夏專意文學，未見箇遠大處，看只當如程子「君子儒爲己，小人儒爲人」之說。』問：『或以夫子教子夏爲大儒，毋爲小儒，如何？』曰：『不須說子夏是大儒小儒，且要求箇自家使處。聖人爲萬世立言，豈專爲子夏設。今看此處，正要見得箇義與利分明。人多於此處含糊去了，不分界限。君子儒上達，小人儒下達，須是見得分曉始得，人自是不覺察耳。毫釐間便分君子小人，豈謂子夏！決不如此。』」，頁805。

〔註54〕見朱熹撰《論語集注》卷一〈雍也篇〉，收入《四書章句集注》，頁88。

〔註55〕見凌廷堪撰《校禮堂文集》卷二十五〈與阮中丞論克己書〉，收入新文豐叢書集成續編第一五六冊，頁674。

〔註56〕見錢穆撰《中國近三百年學術史》第六章「閻潛邱毛西河」，頁230～231。

第六章　對四書原旨的推究

朱子建構格物窮理的進學路徑，並且以超然天理作爲立身處事的準則，〔註1〕但是在以理明經的前提下，訓釋經文卻也難免有過執於理的缺失，西河即對此提出批評，認爲此舉有違訓解分際，必須加以釐清。〔註2〕事實上，西河本身也是依循四書開示的進學路徑，強調修身立誠，以達天德，不過與朱子不同之處是西河認爲聖人原旨才是研經論學的最終目的，所以西河詮釋經義，少言理而多強調聖道聖學的內涵，即是因爲西河認爲不必依傍天理道體

〔註 1〕朱子以格物窮理作爲爲學的根本，在《大學章句》中並且補作格致傳，申明其旨，云：「所謂致知在格物者，言欲致吾之知，在即物而窮其理也。蓋人心之靈莫不有知，而天下之物莫不有理，惟於理有未窮，故其知有不盡也。是以《大學》始教，必使學者即凡天下之物，莫不因其已知之理而益窮之，以求至乎其極。至於用力之久，而一旦豁然貫通焉，則眾物之表理精粗無不到，而吾心之全體大用無不明矣。此謂物格，此謂知之至也。」，頁 6～7。朱子強調窮理可以使吾心全體大用無不明，從而天下之理，也就成爲永恆追循的準則。只是靈明心體在窮究外在事理之餘，缺乏主體本身的道德性，牟宗三指出此爲「泛認知主義的格物」，「只剩下心知之明與在物之理間之攝取關係，而真正的道德主體即泯失」，詳見第三冊《心體與性體》，頁 384～392。主要即是針對朱子以超然物理作爲依循的準則，在提示追尋窮究之餘，卻忽略主體道德省鑑的重要，於是詮釋聖學的內涵，也就顯見歧出。

〔註 2〕西河對於宋人拘執於理，往往深致批評，如張文彬等輯《四書改錯》卷二即載西河云：「大抵宋儒拘滯，總過執理字，實是大錯。」，頁 1。尤其對於朱子執以釋經，更是多所批評，《四書改錯》卷十六載西河批評朱子構畫的爲學途徑有誤，云：「孟子一生只存心養性，而註者抄變其詞，謂必發明學問，是背馳也。不過因改《大學》格物爲窮致物理，以學問加之正心誠意之先，因之凡求盡心知性，俱顛倒抄變，名爲補救，而實所以曲護己意。」，頁 23。主要即是著眼於朱子強調窮究事理，卻在訓解經義時，旁出學問路徑，有違聖道存心養性的宗旨。

解說，四書本身就透露聖人的微言奧義，彰顯對於世道人心的終極關懷，唯有深究其中，才能提供儒者永遠追循效法的典範，所以不能離經論道，也不必離經言理，也就是如此的認知，西河在講論之餘，進而以追索經典原旨，考究典制來由，作爲研討四書之標的。

第一節　對四書傳習的檢討

朱子注解《四書》，並且建構四書的義理系統，燦然可觀之餘，後人往往也將四書與宋學視爲一體，〔註3〕但西河認爲如此勢必漸離聖賢原旨，所以在學貴知本的訴求下，西河極力論證四書是漢、唐以來相傳之舊籍，不待宋人表彰，有其原具之價值，於是在強調回歸經典，追索聖人奧義時，西河首先釐清《論語》、《孟子》、《大學》、《中庸》受到重視的緣由，駁斥朱子直承聖意之說，並且進一步檢討後世傳習的情形，從而彰顯四書的經典價值，期勉後學直接聖人原旨，不再歧路旁出。

一、強調四書是聖功所具

西河認爲四書是聖賢授受之功的具體呈現，王恬序《四書索解》即引述西河之言，云：

> 先生嘗言四書爲千聖百王一貫授受之學，在聖功所始，與聖道所至，悉具是書。(《四書索解・序目》，頁1)

所謂「聖功所始」、「聖道所至」，即是說明四書具有爲學修養的規模與次第，事實上，西河確實是以此作爲立教講論的基礎，所以門人唐彪序《四書改錯》時，也提出此一觀點，云：

〔註3〕紀昀等奉敕撰《四庫全書總目提要》卷三十五四書類總序云：「《論語》、《孟子》舊各爲帙，〈大學〉、〈中庸〉，舊《禮記》之二篇，其編爲四書，自宋淳熙始，其懸爲令甲，則自元延祐復科舉始，古來無是名也。」，頁710。事實上，不僅自宋開始有名目，歷來注解四書也多強調其中義理待程、朱才燦然可觀，檢閱朱彝尊《經義考》引列諸家說法即可爲證，如卷二百五十即引列李方子、陳普、王褘……等人之說，指出四書自朱子發揮聖賢之心後，精義再無餘蘊。頁1。卷二百五十五引列程鉅夫、趙孟頫……等人序《四書章圖》也強調千載之下，孟子道統，即由程、朱接續。頁1～2。趙順孫〈四書纂疏序〉甚至認爲朱子「其意精密，其語簡嚴，渾然猶經也。」見《四書纂疏》，頁9。崇敬之餘，顯見後人將四書視爲宋人專有之學，尤其是程、朱一脈學術的具體呈現。

四書與群書相貫通，且聖道聖學盡存是書，倘於此有錯而不之知，無庸讀書矣。(《四書改錯・序目》，頁 1)

強調四書與群書相貫通，其實是賦予四書「孔孟授受，繼堯湯之學」的特質，所以西河門人一再強調「不究其根柢，亦何以即安」(《四書索解》卷一，頁 1)，主要即是指出學者爲學不能忽略於此。此外，西河更屢屢強調四書是「一貫授受之學」，〔註 4〕是堯舜以來聖賢的正統宗傳，而且既然是「一貫」，也就必須涵容四書中不同的旨趣，調合其間的歧異，事實上，西河即是以《大學》爲綱領，進而溝通四書的內涵，開展出忠恕一貫之道，門人王恬綜括西河一生學術云：

先生一生，得力在嵩山廟市受賀先生教，但講《大學》，而《中庸》、《論語》、《孟子》合一之旨，並爲之貫，嗣此讀經而經明，論學而學通，因矢志還山以後，當勉註四書。(《四書索解・序目》，頁 1～2)

在說明西河成學歷程，表彰學有淵源之餘，也可以了解四書開示的內涵確實是儒者可以永志追尋的目標。而且既然是聖賢相傳，其實也就無須宋人特爲表彰，所以西河也一再申明《論語》、《孟子》、《大學》、《中庸》是漢、唐以來儒者傳習不絕的經典，其不不乏表彰之人，西河即舉出宋人之前已有合併《論語》、《孟子》、《大學》、《中庸》而稱爲小經者，作爲四書價值早著的證明，云：

自西漢傳《禮祀》四十九篇中，有《大學》、《中庸》二書，並著爲經，而其時復有以《大》、《中》二書並《論語》、《孟子》稱小經者，析二書于《紀》，爲之單行，因別有《大學》、《中庸》之目，歷漢晉隋唐以及于宋未有異也。(《大學證文》卷一，頁 1)

既然《禮記》列名於經，可見〈大學〉、〈中庸〉已經是儒者傳習的篇章，何況當時已有單篇行世的情形，更可作爲證明，所以西河認爲四書價值早著，自漢以來未曾改變，甚至還提出小經的名目，證明其說，只是引據未詳，無法進一步檢覈，但如果以唐代選士分大經、小經而言，其中則並無以四書充當小經之事，所以全祖望〈蕭山毛檢討別傳〉即認爲此是西河「造爲典故以欺人者」，〔註 5〕但推究西河用意，主要是以漢以來儒者早有通習《大》、《中》、

〔註 4〕王恬〈四書索解序目〉引述西河云：「四書爲千聖百王一貫授受之學」，見《四書索解・序目》，頁 1。盛唐等輯《四書賸言》卷四亦載西河云：「一貫忠恕，是堯舜禹湯以來，聖賢相傳之道。」，頁 17。西河相同之論述頗多，表彰聖賢所傳之餘，也藉以構畫定式的訴求，此於後文論及，不在此贅語。

〔註 5〕全祖望撰《結埼亭集・外編》卷十二〈蕭山毛檢討別傳〉中載全氏曾依其父

《論》、《孟》之事，來強調無須宋人始爲表彰，西河並且進一步分舉其中不同的單元作爲說明，如唐世已有標舉誠意之人，北宋時代更有賜書《大學》之事，云：

> 《大》、《中》、《論語》、《孟子》在漢唐早已單行，不始宋儒作四子書也。宋仁宗天聖八年，曾以《大學》賜新第王拱辰等，惟爾時已有專本，故可取爲賜觀，韓愈獨標誠意，即在唐世已專行其書可驗耳。（《大學證文》卷一，頁 5）

其中主要是針對《大學》從《禮記》中獨立單行而言，西河舉韓愈曾引述《大學》內容，宋仁宗也曾有賜書之事，說明《大學》在程、朱之前已受重視，甚至推測唐時可能已經有單篇行世，於是在程、朱始爲表彰之外，別出一說。〔註 6〕此外，在《四書改錯》中西河指出《中庸》也有相同情形，云：

> 謂《大》、《中》本《禮記》中文，程氏朱氏始專行之，錯也。《大學》本《禮記》四十九篇之第四十二篇，《中庸》第三十一，然早已專行，

之口授，歸納西河經解謬誤之處，撰成《毛氏糾謬》十卷，其書今已不傳，但文中引列九條，有：造爲典故以欺人者、造爲師承以示人有本者、前人之誤已經辨正而尚襲其誤而不知者、信口臆說者、不考古而妄言者、前人之言本有出而妄斥爲無稽者、因一言之誤而誣其終身者、貿然引證而不知其非者、改古書以就己者……等。頁 826～827。每則皆舉西河之言爲例，其中即認爲西河考論「《大學》、《中庸》在唐時已與《論》、《孟》並列於小經」的說法，是「造爲典故以欺人者」。頁 826。而據《新唐書》卷四十四〈選舉志〉所載，唐時經之分別是依其分量，云：「凡《禮記》、《春秋左氏傳》爲大經，《詩》、《周禮》、《儀禮》爲中經，《易》、《尚書》、《春秋公羊傳》、《穀梁傳》爲小經。……《孝經》、《論語》皆兼通之。」，頁 1160。其中並無《大學》、《中庸》的名目，全氏的批評並未深入探究緣由，或許稍嫌苛細，但西河引據未詳，甚至有與記載不合的情形，卻也不免落人口實。

〔註 6〕西河考辨《大學》單行由來，溯自唐、宋，由韓愈表彰啓其端，宋仁宗賜書，推廣其影響，在傳統《大學》始於朱子單行的說法外，別出一說，今人對此則採兼容態度，例如陳槃《大學中庸今釋》中〈敘說〉，頁 1、高師仲華《高明經學論叢》中〈大學辨〉，頁 114～115、《學庸研究論集》中蔡仁厚〈大學分章之研究〉，頁 105。皆兼採西河說法，作爲《大學》流行的說明，但岑溢成〈大學之單行及改本問題評議〉一文則認爲單獨刊行與單行仍有距離，單行是指脫離出《禮記》取得獨立之地位，所以仍應以朱子表彰爲確。見《鵝湖》第一〇一，民國 72 年 11 月，頁 2～7。其中執論較嚴，所指不僅是單行，而是在觀念上已有體系，思想上須有創發之處，頗有爲朱子量身訂製之意，如此則勢必是朱子始爲功。但西河強調版本上的單行，證明士人早有注意及研習者，使前人專意於程、朱表彰之外，更了解程、朱之前的情況，實未可盡掩。

〈漢志〉有《中庸說》二篇，〈隋志〉有梁武帝《中庸講義》，唐人有《大學》專本，即宋仁宗朝亦曾以《大學》專本賜及第進士，皆程朱以前事也。(《四書改錯》卷一，頁1～2)

相同之見，散見西河其他經解中，如《四書賸言》也載西河一再申明《中庸》在漢時已經有單篇行世，云：

《漢・藝文志》有《中庸說》二篇，則《中庸》在漢世早已單行，若《隋・經籍志》載梁武帝著《中庸講義》一卷，猶後此者也。俗以《中庸》爲宋儒表章，誤矣。(《四書賸言》卷一，頁2)

西河引據《漢書・藝文志》著錄《中庸說》二篇，〔註7〕說明漢世已有單行，而《隋書・經籍志》收錄更多，包括宋散騎常侍戴顒撰《禮記中庸傳》二卷、梁武帝撰《中庸講疏》一卷、《私記制旨中庸義》五卷等，〔註8〕可以了解《中庸》從《禮記》獨立單行，甚至有專文疏解，是自漢以來即有之事。所以四書的表彰，實由《大學》、《中庸》潮受重視，獨立《禮記》之外啓其端，其中可說是多方承傳發展而成，《中庸》單行疏解，早見於史籍的著錄，韓愈引述誠意，雖然未必可以表示唐代《大學》已經單篇行世，然而宋仁宗賜書，似乎則是單行的最佳證明，至於《論語》、《孟子》在漢時即受注目，更是固不待言，於是在朱子表彰說下，西河另立蹊徑，推源闡流，力證四書非朱子始著，而是漢、唐以來儒者重視的典籍，其間有其傳承淵源，不應一筆抹煞。〔註9〕

〔註7〕見班固撰《漢書》卷三十〈藝文志〉，頁1709。

〔註8〕見魏徵等撰《隋書》卷三十二〈經籍志〉，頁923。

〔註9〕紀昀等奉敕撰《四庫全書總目提要》經部四書類「《大學章句》一卷、《論語集註》十卷、《孟子集註》七卷、《中庸章句》一卷」提要略述四書傳衍情形云：「案：《論語》自漢文帝時立博士。《孟子》據趙岐題詞，文帝時亦嘗立博士，以其旋罷，故史不載。《中庸說》二篇，見《漢書・藝文志》，戴顒《中庸傳》二卷，梁武帝《中庸講疏》一卷，見《隋書・經籍志》。惟《大學》自唐以前，無別行之本，然《書錄解題》載司馬光有《大學廣義》一卷，《中庸廣義》一卷，已在二程以前，均不自洛閩諸儒始爲表彰，特其論說之詳，自二程始，定著四書之名，則自朱子始耳。」，頁721。朱廷獻〈大學疑義考辨〉考論《大學》單行的由來，認爲唐韓愈排斥佛老作〈原道〉一文，始本以立論。至北宋天聖八年，仁宗賜題進士王拱辰〈大學篇〉一軸，以示獎勵，自此後凡考試及第者，皆賜〈大學〉或〈中庸〉或〈儒行〉一篇，〈大學〉之離《禮記》而單行，殆自此始。見國立高雄師範學院國文系編輯委員會，《大學論文資料彙編》，頁193。可見前人在追溯四書淵源時，也多採分別追討的策略，嘗試發掘更豐富的傳衍歷程。

二、朱子經注不合聖意

四書是先聖先賢所傳，非宋人專有，西河並且更進一步指朱子有引據未詳，甚至不合聖人原旨的闕失，如朱注《論語》即有此一情形，西河云：

> 而宋朱氏註，則又僅見何氏一書，別無他據，旁彙以同時學人之言，似與聖門之所記稍有齟齬，先仲氏嘗曰：「此宋儒之書，非夫子之書也。」（《論語稽求篇》卷一，頁 2）

西河認為朱子僅參考何晏《集解》，以及時人之言，引據稍嫌單薄，〔註 10〕再者，朱子訓解時往往表彰時人之見，卻未盡力闡發聖人原旨，也有違訓詁明經的立場，西河並且引兄長錫齡之言，批評朱注四書只能說是宋學，而非聖學，如《論語》中載錄孔門弟子言行，朱子卻膠柱鼓瑟，墨守發病之說，往往必求其可議之處，西河認為此實預執立場，妄議聖門弟子，云：

> 儒者說經，本欲衛經，使聖賢言語瞭然，作斯世法式，而《集註》于諸賢所言，必盡情吹索，一概掃蔑，自有子孝弟、子夏賢賢以後，並無一許可者，即夫子所言，亦必藉其補救以正闕失，豈儒者所學，原與夫子一門有異同與？抑亦儒者神聖，直接堯舜禹湯而于夫子以下多未當與？（《四書賸言》卷四，頁 16）

西河指出朱子除批評孔門弟子外，甚至對於夫子之言，也多寓意補救，西河認為此皆為踰越分際之舉，一方面宋人竟比親炙受教之門人更明白夫子用意，再者，甚至可以糾正夫子見解，此皆是不可理解之事。至於朱子分別《大學》經傳，巧立撰述名目，卻諉之於程頤，西河也頗不以為然，云：

> 河南二程氏，並讀《大學》，疑其引經處參錯不一，因各為移易，實未嘗分經別傳，指為誰作，且變置其文，而加以增補，而朱氏元晦乃復為之割、析之，遷徙顛倒，確然指定為孰經、孰傳、孰言、孰意、孰衍當去、孰闕當補，而且推本師承，以為皆程子之所為。一則曰：「程子所定。」再則曰：「竊取程子。」夫程子則焉能不受哉？（《大學證文》卷一，頁 1）

〔註 10〕朱子撰《朱子大全》卷七十五〈論語訓蒙口義序〉云：「本之注疏以通其訓詁；參之《釋文》以正其音讀；然後會之於諸老先生之說以發其精微。」頁 7。據日人大槻信良撰《朱子四書集註典據考》中的凡例言：「世謂《皇疏》亡佚於南宋中葉，而朱子不見之矣。然朱註凡六十五條依據《皇疏》，不容疑也。因而推定朱子參酌《皇疏》也。」，頁 2。據此，所謂「本之注疏」，似乎並非如西河所言「僅見何氏一書，別無他據」。

朱子移易割裂經文，就存古立場而言，實屬武斷，然而朱子卻推源於程子，言之鑿鑿，似乎是得其所授，當然就改作的情形而言，程頤固然已啓其端，但與朱子分經別傳，定爲作者，並且自爲補作之舉，在程度上，似乎也還有不同，以自出機杼之作，卻諉之他人，不免有可議之處。總之，西河認爲朱子頗有自成一家之言的企圖，無論是存今論古，也多自發之見，與經典原意，也就產生釋義上的距離，至於引述時人之見，往往也多屬於佐助己意的論斷，而非忠於釋義，既失引據之例，也與聖人意旨格格不入，甚至偶有引伸闡釋，離經論道的情形，更是乖違釋經本分（詳見前文），此皆是西河考辨得失，倡言恢復經典原旨之餘，深致不滿之處，所以西河強調研習四書自當上究聖人原義，不能專守朱子一家之言。

三、元、明科舉使經旨晦蝕

元、明以八股文取士，並且定朱注爲科舉程式，於是人人專守一家，一方面疏於讀經究古，使經學古義晦蝕，再者，缺乏諸經相佐，也使四書本身文義不明，所以西河不只檢討朱子注解，更深究科舉之失，如西河歸田與門人相互講論時，即對此多所檢討，門人王恬序《四書索解》，即引列歷代取士方式，回應西河對於「書義」取代經義的批評，云：

> 自宋人立四書名，而元人取士，竟以四書爲經義之首，並造八比式，名曰：「書義」。于是向之通三經、四經者，今祇通一經，而四書則無不通焉。……漢用策經法，尚不失大義，隋唐帖經，則文括問經，則訓詁熟，至八比一出，而策經亡，即帖括詁訓俱廢絕矣。（《四書索解・序目》，頁 1）

以闡發經義的立場而言，漢、唐的策經、帖經，士人至少嫻習訓詁大義，而元、明以八股取士，專用宋人經注，四書「書義」取代諸經地位，熟習制藝取代研考經義，都使經術俱疏，古義蕩然。事實上，西河指出宋人也並無專用四書取士之意，元、明一改古制之舉，其實並無依據，云：

> 謂宋曾以四書取士，錯也。宋初以九經取士，間及《論語》，至元祐變法，有《論》、《孟》義，然是時以《詩》、《禮》、《周禮》、《春秋左傳》爲大經，《周易》、《公》、《穀》、《儀禮》爲中經，《論》、《孟》並不在經科，即朱熹選舉私議，亦但言諸經科中皆當兼《論》、《孟》問義，則終宋之世但兼及之，未嘗有專科之事，且第兼《論》、《孟》

不及《大》、《中》，以是時《大》、《中》止《禮記》本，而未嘗有增改、移換如今世所行之本。(《四書改錯》卷一，頁2)

可見宋代取士仍是以諸經經義爲重，雖然間及《論語》，但卻未曾有專用四書之事，甚至朱子本身也僅提出兼問《論》、《孟》的要求，並未有更改程式，以四書試士之意，所以此一變舉，宋人既無此意，當然元、明之後的發展，也就顯然無據。西河並且進一步說明元、明的擺落古義，一變舊法，既未顯揚聖學，羽翼經義，反而使經傳蕩然，學風隳壞，云：

惟元延祐年始開科取士，一變舊法，以四書爲書，《易》、《詩》、《書》、《禮》、《春秋》爲經，而去《周禮》、《儀禮》、《春秋三傳》、《爾雅》、《孝經》等于不用，且限四書、五經傳並用宋人經註，立于學官，而前儒經註一概不問，惟《禮記》則元時尚用鄭註，而入明而復以宋陳澔註易之，而于是諸經諸傳俱蕩然矣。此實漢、唐、宋後一大變法也。(《四書改錯》卷一，頁2～3)

在元、明定科舉程式後，全以宋人經注爲主，尤其首重「書義」，所以不僅經義漸失地位，甚至前儒經傳也漸至不傳，西河感慨此爲漢、唐以來的一大變革，是經義淪亡的關鍵，因此在相關論著中屢屢深寄批駁。事實上，八股制藝對於經義的斫害，不僅止於前代古義不傳，甚至在四書本文方面，也使士人習傳而不究經，門人陸邦烈即進一步說明其間影響甚鉅，云：

自元仁宗朝創立八股，用朱子書取士，勒爲功令，而明文皇帝一遵元式，且造《大全》一書以曲護其說，嗣此四書無本文，且無舊註，即宋儒別說，亦概從屏卻，以歸于一門而于是孔門諸賢無平反時矣。然元制八股，其創立程式，于後股原經後原明結尾一項，明朝所云大結者，許自出己意，駁正傳註。故崇禎壬午癸未當科場終年，尚有浙墨「君子務本」二句，題其結尾謂孝弟是仁本，仁不是孝弟本。而癸未房書黃淳耀文于「管仲非仁」章，結言子糾是兄，小白是弟，朱子錯而孔子不錯，稍爲聖門辨冤，今則結尾既廢，而高頭講章復曲復《集註》，刻魂鏤象，使毫髮不失，于是《大》、《中》、《論》、《孟》有傳而無經，有儒說而無聖賢之說。(《聖門釋非錄》卷一，頁2)

由於元、明尊朱注爲科舉程式，讀書人偃然風從，專習《四書章句集注》之餘，卻忽略研求經文原旨，以及聖賢的眞實精神，於是有傳而無經，有儒說而無聖賢說，如此無疑是買櫝還珠，識小遺大。所以元、明科舉，不僅不能闡揚經旨，發揚聖人精神，反而使四書原旨晦蝕，西河專力批判朱注謬失，闡明四書奧義之時，其實對於一改典制，也是深有寄託。

總之，在定爲程式，人所共習的情況下，對於四書反而多有誤解，西河經由價值的釐清、表彰事由的探究，進而檢討後世專守一家的缺失，並且釐清朱子與聖人歧出之處，從而彰顯四書原具的價值，漸次發揚聖人精神，興復古學，其功自不可掩。

第二節　對古本《大學》的表彰

一、駁《大學》經、傳作者之分

西河研議《大學》內涵，除表彰古本《大學》，宗主誠意爲修身之本外，更對朱子分別經傳，指明作者的說法，提出批評，認爲《大學》本不分經傳，朱子分經別傳，是因爲誤據聖言爲經，賢人闡述爲傳的說法，西河考究兩漢經籍名稱，說明此說其實並非定論，云：

> 《大學》不分經傳，雖夫子出言成經，然在漢以前多以傳稱。如《易．繫詞》稱〈大傳〉，〈彖詞〉、〈象詞〉稱〈彖傳〉、〈象傳〉，漢武謂東方朔曰：「《傳》曰『時然後言，人不厭其言。』」則《論語》稱傳，即《孝經》已稱經，而成帝賜翟方進冊書云「《傳》曰『高而不危，所以長守貴也。』」亦稱爲傳可見。（《四書賸言》卷一，頁 1）

西河博考典籍載錄，說明漢世經傳分稱，其實並不十分嚴格，時有混稱情事，因此強分經傳，既不符合漢世實情，也無法定指爲夫子之言，所以西河認爲「《大學》一書，自爲首尾，並無節次。註疏舊本以《大學》之道至止于信爲一截，此爲分註，非分節也。」（《大學證文》卷一，頁 7）可見《大學》首尾俱足，並無節次之分，西河撰成《大學問》，即依本文文意脈絡，逐節說解，從而申明《大學》自成首尾的內涵體系，相對於此，朱子卻是重新釐訂《大學》文序，分經別傳，西河講論之際，即以此詢問弟子，云：

> 予問：「右經一章，蓋孔子之言而曾子述之，其傳十章，則曾子之意而門人記之。」有據否？時嘉興陳自曾在坐，起曰：「古經文是經，經註是傳，皆是兩書，無有分割一書作經傳者。如《易經》有《易傳》、《周氏傳》、《京房傳》是也，《書經》有《書傳》、《伏生大傳》

是也，《詩經》有《詩傳》、《毛傳》、《韓嬰傳》是也，《春秋經》有《春秋傳》三傳是也，《周官經》有《周官傳》、李氏獻《周官傳》四篇是也，自仲長統不曉傳是註，因有『《周禮》，《禮》之經；《禮記》，《禮》之傳』語，而朱子並不曉是兩書，於《大學》、《孝經》則並以一書而分作經傳，是經傳二字不過據仲長氏語，而誤分之，若孔子之言，曾子之意，則概乎未有據也。」王草堂亦曰：「往以爲《大學》，孔氏之遺書，必實有所本，故自元至今取士，直以此書加之《論語》之上，及觀其著《大學或問》反曰：『孔子作《大學》，別無左驗，此或是古昔先民之書。』則荒唐矣。若曾子之意，自莫須有，天下無千百年以上之意，而文公一人能知之者，至補格物節，謂竊取程子之意，則定自不謬，乃遍考《二程全書》，則皆有《大學》改本，然皆無此意，及觀其自作〈大學序〉又曰『間亦竊取己意，補其闕略』，然則果誰意乎？」（《四書賸言》卷三，頁 11～13）

西河講論時，即對朱子分經別傳，指明作者，甚至補作內容的作法，提出檢討，與會陳佑（自曾）提出朱子分經別傳，是對於古籍常識的誤解，其中舉證歷歷，說明經傳分別的概念，固然可以說明撰作者的不同，但基本上是各自分書，並非合著，後人取便閱覽，才將經傳合刊，宋人習慣經傳合著的形式，誤以爲《大學》本文也可以如此釐析經傳，卻忽略古籍實情並非如此。至於指出作者是「孔子之言，曾子述之」、「曾子之意而門人記之」，雖然是疑而未定的語氣，但在別無佐證的情形下，卻指名道姓，明指所出，同樣也顯得粗率。王復禮（草堂）即指出朱子此說其實也時有不同的見解，未可執爲定論，並且提出「天下無千百年以上之意，而文公一人能知之者」加以質疑，至於補傳之舉，既說是來自程子之意，又時而指出是己意撰作，以《二程全書》而言，卻又別無印證，如此游移其辭，都顯示朱子立論無據。總之，可以了解西河與門人的相互談辯，即是闡明立論須有依據，而《大學》既是聖賢授受所具，也就不必定指作者，使後人誤解，再者，西河對朱子校改之舉，更以漢儒校經之例提出諫正，云：

特漢儒校經，首禁私易，即《禮記》「子貢問樂」一章，明知錯簡，而仍故文，並不敢增損一字。《周書・武成》所謂無今文有古文者，即簡篇錯互，未嘗敢擅爲動移，而但爲之參註于其下，以爲校經當如是耳，向使《大學》果有錯誤，苟非萬不能通，亦宜倣漢儒校經

之例，還其原文，而假以辨釋，況其所爲錯誤者，則又程改而朱否，兄改而弟否者也。（《大學證文》卷一，頁3～4）

西河引據故事，強調漢儒校經首重存疑傳信，禁止私易經文，如有疑義，也僅注明其下，提供參考而已，並未有逞一己之見，加以更動移易，甚至予以補作的情形，而且就朱子所指的淵源而言，西河指出二程彼此間校改內容就有不同，與朱子所改也有差異，可見改經之舉，引據來源就已歧出，所以朱子改經不僅未能成爲定論，反而開啓後世嘵嘵不休的爭論，甚至衍成造僞情事，所以正本清源，除標舉原本外，西河認爲應遵循漢儒校例，一改改經就己之習。至於《大學》作者，西河更歷檢相關說法，進一步駁斥朱子立論無據，云：

舊稱孔沒後，七十二子之徒共撰所聞，以爲此《記》，〈中庸〉子思所作、〈緇衣〉公孫尼子所撰，鄭康成云〈月令〉呂不韋所修，盧植云〈王制〉漢文時博士所錄，〈三年問〉荀卿所著，〈樂記〉河間獻王諸生所輯，斷無妄逞臆見可曰「某人作者」，若〈大學〉舊亦稱爲子思作，則見鄭端簡《古言》與唐氏奏疏有曰「虞松校刻石經于魏〈表〉引漢賈逵之言曰：『孔伋窮居于宋，懼先聖之學不明，而帝王之道墜，故作〈大學〉以經之，〈中庸〉以緯之。』」則亦指爲子思之書，第鄭註不言，而孔氏《正義》亦未明指，則尚未敢信耳。若止菴楊氏作《大學四體文》有云：「賈逵數語，在他書所載有之。」亦傳聞偶爲之言，夫不信其書則已矣，既曰有之，又曰偶爲之言，則明代去漢甚遠，何以知逵爲傳聞，爲偶言此，仍是憑虛逞臆之語，豈好學君子所宜有焉。（《大學證文》卷一，頁5）

西河考辨歷來相關說法，其中實無法確指《大學》的作者，可見朱子提出「孔子之言而曾子述之」、「曾子之意而門人記之」的說法，顯然並無根據，至於明人鄭曉（端簡）引據賈逵之言，指明是子思所作，事實上則是受豐坊造僞所欺，〔註11〕在時代愈後指明愈清的情況下，顯見後世傳訛踵謬之跡，所以

〔註11〕王柏承朱子說法，認爲曾子門人無出子思之上者，所以推測《大學》是子思所撰，豐坊剿王柏〈魯齋〉之言，託之賈逵，杜撰所謂子思以《中庸》、《大學》經緯其學的說法，鄭曉《古言》表彰魏政始石經改本，所以即承其說而誤，近人程元敏〈大學改本述評〉辨析改本源流，對於此中相承之跡考辨甚詳，可以參考。收入吳康等著之《學庸論文集》中，頁81。西河考辨豐坊改本，認爲明代去漢甚遠，反而所知更詳，所以對此提出質疑，認爲是後人游移其辭、憑虛逞臆之見，可見後人勇於自信，又不考古之下，往往也就承訛踵誤，多有謬誤。

既然鄭注未詳，又別無佐證，因此西河認爲不妨存疑傳信，只要確定內容是孔門的聖道聖功，是儒者進學修身可以依循之徑，也就無須「憑虛逞臆」，勉強指明作者。

二、對《大學》不同改本的辨析

〈大學〉本是《禮記》第四十二篇，其後地位漸顯，但自二程疑其參錯，加以移易，朱子分經別傳，又加補綴，宋、元之後，改本紛起，使《大學》面貌更形歧異，西河認爲《大學》本無古今文之異，也無石經本、注疏本的不同，但改本紛起之後，一般學子又只專習朱子改本而已，甚至《禮記》也刪去〈大學〉一篇，使原本的面貌，晦蝕不明，西河即以明朝陽明表彰古本《大學》作爲證明，在明代極盛之際，士人竟然不識《大學》原本，〔註 12〕可見由於後世改本紛紛，已經使原本隱而不彰，尤其疏略之餘，人人競逐私意，改之不足，繼之僞造，如明代甚至有僞作石經《大學》之事，西河認爲追咎其責，實爲宋人啓其端倪，而其間的影響，更是不在秦人焚書之下，云：

> 自僞石經出，而不得其由，且有罪虞松而疑莽歆者矣。萬一後儒繼起，復如程朱者三人，而六經之存，已爲僅事，即不幸而莽歆當時恃其權力，以藉口于儒者之恆事，乃大肆其志，必自快其無忌憚之私而後已，則秦人火，豈在多乎。(《大學證文》卷一，頁 4)

由於僞石經盛行，雖然其中也有「罪虞松而疑莽歆」者，批駁石經改本之非，但罪責之餘，顯然仍受石經授受說所影響，〔註 13〕並未深究其中淵源也是後

〔註 12〕西河撰《大學證文》卷一云：「是書在五經《禮記》，竟削其文，至今猶幸見眞本者，藉十三經中鄭氏註耳！明嘉靖間王文成公刻古本《大學》，當時文士在官者，自中及外，稱明代極盛之際，尚相顧眙諤，並不信《大學》復有此本，可爲浩嘆！」，頁 6。

〔註 13〕西河於《大學證文》卷二引錄朱是《改經辯正》云：「虞松受之賈逵，逵父徽師杜子春，俱受業劉歆，逵之傳，歆出也，歆與楊雄皆黨惡新莽者，伊何人，斯去高堂幾二百年，敢倡行瀆亂，妄從改更，是歆以改經，視揚雄擬經爲加等矣。」，頁 6。其中認爲改經是附和王莽篡亂之舉，深罪劉歆之餘、顯然是誤據僞石經授受淵源，此外，《大學證文》卷二也載西河追憶明末辨僞石經之事，云：「因憶崇禎之末，宜興蔣明府星煒竟以虞氏改經議出題試士，將遷其罪于虞松，而予郡宋徵士是作《故本大學居疑》，則直目之爲劉歆改本，似全不知有近人之假之者。」，頁 5。其中認爲僞石經是虞松改作，甚至據以出題試士，但其實兩者皆有誤，對於劉歆、虞松批評，固然可以了解是批駁僞石經，但歸罪之餘，對於其中授受淵源，卻並未有深入的分析，所以才會妄議

人附會而成，〔註 14〕西河研討錯綜複雜，輾轉附會的情形，認爲歸根究柢，要歸咎程、朱改經之舉，使人大肆其志之餘，再無忌憚，於是《大學》成爲人人競逞私臆之書，所以西河在凝聚義理之餘，並且存錄不同改本，辨析其間因襲之跡，藉以表彰原本，闡明尊古立場，其中收錄內容如下：

1、《大學》原本
2、《大學》石經本
3、政始石經改本
4、程氏明道改本
5、程氏伊川改本
6、朱氏元晦改本
7、王氏魯齋改本
8、蔡氏虛齋改本
9、季氏彭山改本
10、高氏景逸改本
11、葛氏屺瞻改本

諸本大略以時代先後爲序，〔註 15〕至於內容部分，前列四本全錄其文，考辨也較詳，而後世流行的改本則僅列改動部分，以備參考，西河言其體例云：

古人，事實上，授受淵源也是後人附會之見。只是僞本偃然風行，造僞之論，深植於心，才會有此之事。據此可以了解當時對於僞石經缺乏清楚的辨析，信者固然爲非；批駁也未見其實。

〔註 14〕西河《大學證文》卷二，即載僞石經表彰緣由，以及僞石經來歷的附會之說云：「至萬歷甲申，南戶曹唐氏伯元，得其書于吉安鄒氏，遽疏請頒布學宮，會其疏以別事與中貴忤，遂駁奏不行，然其疏詞則有云：『石經《大學》，魏虞松受之賈逵，逵父徽與其師杜子春俱受業劉歆。當漢武時，《周禮》出巖屋間，歸秘府，五家之儒皆不可得見，至成帝朝，歆始表而出之。』」，頁 3。對於僞石經表彰經過以及稱述刊刻的緣由，可以提供參考。

〔註 15〕西河是依篇題名稱的時代先後爲序，而非詳考其成篇時間排序，事實上如果進一步考辨，可以發覺，高景逸改本，其實是崔銑改本，應列之於前，而政始石經改本則爲豐坊改本則應移後。所以依其正確時代，重新釐定次序，則應是：1、《大學》、2、《大學》石經本（應刪）、3、宋程氏明道改本、4、程氏伊川改本、5、朱氏元晦改本、6、王氏魯齋改本（應是車若水改本）、7、明蔡氏虛齋改本、8、高氏景逸改本（應是崔銑改本）、9、季氏彭山改本、10、魏政始石經改本（應是豐坊改本）、11、葛氏屺瞻改本。其間緣由，詳見後文論述。其實如果能依實際次序排序，更能發覺其中愈演愈烈，以及彼此傳承關聯之處，所以謹附論於此。

> 因搜列舊文，略證諸說，而全列四改文于其後曰《大學證文》，若元明改本，約十餘本，不能全列，第舉其行世者五本附之，曰：可從此睹其概焉。(《大學證文》卷一，頁4)

其中首標《大學》原本作爲參照外，並且虛列石經本的名稱，〔註16〕藉以說明淵源有自，其次政始石經、明道、伊川、元晦諸本也是全列其文，作爲改本的代表。至於後列諸本則僅略舉改動的部分，西河言「舉其行世者五本」，似乎是以通行程度作爲選錄的標準，但略加分析，王氏魯齋是依朱氏經傳之分，但主張《大學》原文不闕，蔡氏虛齋修改朱子格致傳，但架構則同於朱子，季氏改本則是依陽明古本，但又加以割裂推移，顯見各有專主，而高本反對程朱經傳之分，但又不同於原本，葛本則分經別傳，卻又不同於程朱，可見看待經文的方式也有不同，所以西河所列，其實也有類型上的考量。但其中仍有爭議之處，所以西河在存錄諸本之外，文中亦間列其論辨主張，可以考見西河辨僞之功，茲就其所列，略述如下：

一、《大學》原本

西河認爲《大學》原本僅此一種，唐孔穎達尊奉鄭注，撰《禮記正義》，其中〈大學〉一篇即是歷來相傳之原本。在元、明尊奉宋人經注，朱氏改本大盛之下，《禮記》本文反遭刪除，所以士子多已不習，直到王陽明倡議復古，表彰古本，才稍復其面目，但西河認爲「其稱古本，則原無今本可爲匹偶，不如直稱《大學》二字爲當」(《大學證文》卷一，頁6)，可見既然復其本眞，也避免有人誤解有古本、今本之別，所以不妨直接列名《大學》即可。至於內容部分，孔疏並未釐析章節，但因爲篇幅過長，於是以「大學之道」至「止于信」爲一截，「子曰：『聽訟』」之後又爲一截，分成兩部分疏解，〔註17〕至於西河載錄則分成四段疏解，其分段如下：

〔註16〕西河撰《大學證文》卷二列石經本《大學》，其後僅有辨正而無引文。頁1～2。西河認爲古本不殊，所以其下標注「與前註疏本同」，而爲免雷同，所以也就不列其文。

〔註17〕孔穎達的疏解分爲兩段，似乎並無意義，例如「聽訟」一節，並未因爲歸屬後半截，而與前半截失去連屬。李紀祥《兩宋以來大學改本之研究》則將孔疏分爲三大段，第一大段言三在之事。第二大段言誠意爲本。第三大段則是覆說前經。詳見頁20～21。所謂分段，本就見仁見智，所以才會改本紛紛，莫得定準的情形，但如果取其大略，排除一些論證細目，確實可以發現《大學》本文的脈絡，隱約有如此的結構。

1、大學之道……而后天下平。

2、自天子以至于庶人……此謂知之至也。

3、所謂誠其意者……此謂知本。

4、所謂修身……以義爲利也。

西河是以第一段總論綱目，第二段闡釋修身爲本，第三、四段進一步分釋誠意、正心、修身、齊家、治國、平天下等條目。其中依原文肌理釐清段落，不另改動割裂，在照應《大學》全篇架構時，也釐清本末順序，以誠意修身作爲根本。如此也顯示西河闡明誠意爲本的進學途徑，確有理據。

二、《大學》石經文

《大學證文》卷二列《大學》石經本之名，西河於下注云：「與前註疏本同」（《大學證文》卷二，頁 1），可以了解是因爲內容相同，所以也就不引錄全文。但其後仍附有西河的考辨，列述石經刊刻淵源，包括漢熹平石經、魏政（應爲「正」）始石經、貞觀大唐石經、天寶、開成石經、後唐、後蜀石經等（《大學證文》卷二，頁 1～2），作爲鄭注孔疏本外，別有石經系統的說明，其中貞觀、天寶「逡巡不果」，僅有倡議而未完成，西河只略舉大要，至於宋以後更是闕而不論，可見西河的引錄並不完整，〔註 18〕只是西河將《大學》石經本列於「魏政始石經改本」之前，似乎所指是漢熹平石經本，西河說明其中緣由，云：

> 漢定諸經，用竹簡木冊，編摘煩重，民間未易購觀，遠方學者，大率口耳授受，以訛傳訛，惟恐日久，舛錯漸至移易。故東漢盧植特上書，請刊定其文，會其時博士以甲乙科爭第高下，又復用私文暗易古字，因詔諸儒校經，命蔡邕正定其文曰篆、曰隸、曰八字，以熹平四年勒石，名「熹平石經」，其中經文一從獻王、后蒼、高堂、馬融所傳至鄭玄古本，不移一字。（《大學證文》卷二，頁 1）

西河引據《後漢書・蔡邕傳》及〈儒林傳〉說明石經刊刻緣由，只是其中尚有失考之處，〔註 19〕全祖望〈答杭堇浦辨毛西河述石經原委帖〉即批駁西河「此

〔註 18〕西河引錄歷來石經雖多，甚至包括倡議卻未完成者，但所引仍不完全，例如北宋、南北皆有刊刻石經，並無一言論及，全祖望《鮚埼亭集・外篇》卷四十一〈答杭堇浦辨毛西河述石經原委帖〉即對此提出批駁，云：「蓋自熹平、正始而後，有裴頠之石經，有崔浩之石經，有楊南仲之石經，有高宗御書之石經，西河皆未之聞。」，頁 1278。可以補充西河考辨不足之處。

〔註 19〕范曄撰《後漢書》卷六十下〈蔡邕傳〉云：「邕以爲經籍去聖久遠，文字多謬，

節無一語不錯」。〔註20〕事實上熹平石經並未收錄《禮記》，自然無〈大學〉一文，所以西河認為文字與注疏本同，顯然有誤。推測用意，西河虛列今已不存的「《大學》石經本」，或許有與「政始石經」對照之意，所以全祖望批駁「西河知豐氏石經魯《詩》、《大學》之偽，是已。而又信其言。……是仍不免為豐氏所欺」（同前），其實所謂「信其言」，是指西河對於石經地位仍然崇信，所以才會虛列《大學》石經本，而自蹈舛誤。事實上，《大學》也並非全然無石經本，唐開成以下石經有《禮記》，自然也就有〈大學〉一篇，只是西河誤以為漢石經已有《大學》，反而未著意於唐以後之石經本，實為可惜。〔註21〕

三、政始石經改本

明嘉靖間有魏政始石經出于甬東豐坊（考功）之手，由於托言古本，學

俗儒穿鑿，疑誤後學，熹平四年，乃與五官中郎將堂谿典、光祿大夫楊賜、諫議大夫馬日磾、議郎張馴、韓說、太史令單颺等，奏求正定六經文字。靈帝許之、邕乃自書丹於碑，使工鐫刻立於太學門外。於是後儒晚學，咸取正焉。及碑始立，其觀視及摹寫者，車乘日千餘兩，填塞街陌。」，頁1990。又卷七十九上〈儒林傳〉云：「本初元年，梁太后詔曰：『大將軍下至六百石，悉遣子就學，每歲輒於鄉射月一饗會之，以此為常。』自是遊學增盛，至三萬餘生。然章句漸疏，而多以浮華相尚，儒者之風蓋衰矣。黨人既誅，其高名善士多坐流廢，後遂至忿爭，更相言告，亦有私行金貨，定蘭臺泰書經文，以合其私文。熹平四年，靈帝乃詔諸儒正定五經，刊於石碑，為古文、篆、隸三體書法以相參檢，樹之學門，使天下咸取則焉。」，頁2547。其中有兩項問題，一是刊定經數是「六經」或是「五經」，二是所書文字是否為三體。據今人考證熹平石經有京房本《易經》、歐陽高本《尚書》、魯《詩》、戴德《儀禮》、公羊高《春秋》、嚴彭祖本《公羊傳》、魯《論》，稱六經者，大抵未計《論語》，稱五經者，則是併《公羊傳》於《春秋》。另外，刊刻文字僅有一種，所謂三體，並不正確，其中並無《禮記》，自然無〈大學〉一文。詳見錢存訓《中國古代書史》，頁67～71。以及張國淦《歷代石經考》，頁40～46。

〔註20〕見全祖望撰《結埼亭集・外編》卷四十一〈答杭菫浦辨毛西河述石經原委帖〉云：「辱以西河序述石經原委見問，謂其不知何據？西河此節無一語不錯，生平排擊朱子，最稱擅長，今即以此書觀之，則時代錯、人錯、地錯、典故錯，凡平日所以詆人者，無不躬自蹈之，欺世人之不學耶！抑亦滅裂而未及致詳耶！……」，頁1277～1278。

〔註21〕西河撰《大學證文》卷二云：「至文宗開成元年，鄭覃本名儒，以宰相領祭酒事，因博士淺薄，恐貽謬誤，乃準漢舊事，命周墀、崔球、張次宗、溫業等，轉以楷書鏤石，示萬世法，今所行本是也。宋天祐中遷西安，名陝碑。若後唐、後蜀亦皆有楷書石經傳世，皆非此本，今不存。」，頁1～2。唐以後《禮記》列名於經，才有刊刻之事，但西河認為標舉之石經本並非唐後之石經本《大學》，反而自陷舛誤。

者頗多崇信，甚至有唐伯元上疏求立學宮之事，崇禎末年，宜興蔣星煒更以「虞松改經議」出題試士子（《大學證文》卷二，頁5），可見輾轉傳述，影響極廣，西河首先考究表彰來源，藉以說明僞作之跡，云：

至明嘉靖間，忽有魏政始本石經出于甬東豐考功坊家，其時海鹽鄭端簡曉從同邑許黃門仁卿宅得其書，極爲表彰，且筆之《古言》以溯其所由來，《古言》者，端簡著書名也。其言曰：「魏政和中，詔諸儒虞松等，考正五經，衛覬、邯鄲淳、鍾會等，以小篆、八分刻之于石，始行禮記，而《大學》、《中庸》傳焉。」（《大學證文》卷二，頁2）

曹魏並無「政和」年號，西河認爲「政和」應是「政始」筆誤，不過魏齊王年號爲「正始」，題爲「政始」其實也不甚正確，只是取便於檢閱，所以仍依西河的題稱。西河並且進一步對於刊刻諸人、授受淵源，以及石經文字等三方面都詳加考辨，〔註22〕推定此實爲豐氏僞作，云：

今豐氏所傳，初屬抄本五葉，皆楷字，即唐氏疏請云得之吉安鄒氏，亦係抄本楷字，及其既而忽有篆隸之刻，流傳人間。……夫豐氏初不知政始石刻原有三體，而先爲楷書以嘗其事，及既知三體，而不曉碑石之已亡，與碑石之所搨之並無一有，而公然爲篆隸之跡以流布于世，是欲贗古鼎，而不知有模，而思以之欺三家之子，必不可得也。……夫唐宋石經猶政始石經也，後碑不殊，則前碑不得殊也。且未有諸經所傳皆合若干萬言，並無異同，而專專于《大學》有獨

〔註22〕西河《大學證文》卷二云：「第是時無衛覬名，衛覬者，衛瓘之父，《經典稽疑》據瓘傳謂覬當以太和三年死，時虞松年十五，鍾會裁五歲，斷不能同時作書，且鍾會母張氏傳稱會十三誦《周禮》、《禮記》，則《禮記》之行，亦斷不俟會之書而始傳于世，其言之紕漏，不辨自明。……考漢史賈逵傳，逵遍受《春秋》、《尚書》、《毛詩》、《周禮》，兼有訓解，獨不受《禮記》。今唐氏疏單竊唐賈公彥《周禮》疏文爲說，如《周禮》巖屋諸語，不知《周官》即《周禮》也。五家即士禮五家也。其云：『傳義』，即諸家傳義也。唐氏不明五家何家，《周禮》何禮，謬加《禮記》二字于傳義之上，固屬可笑。且當時有兩賈逵，一在熹平間受諸經者，一在政始與虞松等同校石經，若前賈逵，則去松等遠，不及授受，而在後賈逵，則又焉得有馬融相推，解獨行之事，此眞囈語也。……且政始石經，其本雖絕，然其文一準乎舊，則明明可稽，當其豎碑于漢碑之西，但云碑字不同，政始古體，與蔡邕八分有異，未聞其文有各見者。」，頁2～5。歸納其中，西河主要便是批駁僞石經在刊刻諸人、授受淵源，以及文字等相關方面，都顯然與事實不符，造僞之跡，歷歷可見。

異者。(《大學證文》卷二，頁 4～5)

西河推究作僞之跡，指證歷歷，雖然全祖望頗多批評，〔註 23〕但在翕然風從的風氣中，西河不僅存錄事由，並且詳加辨證，嘗試去僞存眞，廓清諸多迷思，對於西河辨僞之功，實不宜一筆抹煞。另一方面，西河列「魏政始石經改本」於明道改本之前，也是令人頗爲疑惑，西河既已考辨政始石經爲僞，似乎應改列於明代改本之列，不宜置於程朱改本之前，使前後順序矛盾，如李紀祥《兩宋以來大學改本之研究》即認爲應正名爲「明豐坊改本」或「明僞石經大學」，釐正其順序。〔註 24〕不過據此也可以了解西河對政始石經的批駁似乎並不嚴厲，如「魏政始石經改本」下注云：「不言僞者，以改則不必僞也。」(《大學證文》卷二，頁 2)則顯見迴護之處。至於在內容方面，豐坊改本雖然不分章節，但改動割裂之外，並且有多處的增刪，如增「顏淵問仁……」二十二字，刪「此謂知本，此謂知之至也」、「此謂修身在正其心」十八字等，西河也僅作內容陳述，並未嚴加批駁，或許由於豐坊託言古本，明末諸儒往往多受其欺，甚至直到清初仍然頗受崇信，所以西河在引錄內容，考辨造僞緣由之餘，只是備列一說，不便加以深責。

四、程氏明道改本

《大學》有改本，自宋儒程顥(明道)始。但程顥改本並未單篇傳世，僅由弟子收錄於《程氏經說》中，藉以存錄程顥研討《大學》的成果。推究其中，明道認爲古本誠意章有錯簡，所以將「康誥曰：克明德……與國人交，止於信」一段，移至「大學之道……則近道矣」之後，用以闡明「明德」、「親民」、「止於至善」三綱領。並將「詩云：瞻彼淇澳……此以沒世不忘也」，以及「子曰：聽訟……大畏民智，此謂知本」移於「所謂平天下在治其國者……辟則爲天下僇矣」之後，用來說解治國平天下的內涵，藉以呈顯綱目分離的情形，其結構如下：

三綱／三綱釋文　八目／八目釋文

但西河對明道改文並未多加分析，只有引錄周應賓《九經考異》來說明傳載情況，引柴紹炳《家誡》來批評改經不當，最後並以姚際恆的考辨，對於明

〔註 23〕詳見全祖望撰《鮚埼亭集·外編》卷四十一〈答杭堇浦辨毛西河述石經原委帖〉，頁 1277。

〔註 24〕詳見李紀祥撰《兩宋以來大學改本之研究》，頁 155。

道改經提出批評（詳見《大學證文》卷三，頁 1～3），可見西河對明道移易《大學》經文之舉，並不以爲然，但引錄之餘，似乎也可以了解西河並不是以此作爲批評的重點，只是備列其說，藉以闡明改本淵源。

五、程氏伊川改本

程頤（伊川）踵繼其兄，認爲古本誠意章有錯簡，所以也加以移易改動，但兩人改動的部分並不相同，程頤爲求宗旨明晰，所以特別釐清綱領及分釋部分，藉以呈顯格致爲本的概念，其結構形式如下：

三綱八目　格致釋文　三綱釋文　誠正脩齊治平釋文

可見程頤有意標明工夫，所以先以三綱八目作爲總綱領，藉以指示爲學進程，並且特別標出格致的工夫，此外，伊川並且將「親民」改爲「新民」，而「此謂知本」一句則以其複沓，視爲衍文。而西河引錄之餘，僅以證人書院示學語，以及《益都馮易齋先生集》中提示「《大學》首誠意，《中庸》首誠身」的道理，批駁伊川格致說並不正確（《大學證文》卷三，頁 8），其他則並未多加發揮，似乎重申誠意內涵外，西河也並未以此作爲批評的重點。

六、朱氏元晦改本

朱熹（元晦）承繼二程觀點，重新移易、刪改、增補《大學》原文，撰成《大學章句》，其中以三綱八目爲經，其後則依其文理，釐爲十章，藉以闡釋經的內容，爲求明晰，引列如下：

1、「〈康誥〉曰：克明德……皆自明也」爲傳之首章，釋「明明德」。

2、「湯之盤銘曰……無所不用其極」爲傳之二章，釋「新民」。

3、「《詩》云：邦畿千里……與國人交止於信」及「詩云：瞻彼淇澳……此以沒世不忘也」爲傳之三章，釋「止於至善」。

4、「子曰：聽訟……此謂知本」爲傳之四章，釋「本末」。

5、傳之五章應爲釋「格物致知」之義，朱子認爲《大學》相關部分今已亡佚，所以自作一百二十八字的補傳。

6、「所謂誠其意者……故君子必誠其意」爲傳之六章，釋「誠意」。

7、「所謂脩身在正其心者……此謂脩身在正其心」爲傳之七章，釋「正心脩身」。

8、「所謂齊家在脩其身者……此謂身不脩不可以齊其家」爲傳之八章，釋「脩身齊家」。

9、「所謂治國必先齊其家者……此謂治國在齊其家」爲傳之九章，釋「齊家治國」。

10、「所謂平天下在治其國者……以義爲利也」爲傳之十章，釋「治國平天下」。

其中結構明晰，但也呈顯許多問題，西河即以馮屺章《稽古篇》、陳耀文《經典稽疑》、陳乾初《學錄》、何毅菴《古小學講義》，以及姚立方等人的說法，批駁朱子改經之舉，並對於朱子指明《大學》作者，提出質疑，〔註 25〕西河並且進而闡明格物之義，是「量本末、度理欲」，而《大學》原本即可印證闡發，無須補傳，云：

> 其在量本末者，要定趨向，故致知之前有「本末」、「先後」之文，其在度理欲者，要端擇取，故致知之後有「如惡」、「如好」之文，前之所知，知後之所行，後之所行，行前之所知，知行二義，在本文未嘗闕也。(《大學證文》卷四，頁 5)

本文既可彰顯格致之意，當然也就無須自作書，以補傳來建立架構，因此西河認爲《大學》並無闕文，而朱子補傳之餘，又附入窮理、涵養的訴求，作爲進學工夫，不僅添枝加葉，重出游移，更乖違《大學》原本直截簡易的訴求，使後人無所適從，西河也對此加以澄清，云：

> 夫明明《大學》初以爲格物只在窮理，而補窮理一節于《大學》之首，繼則又疑窮理不可爲《大學》首功，必須先涵養而後窮理，又補涵養一節于小學之末，則東補西補，未免太煩。(《大學證文》卷四，頁 7)

既然認爲《大學》是儒者依循的進學途徑，本就應該明徹一貫，但朱子以窮理爲訴求之餘，又以涵養作爲窮理的先務，不免有重出矛盾之處，西河認爲此既無法呈顯《大學》內涵，更使儒者入門立基的架構俱亡，感慨古學難復之餘，西河即以注經應守分際，提出諫正，云：

> 夫古學難復，必欲復天子諸侯世子之學，固屬非分，……而儒者以解經之故而至于改經，以改經之故而至于改學，則是一補傳而《大學》本亡，《大學》本亡而小學且與之俱亡，著書者不可不慎也。(《大學證文》卷四，頁 12)

〔註 25〕詳見西河撰《大學證文》卷四引列的內容，頁 2～3。

西河進學途徑不同於朱子，所以針對格物窮理多所批評，但在取徑不同之外，西河著意於批駁朱子割裂移易，又補作格物傳的改經之舉，不僅有失研經分際，更與經文原貌漸離漸遠，難復本眞。

七、王氏魯齋改本

王柏（魯齋）一依朱子經傳之分，但認爲《大學》並無闕文，所以反對補傳，而將「知上而后有定……則近道矣」、「子曰聽訟，此謂知本」、「此謂知本（四字衍）此謂知之至也」合併組成格致傳，西河述其大要，云：

> 王魯齋柏謂《大學》錯簡或有之，然未嘗闕也。安事補矣。遂就本文，略作移易，而其義已備，因有王氏改本相傳，董氏槐、葉氏夢鼎、吳氏澄，皆說與之同，而王氏本獨著。其後車氏清臣嘗爲書以昌明其說，吳江徐師曾作《禮記集註》則并收其文入《禮記》中，蕺山劉子又復依其說，作《大學考義》一卷，此皆從朱子改本，而僅去其補傳，以自爲說者。(《大學證文》卷四，頁 17)

王柏改本仍然是依循朱子分經別傳的主張，只是以移文方式取代補作，但西河所述仍有失考之處，王柏與董槐改本其實並不完全相同，主要關鍵在於「此謂知本」一句的看法不一樣，而且王柏改本是受車清臣影響，所以西河所列之改本，實際上是車清臣所傳，只是王柏聲名較盛，後人也就誤以爲是王柏所改，李紀祥《兩宋以來大學改本之研究》對此考論頗詳，可資參考，〔註 26〕所以正本清源，似乎應作車清臣改本，比較符合實情。

〔註 26〕王柏撰《魯齋集》卷七〈答車玉峰〉云：「外蒙賜諭《大學》致知章不亡，尤見洞照千古，錯簡紛糾，不能逃焉。」收入新文豐叢書集成新編第七十四冊，頁 706。都穆撰《聽雨紀談》中「《大學》致知格物傳」云：「《黃氏日鈔》載董丞相之說，謂經本無闕文，此特錯簡之釐正未盡者耳，首章明明德三句綱領之下，即繼之以欲明明德以下條目八事之詳此經也，自知止而后有定，及聽訟吾猶人也，至此謂知之至也，此正釋致知在格物，不俟他補。後黃巖、車清臣著《大學沿革論》，其見與董氏合，王魯齋聞之，謂洞照千古之錯簡，……是語雖異於朱子，而不乖乎道，固朱子之所取也。」收入新文豐叢書集成新編第八十七冊，頁 588。李紀詳撰《兩宋以來大學改本之研究》即據所載內容，考定王魯齋與車清臣傳本先後。認爲王氏是接獲車氏書信，得知董槐的改本，加以表彰，所以王氏改本即是車清臣的改本。而車清臣則是得自董槐退經補傳的主張，只是其中對「此謂知本」的處置稍有不同，董氏保留「此謂知本」，組成格致傳，而車氏則以其爲衍文。西河誤以與事實相反，應加以釐清。頁 91～94。

八、蔡氏虛齋改本

蔡清（虛齋）改本也是依循朱子分經別傳的架構，但以「物有本末……則近道矣」、「知止而后有定……慮而后能得」、「子曰聽訟……此謂知本」、「此謂知之至也」組成格致傳，並且在傳前冠上「所謂致知在格物者」（西河言為七字實誤），而刪去「此謂知本」四字。〔註27〕除承繼王柏改本（應是車清臣改本）退經補傳的作法外，更依據釋八目各節有「所謂……者」的開頭，在格致傳添補「所謂致知在格物者」一句，作為承接的開頭，使各節文字更趨一致，於是移易之外，又有補作之舉。

九、季氏彭山改本

季本（彭山）是陽明弟子，改本主要是依陽明標舉的古本而刪去「故治國在齊其家」七字，內容上不分章節，不分經傳，但其中改動原文之處頗多，西河載其改動之處，如下：

1、大學之道……必誠其意。

2、所謂修身……慈者所以使眾也。

3、一家仁……而能喻諸人者未之有也。

4、此謂治國在齊其家……此之謂絜矩之道。

5、子曰聽訟……此謂知本。

6、是故君子先慎乎德……亦悖而出。

7、是故君子有大道……非其財者也。

8、〈康誥〉曰克明德……止於信。

9、〈康誥〉曰惟命不于常……不善則失之矣。

10、《詩》云：瞻彼淇澳……此以沒世不忘也。

11、〈楚書〉曰……仁親以為寶。

12、〈康誥〉曰：如保赤子……而后嫁者也。

13、《詩》云：桃之夭夭……而后民法之也。

14、《詩》云：殷之未喪師……則失國。

〔註27〕西河撰《大學證文》卷四載「明蔡氏虛齋改本」下注云：「與朱氏改本並同，增『所謂致知在格物者』七字，刪『此謂知本』四字。」頁17。所謂與朱氏改本並同，是指內容同樣是分經別傳的架構，至西河引列增文的部分並未將「者」字計入，所以題為七字，實有疏忽之處。

15、〈秦誓〉曰：……菑必逮夫身。

16、《詩》云：樂只君子……辟則爲天下僇矣。

17、孟獻子曰……以義爲利。（見《大學證文》卷四，頁 17～18）

可見其中移易頗多，與古文大不相同。西河並且述其來源云：

> 季彭山本曾有改本未刻，張宮諭陽和講學龍山，出其書以示學者，因刻之行世，僅大文六葉，無疏義，今尚存。（《大學證文》卷四，頁 17）

西河說明傳刻由來之餘，並未對於改文多加疏解或辨正，僅注明其中內容是「不分章節，刪『故治國在齊其家』七字」，所謂不分章節，也就表示不屬於朱子分經別傳一系，至於刪「故治國在齊其家」一句，則是因爲與「此謂治國在齊其家」語義重複，並且也與諸節皆有「所謂……此謂……」的段落格式不合，故加以刪除。此外，季本將《大學》中徵引古書文句移置於文末，使內容上書論及引證截然兩分，也是其特殊之處。

十、高氏景逸改本

高攀龍（景逸）改本其實是崔銑改本，西河云：

> 高氏景逸攀龍講學東林，即以古本《大學》授人，山陰劉氏蕺山曾受古本《大學》于東林書院是也。是所授者即陽明先生刻本，故稱古本。後見崔後渠名銑者，更有改本，而高氏信之，遂重闡其說于書院以爲準則，然人不知有崔氏本，第稱曰：「高氏改本」，今其文列《高忠憲集》卷首。（《大學證文》卷四，頁 18）

西河對於其中來歷交代頗詳，題爲高氏改本是因此本經高攀龍表彰才聞名於世，當然如果推究來源，則應正名爲「崔銑改本」。崔氏改本並不依循朱子分經別傳的架構，而是將原本「所謂誠意……故君子必誠其意」一節移至「此謂知本」後，使誠意、正修、修齊、齊治、治平諸節整齊集中，在不增補文字情況下，既補足格致內涵，也使條目整齊，其中僅移易而不涉刪補，所以古本既出，卻仍然受人崇信，也就可以了解確實有其勝出之處。

十一、葛氏屺瞻改本

葛寅亮（屺瞻）改本是承古本、朱氏改本及僞古本內容雜湊而成，西河言其大要，云：

錢唐葛氏屺瞻寅亮曾作《四書湖南講》，又作《大學詁》，雖自稱古本，而又分章節，且以「故君子必誠其意」後所引《詩》、《書》俱列在卷末，謂之末章，此從古本、僞古本、朱氏本而雜組以成文者，故于引古本曰：「康成本」，引僞古本曰：「賈逵本」。且曰：「《漢志》謂《禮記》爲孔氏祖孫家語，則明指子思作以證賈逵子思作《大學》之說。」(《大學證文》卷四，頁19)

葛氏師法朱子分別章節的方式，但所分並不相同，就改動的內容而言，正與崔氏改本相反，是將「詩云：瞻彼……此謂知本」一段引古書的文字移至最後，作爲末章，使誠意、正修、修齊、齊治、治平諸節相接續。至於推究《大學》是子思所作，則顯然受僞古本說法的影響，可見葛氏是綜合諸家之說，而改動成文。

綜觀西河所錄，全錄內容有五篇，節錄其要也有五篇，全錄部分可說是後來諸本依循的根源，至於附錄當時行世的五篇，有依朱子分別章節，而改格致傳者、有分章節與朱子不同者、也有不分章節而移易更動原文者，推究西河用意，似乎用以存錄朱子、古本、以及受僞石經影響的不同改本。由於其間頗爲複雜，茲就西河所列諸本，依其移易、分章、以及割裂刪補經文的情形，以圖表示之：

版　本	移 易	分 章	割 裂	刪 削	增 補	備　　注
古　本	－	－	－	－	－	
政　始	＋	－	＋	＋	＋	
明　道	＋	－	－	－	－	
伊　川	＋	－	＋	＋	－	改「親」作「新」
朱　子	＋	＋	＋	＋	－	自作格致傳
王魯齋	＋	＋	＋	＋	－	移經補格致
蔡虛齋	＋	＋	＋	＋	＋	自作又移補格致傳
季彭山	＋	－	＋	＋	－	刪去一句
高景逸	＋	－	－	－	－	
葛屺瞻	＋	＋	－	－	－	
(「＋」表示與古本內容有出入；「－」表示並未改動)						

諸家在不同的考量下，對於《大學》也就有不同的處理方式，於是各抒己見，莫衷一是，改本內容也就更形分歧。此外，西河依篇題名稱之時代先後爲序，

卻未能詳考來源，釐清彼此關係，似乎也仍有未臻完善之處。但由於西河存錄諸本，歸納其中脈絡與相互遞衍之跡，在後世聚訟紛紛，嘵嚷不休中，對於程、朱改經似乎不必提出批評，也就可以了解對於後世的不良影響，在正本清源的訴求下，既可以回應尊經復古的主張，又有版本存錄辨析之效，《四庫全書總目提要》在迴護朱子之餘，對於西河此舉也頗加稱許，認爲可以並行不悖，使古經不失眞，主要即是有見於此，〔註 28〕尤其西河歷歷的考辨，更是可以提供後人參考，貢獻良多。

第三節　對聖人精神的推求

西河對於經典原旨的推究，並不僅止於追溯緣由、辨析原本，而是著力於聖人原意，以及相關事蹟的參稽考究，在以經證經，力復經典原貌的訴求下，期使聖人原旨燦然可觀，繼子毛遠宗〈述始篇〉即對此提出說明，云：

> 聆先生說經大抵以本經文爲主，不雜儒說，其本經文有未明者，則始援他經或以彼經證此經，或以十經證一經，凡一切儒說皆置勿問，至於證經未備，則必於本經文前後審劑絜量，通淪其大意，使兩下券契不失毫黍，然後劃然而出之，即在漢、晉、唐儒一鬨聚訟者，猶且渙若冰解，何況宋、明，以故先生每說出，祇覺先王先聖至今日而始有面目，不雜形似，即他經所有先王先聖諸話言，千條萬派，無不貫江匯河，傾百川而通盪之，使溟漲溝渠，泓然一片，煌煌乎聖學之絕事矣。（《毛西河先生全集・述始篇》卷首，頁 34）

稱許贊羨之餘，遠宗指出西河往往擺落前人說解，直接聖人原旨，並且進而往復辨析，旁匯諸經大義以相證發，所以是一經通，諸經通，疑義頓解。歸納其中，實因西河在考辨中歸納出詮釋原則及相關經例，〔註 29〕使研議四書

〔註 28〕紀昀等奉敕撰《四庫全書總目提要》經部，四書類「《大學證文》四卷」提要云：「自劉敞考定〈武成〉，列之《七經小傳》，儒者視爲故事，遂寖以成風，〈大學〉一篇，移掇尤甚。……奇齡備列諸本，使沿革秩然，亦足以資考證，蓋一則欲綱目分明，使學者易於致力；一則欲章句不易，使古經不至失眞，各明一義，固可以並行不悖耳。」，頁 751～752。

〔註 29〕西河門人撰之〈西河經集凡例〉中即引述西河說經條例，強調經義詮釋則爲說經勿杜撰、勿武斷、勿誤作解說、勿誤章句、勿誤說人倫序、勿因經誤以誤經、勿自誤誤經、勿因人之誤以誤經、勿改經以誤經、勿誣經、勿借經、勿自造經、勿以誤解經之故而復回護以害經、勿依違附經、勿自執一理以繩

義理，落實於經典本文事理的呈顯，以及聖人濟世理想的眞實展現，茲就其考辨之成果，加以說明。

一、彰顯孔子「正名」說的內涵

孔子栖栖皇皇，周遊列國，以求有用於世，至衛時，衛君頗有用夫子之意，〔註 30〕對此難得機緣，《論語・子路篇》載有子路對此之探問，以及孔子的答語，云：

> 子路曰：「衛君待子而爲政，子將奚先？」子曰：「必也正名乎。」子路曰：「有是哉，子之迂也。奚其正？」子曰：「野哉，由也！君子於其所不知，蓋闕始也。名不正，則言不順；言不訓，則事不成；事不成，則禮樂不興；禮樂不興，則刑罰不中；刑罰不中，則民無所錯手足。故君子，名之必可言也，言之必可行也。君子於其言，無所苟而已矣。」〔註 31〕

子路有試探孔子之意，但孔子答以「正名」，似乎出乎子路意料之外，所以稍見衝突，但夫子訓戒之餘，開示「正名」之意，強調其對於施政行事的重要性，也就成爲後人探究孔子爲政理念的重要標的，何晏《集解》引馬融注云：「正百事之名」，〔註 32〕只是「名」究竟何指，似乎並不明晰，如果依鄭玄注《周禮・外史》「掌書名于四方」云：「古曰文；今曰字，使四方知書之字得能讀之。」〔註 33〕雖非針對《論語》本文疏解，但可以推知「正名」是指書正文字，與馬融注解可以相互證明。所以唐以前多採此義，〔註 34〕只是對於「正名」說解之

經、勿說一經礙一經。詳見《毛西河先生全集・經例》，頁 6～9。對於前儒經說的檢討中，西河強調如實客觀的展現聖人原貌，進而歸納詮釋經義所應信守的分際以及原則，足堪後學參考。

〔註 30〕瀧川龜太郎著《史記會注考證》卷四十七〈孔子世家〉中司馬遷載其事云：「孔子曰：『魯衛之政，兄弟也。』是時衛君輒父，不得立在外，諸侯數以爲讓，而孔子弟子多仕於衛，衛君欲得孔子爲政。……」頁 758。孔子弟子中如子路即仕於衛，其後甚至死於衛難，詳見《史記・仲尼弟子列傳》，頁 880。其中緣由難以詳考，但孔子終不見用，則是相當清楚。

〔註 31〕見何晏集解，邢昺疏，《論語注疏》卷十三〈子路篇〉，頁 115。

〔註 32〕見何晏集解，邢昺疏，《論語注疏》卷十三〈子路篇〉何晏集解云「馬曰：『正百事之名。』」，頁 115。

〔註 33〕見鄭玄注，賈公彥疏《周禮注疏》卷二十六「外史……掌達書名于四方」之鄭注。頁 408。

〔註 34〕錢大昕撰《潛研堂集》卷九〈答問〉載「正名」說之檢討「問：『馬融解「正

餘，卻並未對於相關事由作進一步的說明，至朱子《論語集注》云：「是時出公不父其父而禰其祖，名實紊矣。故孔子以正名爲先。」〔註35〕則在說明緣由時，闡明「正名」是釐清父子名分，表明此爲孔子重名分、尙倫常的政治訴求，但訓解時，並未交代其間事由，似乎也仍有未備，西河在歷檢前人訓解之餘，並且進一步考辨衛國情事，藉以說明孔子立論的背景，云：

按：《春秋》定十四年爲衛靈之三十九年，衛世子蒯聵得罪南子出奔宋，至哀公三年爲衛靈四十二年，衛靈將卒，兩命立子郢，子郢兩辭之，及卒而夫人南子仍公命立子郢，子郢曰「有亡人之子輒在。」因立輒，乃輒甫立，而晉即納蒯聵于戚，戚者衛地，而衛人拒之，是時夫子適返衛，其子弟如子路、子貢、高柴輩又適俱仕衛，衛侯欲得子爲政，故有此問。(《論語稽求篇》卷五，頁 11)

可以了解孔子返衛時，正是衛國父子相互爭國之際，孔子門徒處於其間，難免涉入其中，由於事關君臣、父子的衝突，確實容易引起名分倫常的聯想，朱子依此說解，即是有見於此，但所謂祖禰失實的說法，西河則從相關禮法方面，說明朱子訓解並不正確，云：

然考其時晉納蒯聵，在衛靈告卒之後，尚未告葬，即或夫子至衛時，在告葬後，然《春秋》列國例書葬卒，並無書告祔、告祫，及作主入廟諸文，其禰靈與否，非所預聞，如謂既葬之後卒哭作主，必將遷靈于禰廟而奉祀之，故不父聵而禰祖，則卒哭作主，但祔祖廟，必三年吉禘祧高別寢，然後遷新主于禰，此時之禰猶是靈公所祀之襄公也。在靈無禰名，其不必正名固也。且夫不父其父者，非謂其繼祖而易以名也，從來祖孫傳重，不礙稱名，成湯既崩，太丁與弟皆未立而死，則太甲以孫而爲湯後，然不爲無父。周平王太子洩父早死，則桓王嗣立，越洩父而作平王之後，然不爲不子。故鄭康成註《儀禮》有「受國于曾祖者，謂君之子早死，或有故不立，則孫

名」云「正百事之名」，而鄭康成以「文字」釋之。宋儒改爲正祖禰之名，則於衛事爲切。但衛君拒父，本以王父命爲詞，……若以授受之義論之，直當勸其讓國耳，徒正其名無益，況名本未嘗紊乎？』答曰：『正名自當從鄭義。……名即文也，物即事也。文不正則言不順而事不成，馬、鄭本無二義，故唐以前說《論語》者皆因之。』，頁 125。由於學有宗主，所以錢氏強調古義，但其中提出漢、宋闡釋的差異，足資參考。

〔註35〕詳見朱熹撰《論語集注》卷七〈子路篇〉，收入《四書章句集注》，頁 142。

受國于祖，若兩世有故不立，即受國曾祖，是以國君傳重，有稱爲父後者、有稱爲祖後者、有稱爲曾祖後者。」夫既稱爲後，則必越祖、父而直繼之，誰謂祖孫相繼便屬非分。蓋天下有一定之名，祖、孫、父、子是也，有不定之名，而仍一定者，高、曾、祖、禰是也。嘗考周制，生倫有世次，《國語》所謂工史書世者，謂書其世系而次第之，祖不得稱父，孫不得稱子，此定名也。而至于宗廟之禮，則有廟次，《國語》所謂宗祝書昭穆者，則以天子、諸侯立高、曾、祖、禰四親廟，所云顯考皇考王考，以及考者，大抵祖禰四親，先有其名以立廟，而廟名一定，則又隨後君之入而隨予以名，假如入考廟而爲卑者，則卑亦名禰，魯僖嗣閔即禰閔，雖兄禰弟勿顧也。入考廟而爲尊者，則尊亦名禰，桓王嗣平即禰平，雖越太子洩父勿忌也。然且出此名順，反此名逆，踰乎此即名叛。此豈人之無良，忘尊親而廢禮教哉，以爲廟有定名，雖欲正之以世次之名，而有不可也。(《論語稽求篇》卷五，頁 11～13)

西河認爲諸侯赴告無須告知祖禰名稱，自然無所謂正名之事，再者，衛靈新喪，尚未祧廟遷主，也無須釐正祖禰輩分，西河舉證歷歷，說明繼位傳重，並非全然是父子相傳，自然存在世系與廟次差異的問題，不能一概而論，而既然廟有定名，如果強以世次之名入之，勢必混淆錯亂，徒使後人爭執不休，一方面傷害人倫親情，再者也乖違典制，徒起爭端，〔註 36〕所以以事理而言，「正名」實無所謂祖禰改稱，虛改名號之事。西河即檢討前人引用事例，進一步推究「正名」內涵，云：

然則正名何居？舊註引馬融曰「正名者，正百事之名也」。考〈祭法〉「黃帝正名百物，以明民共財」，而《漢・藝文志》謂「名家者流，蓋出于禮官」，古者名位不同，禮亦異數。孔子曰「必也正名乎」，凡辨名所在，不可苟爲鈲析，且從來有名家書，如《鄧析》、《尹文子》、

〔註 36〕西河撰《論語稽求篇》卷五即以後世對入廟的爭執爲例，說明其中典制壞情形，云：「自正名之說起，世遂有以祖禰爲可易者，先禰而後祖，躋僖而降閔，漸有攙未立之君而入太廟，如明世之祀興獻，稱睿宗者，此不可不察也。正名之說起，世遂有以父子之名爲可易者，襄仲之子繼襄仲之長子而稱兄爲父，稱父爲祖，致宋濮王、明興獻皆請改皇考之稱，而稱皇叔父，以致大禮決裂，千載長夜者，此不可不察也。」，頁 14。可以了解後人誤解禮制，所以擬議雜出，遺害實大。

> 《公孫龍》、《毛公》諸篇，尹文子與宋鈃游齊稷下；毛公、公孫龍同游趙平原君家，俱以堅白同異辨名義爲辭，此則名家之說之所由著也。若漢後儒者，猶尚名說曰「名物」、曰「名義」、曰「名象」，而浸尋失眞。至晉時魯勝註《墨辨》一書，深論名理，謂名者所以別同異，明是非道義之門，政化之準繩也，孔子曰「必也正名，名不正，則事不成」。墨子著《辨經》以立名本，而荀卿、莊周輩，皆非之，然終不能易其論也，其〈序〉尚存《晉史》約四、五百言，極言隱顯、虛實、同異、眞似之辨，毫釐纖悉，皆有分剖，其文甚著。則是稱名之名，祗是一節，而百凡事爲無非是名，如《禮》人名不以國，以國則廢名。是名不可言，〈王莽傳〉云「臨有兄而稱太子，其名不正，宣尼公曰『名不正則言不順』。」此稱名之名也。若百事之名，熊氏謂曾子有母之喪，水漿不入於口者七日，是過禮也。雖名爲孝，而不可明言以爲法，故禮不興。後漢薛宣子況爲博士所毀，而廷尉與御史中丞議罪不確，有云「孔子云『必也正名，名不正則刑罰不中』。」此則事名之見乎禮樂與刑罰者。(《論語稽求篇》卷五，頁 14～16)

西河經由訓詁考訂內涵，並且進而援引史籍作爲辨析的基礎，可以了解凡事理名物、禮樂刑罰等，皆屬名之範疇，與孔子所言「名不正，則言不順；言不順，則事不成；事不成，則禮樂不興；禮樂不興，則刑罰不中；刑罰不中，則民無所錯手足乎」，正可以相互印證，彼此闡發，所以「正名」是指釐正名實之間的同異，確定指涉的範圍，只是名爲泛稱，缺乏明確的指示，因此子路有遠之責，認爲不是當務之急，然而孔子對於子路所問「衛君待子而爲政，子將奚先」的回應，似乎必須再進一步探究，才能了解孔子究竟何指，西河即依經文語勢，提出說明，云：

> 意者夫子返衛，則適當衛人拒輒，彼此媾兵之際，而案以《春秋》大法，正名定義，謂之拒父，不謂之拒父，此固考辨所最急者，故曰「正名」，「若名不正」以下則又汎言百事之名以折之，蓋拒父一事，第使隱悟不可名言耳。(《論語稽求篇》卷五，頁 16)

西河認爲孔子並未直接加以指點的用意，實因衛國在父子、君臣，家國公私之間，確實有難言之處，使人無所適從，所以唯有正本清源，使言順、事成、禮樂興、刑罰中，百姓才能知所進退，國事也才能令行政舉，西河即引《公羊》、《穀梁》所載，進一步推測孔子眞正的用意，云：

或謂拒父興師，其不正之名顯然在人，有何疑議而猶待爲之正之？不知此時拒父實有名言之未易定者，當哀之二年，出公既立，而是年是月，晉即以趙鞅率師納蒯聵于戚，衛人以爲蒯聵不子，既得罪先君，而又乘先君未葬興師入寇，義不可納，故奮然拒之，而《春秋》書法亦復以爲輒不當私順親心，納父不拒。蓋古有孫從祖之文，且廟制明自爲明（「明」應作「昭」）；穆自爲穆，不當從父命而廢王父之命。故《穀梁》于蒯聘納戚傳曰：「納者，內勿受也。」勿受者，輒勿受也。以輒不受父之命，受之王父也，信父而辭王父，則是不尊王父也，其勿受以尊王父也。《公羊》于齊國夏、衛石曼姑圍戚傳曰：「曼姑受命于靈公而立輒，以曼姑之義爲固可以拒之也，蒯聵無道，靈公逐蒯聵而立輒，輒可以立乎？曰可，其可奈何？不以父命辭王父命，是父之行于子也。不以家事辭王事，以王事辭家事，是上之行乎下也。」故當時衛人群然以拒聵爲能事，其拒聵也，並不曰爲輒拒父，而曰爲靈公拒逆，雖聖門弟子皆以爲然，子貢使吳、子路結纓，恬不爲怪，故子路、子貢並有爲衛君之問，惟夫子隱以爲非，在爲衛君章，風其退讓；在此章則示以正名，所謂正名者，正欲辨其受命之名，拒父之名也。何也？蓋輒固未嘗受命于靈公者也，據《春秋》靈公死之歲，曾謂子郢曰「將立汝」，郢不對，他日又謂之，郢曰「郢不足以辱社稷，君其改圖」，然其時又曰「君夫人在堂，三揖在下，君命祇辱。」此言君立後當以禮，與夫人卿士同之，今君命私命耳，祇取辱也。是當時立郢之說尚是私命，更無他命命輒可知。及靈卒而夫人曰「君命郢爲太子。」郢不受，曰「君沒于吾手，若有命郢，必聞之。」是靈雖命郢，終是私命，故郢直得以不聞命辭之，既不命郢，則更無他命又可知。于是郢以己意讓聵子，曰「且亡人之子輒在。」然後立輒。則所謂輒之立，受之王父者，毋亦有未然者耶？則所謂輒受王父命，不當受父命者，毋亦有未確者耶？則夫爲先君拒逆，王可廢親，國亦可廢家者，毋亦有可疑而不可盡信者耶？夫如是則師出以名拒父，與其不謂之拒父之師，與此皆夫子所急欲正之而不敢明言者。……夫子以哀公六年返衛，則此時名義未決，正須辨定，故夫子以正名爲先，誠是要事，此則度之時、審之勢、質之義理、證之諸經傳而斷斷不爽者，若猶

未是，則請後之好學者併駁正焉。(《論語稽求篇》卷五，頁16～18)

西河審度時勢，證諸經傳，對於孔子所謂之正名提出說明，實因衛國在拒蒯聵之師的名義上，始終游移未定，加上輒又未親受靈公之命，如此皆成爲衛國國政的隱憂，所以須加辨定，至此孔子對於衛君爲政要務的建議，也就清楚暸然。只是在深究文意之餘，西河此說與朱子《論語集注》論旨相反，〔註37〕自然引起疑慮，《四書改錯》後文即附錄趙擒詢問西河考辨的相關事由，對於「正名」與「拒父」中，西河進一步提出解釋，云：

> 曰：「善乎問也。當時無所謂拒父也。惟《公羊》一下拒字，謂齊景遣師圍蒯聵，而衛人隨之，在齊謂之伯討；而在衛謂之義拒。以爲義可以拒之也。至東漢何休始有不責輒拒父之文，加一父字，然正云非輒拒父耳，宋《胡氏傳》出，直曰『輒拒父矣』，要是後人遞加之字，在當時無此言。」(《四書改錯・附錄》，頁2)

西河認爲所謂拒父之說，事實上是後人在人倫觀念下衍生的說法，未必是經文本旨。所以夫子「正名」說，不應僅視爲彰顯人倫大義的原則，而是有其應世施事，確實可行的考量。當然其中有賴西河研討歷來經解，考辨其中緣由，在駁斥典制的誤解，申明文字訓詁之餘，直究當時形勢，並且破除後人衍生的觀念，不僅展現考辨功力，更使聖人經世致用的精神，得到進一步的闡發。

二、推尋孔子表彰管仲的用意

孔子周遊列國，即是希望發揮抱負，以應世用，而與弟子相互談辯中，更是興寄世事的省察，尤其對於歷來人物的評價與褒貶，既開示弟子更廣大的觀照角度，引領不同的思考方向，同時也展現聖人終極的關懷，如《論語・憲問篇》載孔門師生討論管仲之事，就顯見孔子對於事功的重視，云：

〔註37〕朱熹撰《論語集注》卷七「衛君待子而爲政」一章引胡安國傳云：「衛世子蒯聵恥其母南子之淫亂，欲殺之不果而出奔。靈公欲立公子郢，郢辭。公卒，夫人立之，又辭。乃立蒯聵之子輒，以拒蒯聵。夫蒯聵欲殺母，得罪於父，而輒據國以拒父，皆無父之人也。其不可有國也明矣。孔子爲政，而以正名爲先，必將具其事之本末，告諸天王，請于方伯，命公子郢而立之。則人倫正，天理得，名正言順而事成矣。孔子告之之詳如此，而子路終不喻也。故事輒不去，卒死其難。徒知食焉不避其難之爲義，而不知食輒之食爲非義也。」收入《四書章句集注》，頁142。朱子引胡氏之言，說明正名是指輒應退位，事實上，此有離經言道之嫌，就經文文義而言，顯然不符合「衛君待子」的立場。而且與前人論旨相較，朱子罪責輒之拒父，固然順應人倫，卻有違當時形勢。

子路曰：「桓公殺公子糾，召忽死之，管仲不死。」曰：「未仁乎？」子曰「桓公九合諸侯，不以兵車，管仲之力也。如其仁，如其仁。」

子貢曰：「管仲非仁者與？桓公殺公子糾，不能死，又相之。」子曰：「管仲相桓公，霸諸侯，一匡天下，民到于今受其賜。微管仲，吾其被髮左衽矣。豈若匹夫匹婦之爲諒也。自經於溝瀆而莫之知也？」〔註38〕

孔子對於管仲的批評，在出身與其一生貢獻的權衡下，傾向於採取更爲全面的觀點，所以在回應子路、子貢的問題時，不僅肯定管仲的成就，並且進而提示施事立功的重要，所以兩相比較，既然有功於天下，其實也就不必苛責出身是否有瑕疵，但朱子《論語集注》卻引述程頤之見，在管仲品格上作文章，論究所謂人倫大義，云：

程子曰：「桓公，兄也。子糾，弟也。仲私於所事，輔之以爭國，非義也。桓公殺之雖過，而糾之死實當。仲始與之同謀，遂與之同死，可也；知輔之爭爲不義，將自免以圖後功亦可也。故聖人不責其死而稱其功。若使桓弟而糾兄，管仲所輔者正，桓奪其國而殺之，則管仲之與桓，不可同世之讎也。若計其後功而與其事桓，聖人之言，無乃害義之甚，啓萬世反覆不忠之亂乎？如唐之王珪、魏徵，不死建成之難，而從太宗，可謂害於義矣。後雖有功，何足贖哉？」愚謂管仲有功而無罪，故聖人獨稱其功；王、魏先有罪而後有功，則不以相掩可也。〔註39〕

在強調立身修養，涵養用敬的立場上，程頤重視的是毫無瑕疵的立身行事，尤其在忠孝人倫的大節，更不能有所游移偏失，自然對於孔子的觀點有所懷疑，於是以宗法傳長制度作爲管仲佐助兄長而未殉於子糾的合理解釋，但如此曲折辯解，其實是有違經文所強調的重點，而引伸的兄弟之辨，更屬旁生枝節，所以西河即以相關載記，釐清程、朱的誤解，云：

子糾、小白皆齊僖之子，齊襄之弟，然子糾兄也，小白弟也。《春秋傳》書「齊小白入于齊」、《公羊》曰「簒」、《穀梁》曰「不讓」，皆以糾兄、白弟之故。故經又書「齊人取子糾殺之」，而《公羊》曰「子糾貴，宜爲君者也」、《穀梁》以爲病魯不能庇糾而存之，皆以兄弟

〔註38〕見何晏集解，邢昺疏《論語注疏》卷十四〈憲問篇〉，頁126～127。

〔註39〕見朱熹撰《論語集注》卷七〈憲問篇〉，收入《四書章句集注》，頁153～154。

次第爲言，故荀卿有云「桓公殺兄以反國」、又曰「前事則殺兄而爭國」，《史記》亦云「襄公次弟糾，次弟小白」，杜元凱作《左傳註》亦曰「小白，僖公庶子；公子糾，小白庶兄」，即管仲自爲書，其所著〈大匡〉篇首曰齊僖公生公子諸兒、公子糾、公子小白」、鮑叔傅小白辭疾不出，以爲棄我，蓋以小白幼而賤，鮑叔不欲爲傅故也。觀此則糾兄、白弟明矣。而程、朱二子獨云「桓公兄、子糾弟；桓公宜立、子糾不宜立」，一以輕召忽之死、一以減管仲之罪、一以定唐太宗及王、魏二臣殺兄事讎之案，而求其所據，皆因誤讀漢薄昭〈上淮南王長〉一書中有「齊桓殺弟以返國」語，遂引之作據，而不知薄昭此語因有忌諱，以漢文是兄、淮南王長是弟，不敢斥言殺兄，故改兄作弟。此見之《漢書》與〈淮南本傳〉，韋昭之註，明明白白，而故誤襲之，以顚倒古人之兄弟，何其誣也，況欲以此誣後世也。(《論語稽求篇》卷六，頁 7～8)

西河推究典籍的記載，〔註 40〕公子糾與公子小白的長幼順序，事實上是糾爲兄而桓爲弟，正與《集注》說法相反，西河並且指出程、朱是誤據《漢書》薄昭〈上淮南王書〉的說法，〔註 41〕推究其中原因，主要也是因爲程、朱對於君臣人倫持義過狹，所以產生誤斷，西河認爲由於宋人過於堅持君臣死難之義，所以常有過苛之論，有違持平客觀的立場，云：

管仲、鮑叔各傅一子，因各奉出奔，以避內難，未嘗爲君臣也。……據此，則二公子之傅，受命在君，命傅二子，未嘗命事二主也。先入爲君，何讎之有？若夫荀息之死，《春秋》嘉之，則又與忽異，奚

〔註 40〕西河《論語稽求篇》卷六即引錄陳耀文《經典稽疑》的考辨加以佐證，云：「陳氏《經典稽疑》引據二公子兄弟甚備，今併載于此。」其中即列有：「《管子》、《史記》、《左傳杜預註》、《荀子仲尼篇》、《莊子盜跖篇》『昔者桓公小白殺兄入嫂，而管仲爲臣；田子常殺君竊國，而孔子受其幣』、《韓非子》『桓公五伯之上也，爭國而殺其兄，其利大也』、《越絕書》『管仲臣于桓公兄公子糾，糾與桓公爭國，管仲張弓射桓公中其帶鉤』、《說苑・尊賢篇》『將謂桓公仁義乎？殺兄而立，非仁義也』，又鮑叔曰『昔者公子糾在上而不讓，非仁也』、《尹文子》『齊人弒襄公立公孫無知，而無知被殺，二公子爭國，糾宜立者也，小白先入，故齊人立之』、鄧驥《左氏指縱》云『桓公，襄公之季弟也』……」頁 10～11。可以提供參考。

〔註 41〕詳見班固等撰《漢書》卷四十四〈淮南衡山濟北王傳〉所引薄昭〈上淮南王書〉云：「桓公殺其弟以反國。」韋昭注云：「子糾兄也，言弟者諱也。」頁 2139。主要因爲漢文帝爲兄長，所以特別顚倒兄弟次序，以免觸犯忌諱。

齊、卓子，獻公立為儲，以屬荀息者也。況獻公死，二子已相繼為君，則里克為弒，而荀息為殉，齊則僖未嘗以糾為儲也，襄雖死，糾未嘗繼為君也。未為儲，且未繼為君，何殉之有？（《論語稽求篇》卷六，頁9）

在公子糾與公子小白爭國情形下，既然君臣未分，不僅無受命之實，也無君臣之誼，事實上是不必定執殉節之義，有此認知，自可罷脫君臣、兄弟間旁生的人倫爭辨，而能從管仲本身論究功過是非，西河即申明孔子稱許管仲是在強調事功價值，云：

《說苑》「子路問于孔子曰：『昔者管仲欲立公子糾而不能，召忽死之，管仲不死，是無仁也。』孔子曰：『召忽者，人臣之材，不死，則三軍之虜也，死之，則名聞于天下矣。管子者，天子之佐，諸侯之相也，死之，則不免于溝瀆之中，不死，則功復用于天下，夫何為死之哉？』」此則專論才具，特尚時用，與夫子「一匡天下，民到于今受其賜」語，正是一意。蓋夫子未嘗薄事功也。……然死而無益，與徒死同，此事君致身所以尚云「未學也」，後儒但薄事功，不度時勢，于大義所在，則單辨兄弟以較是非，夫人各為其主耳，事兄可死，事弟不可死，則凡為弟者，懼矣。此不特引據不確，即其論亦甚不當。（《論語稽求篇》卷六，頁9～10）

西河引據《說苑》加以補充，〔註42〕未必可以直接視為孔子原旨，但其中主要是解釋管仲與召忽雖然生死不同調，但終是得其所哉，召忽有聞於天下；管仲也免於藉藉無名，其實未必不是最佳結局，只是宋人在薄功利的立場上，並未由此切入，轉而旁伸人倫大義，西河認為豈有事弟可不死，事兄不可不死的分別，程氏不計其大要，卻斤斤究其小節，顯然是對於孔子用世的命意了解不徹，所以西河於後文進一步批駁此節論據皆不當，必須加以澄清，云：

夫子許管仲之意，是重事功、尚用世，以民物為懷，以家國天下為己任，聖學在此，聖道亦在此，而程氏無學，讀盡四書經文，並不知聖賢指趣之何在，斯亦已矣！（《四書改錯》卷二十，頁1）

西河認為孔子所強調的是有用於世的企求，唯有濟世施事，平治天下，才是儒者永恆的志業，西河並且引伸此一觀點，撰〈辨忠臣不徒死文〉一文，申

〔註42〕參見劉向撰，趙善詒疏證《說苑疏證》卷十一〈善說篇〉，頁320～321。

明徒死無益於君，未必可以稱爲忠，強調殺身必須要有成仁的價値，〔註 43〕只是在傳統君臣倫常的觀念中，西河的論點不免干犯忌諱，全祖望即以忠義節烈的立場嚴加批駁，〔註 44〕事實上，在西河當時也已經有人對此提出批評，《四書改錯》後文即附錄李沛的詢問，提出孔子重事功，豈不重氣節的質疑，於是西河在重申事功價值時，更進一步批駁宋人過於執著，立身行事反而容易有所缺陷，云：

> 糾、忽非君臣，此固非所擬者，但即以君臣論，古致身成仁類皆有事於人國，無徒死者，徒死即謂之諒。故比干死諫則仁之、鄰童汪踦死於兵則不殤，而反褒之，他無有也。是以殉國之士，古未之見，惟夷、齊二人以歸周去周，兼至扣馬不得已而死，與齊之王蠋、漢之龔勝不受抽折謂之氣節，否則死無所爲，祇三良徒人費耳！故曰諒也。諒者，硜硜也。此其說舊有証者。東漢尹次史玉以殺人當死，而兄母爲求代自縊，應劭特引召忽事，援夫子匹夫匹婦一語爲斷，謂僕妾無慮，感慨死諒，何得議貫。此正引經折獄之瞭然者。宋人薄事功，兼薄氣節，雖故爲召忽爭此諒字，而實則清班退避，以兩宋國難，千古冤慘，《宋史》立〈忠義傳〉十卷，合之〈帝紀〉、〈列傳〉之所載死事死官者，共不下四百餘人，而濂、洛、關、閩之徒，無一人與焉，尚欲與之論氣節，難矣。(《四書改錯・附錄》卷二十二，頁 1)

西河批評「宋儒講學無一死節」的說法，全祖望已有辨正，〔註 45〕固然不必

〔註 43〕詳見西河撰《西河集》卷一百二十三〈辨忠臣不徒死文〉，頁 324～327。收入《四庫全書》第一三二一冊。經文明示事君以忠，但未必以死節爲忠，西河即以六經諸子中的記載，說明並無強要臣子殉亡之事，而是自宋以後才定執此解。再者，人臣殺身既無益於君，殉死其實也無濟於事。所以西河在研討經文之餘，一方面提示忠之內涵，糾正偏狹的觀念；並且也釐清君臣的分際，要求殉死須有價值。孔子不罪管仲，因爲管仲不死子糾，固然品格有瑕疵，但一匡天下，民受其賜，衡量輕重，不死比死更有價值，顯見孔子在論人究事時，其實並不偏狹苛細。

〔註 44〕全祖望撰《鮚埼亭集・外篇》卷十二〈蕭山毛檢討別傳〉在批評西河人格時，云：「畏禍而不難背師與賣友；則臨危而亦誠不難背君與賣國矣，忠臣不死節之言，宜其揚揚發之而不知自愧也。」，頁 827～828。卷三十三有〈書毛檢討忠臣不死節辨後〉一文，更厲辭批判，只是全氏是以西河的隱私作爲批駁的焦點，而不及論點的辨析批判，力主忠義節烈，固然可佩，但攻訐隱私，則不免有失論辨風度。

〔註 45〕詳見全祖望撰《鮚埼亭集・外編》卷四十七「西河謂宋儒講學者無一死節，亦適不會其時」一文中即引列宋儒之死事者，對於西河說法提出糾正。頁 1389

執以為據，但在當時探討「管仲不死子糾」的論題上，〔註 46〕西河以深入的辨析，歷舉人物加以檢討，糾正宋人偏狹的倫常觀念之餘，進而以家國天下相期勉，重申孔子有用於世的企圖，使學者知所奮發，對於經世學風的發揚，貢獻良多。

第四節　對典制內涵的考辨

西河對於典制的考辨，主要是始於京師時期參與的擬議工作，〔註 47〕西河認為研經考制不僅可以展現考辨之功，更是有用於世的具體表現，至於四書標舉的典制，事關聖人立典垂範，為萬世立法的猷謀大計，當然也是西河著力論析之處，茲以其考辨之成果，引列如下：

一、推尋三年喪制的來源

儒家強調慎終追遠，三年之喪即是儒家據以彰顯人倫精神的禮制，《論語・陽貨篇》記載孔子與宰我論辯三年喪制，即申明遵行的理由是根植於人

～1390。可以提供參考。

〔註 46〕清初諸儒中對此多有探討，顧炎武《日知錄》卷九「管仲不死子糾」，頁 201、王夫之《四書訓義》卷十八，頁 788～789，皆對於君臣分際提出說解，並批駁程、朱「桓兄、糾弟」的說法，近人胡楚生撰《清代學術史研究》之〈清初諸儒論「管仲不死子糾」申義〉一文，即引據西河的考辨，並進而檢討顧炎武、王夫之、呂留良……等，對此問題的討論，表彰清初儒者不受宋人人倫次第說所囿，轉而論究孔子經世及夷夏之防的主張，學術之中，也表現深刻的寓意。頁 125～139。可見西河表彰聖人用世的企求，在回歸聖人標的，強調經世學風中，頗有推波助瀾之效。

〔註 47〕盛唐〈西河先生傳〉載西河在京師時期，往往參與擬議典制的工作，云：「丹陛樂者，黃門鼓吹曲也，設莇虡于午門兩傍，太常供奉唱拜舞之節，而其曲多誤，上命更定之，掌院學士陳公以列代樂章配音樂議，命先生條上，遽為採用。值北郊定配位，太常卿徐君元珙謂南郊南向，則三祖配位固宜以東設西向為一配，西設東向為二配，又東設西向為三配，其餘日月星辰諸配亦皆東設而次西設，何則？以崇左也。至北郊北向，則向之所為左者，今在右矣。乃三祖配位一如南郊，猶復始東設而次西設，以至山林川澤亦復如故，則在昭穆為顛倒，而在左右為偏戾，于禮不合，上特命學士徐公乾學、韓公菼考據議覆，二公考據最詳覈，而遲久未決，時翰林官亦多有兩端相齟齬者，特覘上無改意，而欲仍舊制，則又無說以為解。閣學李公時已進少宰，特召先生曰『如何？』……于是議遂定。」見《毛西河先生全集・卷首》，頁 20～21。由於參與擬議，考辨典制，所以歸田之後，研經論學，對此特別留意，請參見第一章的論述。

倫之愛，云：

> 宰我問：「三年之喪，期已久矣。君子三年不爲禮，禮必壞；三年不爲樂，樂必崩。舊穀既沒，新穀既升，鑽燧改火，期可已矣。」子曰：「食夫稻，衣夫錦，於女安乎？」曰：「安。」「女安則爲之，夫君子之居喪，食旨不甘，聞樂不樂，居處不安，故不爲也。今女安，則爲之！」宰我出。子曰：「予之不仁也，子生三年，然後免於父母之懷。夫三年之喪，天下之通喪也。予也有三年之愛於其父母乎！」〔註 48〕

在相與論辨之際，宰我認爲三年喪制有礙於君子修習禮樂之業，但孔子則從人倫之愛回應此一觀點，說明三年之喪是回報父母的照養懷抱，是感懷恩情的人情之常，而既是順應本身之情，也就無所謂妨礙。只是宰我在論辨之時，以本身可安來反駁孔子提出的人情解釋，孔子於是在糾正宰我偏失之餘，對其嚴加批評，〔註 49〕孔子並且提出三年之喪是天下通喪的說法，在人情之外，也進一步說明適用的情況，只是孔子對於所謂「天下通喪」的說法，缺乏更明確的解釋，而《孟子・滕文公上》載有滕文公遣使問孟子三年喪制之事，孟子以「三年之喪，齊疏之服，飦粥之食，自天子達於庶人，三代共之」，在孟子回答滕文公的問題中，可以推知所謂「通喪」，似乎可以了解既是指所有人，也指不同的世代皆通行，只是就實際層面而言，當時滕國父兄百官對此並不認同，於是提出「吾宗國魯先君莫之行，吾先君亦莫之行也」相駁，〔註 50〕可以了解三年之喪在當時似乎也並未普遍遵行，所以滕文公不明其大要，滕國父兄百官也不表贊同，更質疑不同世代皆通行的說法，所以所謂「通喪」究竟何指，似乎也必須進一步加以釐清，康熙四十二年（1703）西河於陳紱菴母喪時，即提出三年喪制與眾人討論，並列此事於《四書索解》中以求稽考，〔註 51〕《四書改錯》

〔註 48〕見何晏集解，邢昺疏《論語注疏》卷十七〈陽貨篇〉，頁 157～158。

〔註 49〕黎靖德編《朱子語類》卷四十七載朱子對於宰我之評價云：「此處聖人責之至嚴，所謂『予之不仁』者，便謂他之良心已死了也。」，頁 1190。西河批評此處論之過苛，《四書改錯》卷二十云：「此似難免詬厲者，然亦不應裸罵至此，裸罵則聖門無色矣。」，頁 11。事實上，如果視爲言語談辯，其實無須定執駁斥，厲辭相責。

〔註 50〕詳見趙岐注，孫奭疏《孟子注疏》卷五上〈滕文公章句上〉，頁 89。

〔註 51〕王錫輯《四書索解》卷一載西河云：「歲癸未春，陳紱菴編修以母喪，請予作題主陪事，坐客各問喪禮。予曰：『僕亦有一問，滕文公以然友反命定爲三年之喪，豈三年喪制定自孟子耶？』……時一堂十二席，五十餘人，各嘿然如暗者。」，頁 6～7。西河以此相詢，主要即是對於三年喪制究竟行於何時，實多疑義，所以此事列於《四書索解》中，藉以提供進一步的考究。

更在批駁朱注《孟子》有誤後，對此提出研討，云：

> 此則周章之甚者，以三年之喪而謂定自孟子，則裁聞此語，便該吃驚。況父兄百官，亦已多人，一齊曰：「魯先君莫行，滕先君莫行。」則以周公造禮之人，與其母弟叔繡裁封國行禮之始，而皆莫之行，則無此禮矣。乃茫然不解，忽委其罪于後君，曰「後世之失」，夫後世則春秋、戰國盡之矣，戰國齊宣欲短喪，猶且不敢，若春秋則魯僖以再期納幣即譏喪聘，昭公居喪不哀，叔向便責其有三年之喪，而無一日之戚，誰謂三年不行，起于後世，況明曰「先君」，且明曰「從先祖」，先祖者，始祖也。乃又依回其詞，謂「上世以來雖或不同，舊俗相傳，禮文小異」。夫此無容有不同、有小異者，試問其所云不同與小異者，是幾年與幾個月？且是何等禮文，當分明指定。（《四書改錯》卷九，頁2）

朱子對於喪制的說解並不清楚，尤其拘執周公制禮作樂的說法，所以對於先君未行之說也就移指為後世失之，但西河指出魯僖公、昭公時，即有據以譏刺失禮之事，所以未必是後世不行，〔註52〕尤其朱子並未詳究典制大要，西河在批駁之餘，即檢覈相關記載，考辨其間緣由，對此提出補充，云：

> 曰：「吾宗國魯先君不行，吾先君亦不行。」則是魯周公、伯禽、滕叔繡並無一行三年喪者，註者回瞶瞶，特不知天下學人何以皆耐之，而並不一疑，此大怪事也。予嘗謂學貴通經，以爲即此經可通彼經也，往讀《論語》子張問「高宗三年不言」，夫子曰：「何必高宗，古之人皆然。」遂疑子張此問，夫子此答，其在周制當必無此事可知。何則？子張以高宗爲創見，而夫子又云「古之人」，其非今制昭然也。及讀《周書・康王之誥》成王崩，方九日，康王遽即位，冕服出，命令諸侯，與三年不言，絕不相同。然猶曰「此天子事耳」，後讀《春秋傳》「晉平初即位即改服命官，而通列國盟戒之事」，始

〔註52〕詳見朱熹撰《孟子集注》卷五〈滕文公章句上〉云：「然謂二國不行三年之喪者，乃其後世之失，非周公之法本然。……引志之言而釋其意。以爲所以如此者，蓋爲上世以來，有所傳受；雖或不同，不可改也。然志所言，本謂先王之世舊俗所傳，禮文小異而可以通行者耳，不謂後世失禮之甚者也。」收入《四書章句集注》，頁253。朱子爲避免後人誤解周公制禮但魯國卻不行三年之喪制，所以特加說明辯解，但對於滕國父兄百官引「喪祭從先祖」之說，也就只能依迴其說，既言大同小異，又言是後世失禮更甚，張文彬等輯《四書改錯》卷九「喪祭錯」即載西河詳細的考辨。頁3。可以供參考。

悟孟子所定三年之喪，引三年不言爲訓，而滕文奉行即又曰「五月居廬，未有命戒」，皆是商以前之制，並非周制，周公所制禮，並無有此，故侃侃然曰「周公不行，叔繡不行」、「悖先祖」、「違授受」，歷歷有詞，而世讀其書，而通不察也。蓋其云「定三年之喪」，謂定三年之喪制也。然則孟子何以使行商制，曰：使滕行助法，亦商制也。(《四書賸言》卷三，頁3)

西河檢討實行三年喪制的文獻，似乎皆指周以前之制，如《論語・憲問篇》子張引《書》云：「高宗諒陰，三年不言」，〔註53〕即可爲證。至於周初康王即位，〔註54〕以及晉平公即位，〔註55〕無論是天子、諸侯都顯見立即視事，並無所謂居喪三年的情況，所以《孟子》中「先君莫之行」的說法也就清楚明白。至於前人對文獻依迴解釋，主要是惑於周公制禮作樂，禮法燦然，應不致於不行三年之喪，於是《孟子》原文也就轉而拗曲不通，然而在釐清文獻來源，西河認爲三年喪制應是商制，而非周制，因此載述談論時，子張、滕文公等人對於典制多不甚明瞭，而孔、孟也以古制稱說，至於魯與滕先君未行的原因，也就可以得到合理的解釋。西河並且對此提出說明，進一步解釋爲何周制不同於古制，西河云：

周制與古制大別，古制居喪不預國事，重服被體，可以不易。而周則自即位以後，朝廟祭饗、聘問盟會、賓貢金革、告誡頒布，皆需易服，且事當紛錯，有一日而三易服者，以屢變之服，而加以日易，煩瑣彌甚。(《四書改錯》卷九，頁5)

主要因爲古制國君服喪可以不預國事，但周制禮文不同於前代，諸國盟會朝聘、宗廟祭祀等，國君都必須身預其中，所謂「周監於二代，郁郁乎文哉」(《論語・八佾篇》語)，在承襲前代之餘，周代禮制繁複，自然不能三年居喪，身不預事，但孔子爲發揚親親人倫，所以轉而提倡古制，使三年喪制成爲儒家遵奉之禮，只是施行之間，似乎仍然不甚清楚，而且也有違當時情形，所以宰我以禮樂儒者之業質問，即是著眼於此，後世習而不察，也就無法辨析其中的沿革。由於西河考辨制典，深究經文意涵，尤其留意禮制的沿革損益，

〔註53〕見何晏集解，邢昺疏《論語注疏》卷十四〈憲問篇〉，頁130。

〔註54〕詳見孔安國傳，孔穎達疏，僞古文《尚書注疏》卷十九〈康王之誥〉，頁288～290。

〔註55〕詳見杜預注，孔穎達疏《春秋左傳注疏》卷三十三，襄公十六年「春，王正月，葬晉悼公」傳。頁572～573。

釋義合情順理之餘，雖然三年喪制施行的情形未必再無疑義，〔註 56〕但使後人有另外的思考方向，則顯見成就不凡。〔註 57〕此外，西河更考辨喪禮相關的記載，撰《喪禮吾說篇》十卷，〔註 58〕辨正尤多，也可以提供參考。

二、闡明宗法制度的原則

周公制禮作樂，創立宗法之制，但時移世改，後世漸失其序，典制傾毀，尤其在上下陵夷，禮樂崩壞之際，孔子不免深寄感慨，《論語・八佾篇》載云：

> 三家者以〈雍〉徹。子曰：「『相維辟公，天子穆穆』，奚取於三家之堂？」〔註 59〕

孔子引「相維辟公，天子穆穆」為證，其中既然已經明指為「天子」，也就可以了解並不屬於大夫所有，但魯桓三家卻僭越禮儀，公然行於大夫之家，所以孔子對此提出諷諫，至於典制內涵，劉寶楠《論語正義》引論頗詳，云：

> 〈臣工〉是〈周頌〉第二卷之首篇，〈雍〉詩在〈臣工〉，故為〈臣工〉篇名。〈毛詩序〉「〈雝〉，禘太祖也。」鄭注：「太祖謂文王。」

〔註 56〕鄭玄注，孔穎達疏《禮記注疏》卷五十八〈三年問〉載云「故三年之喪，人道之至文者也，夫是之謂至隆，是百王之所同，古今之所壹也。未有知其所由來者也。」頁 962。就典籍所載，對於三年喪制的緣由，已明白出指出，僅能以理推測，而無法確切指出其中來由。近人黃瑞琦撰〈三年之喪起源考辨〉引列源於堯舜說、殷商說、周公說等說法，並且加以駁斥，至於始於孔子表彰說，也認為並不完全正確。見《齊魯學刊》1988 年第二期，總 83 期，頁 49～52。而顧洪撰〈試論三年之喪起源〉又續考三年喪制的起源，認為雖然商、周天子及各國諸侯並無據以施行者，但晉叔向提倡在前，孔子表彰在後，則應是源於久葬的傳統。見《齊魯學刊》1989 年第三期，總 90 期，頁 57～65。於是有指為古制，有言為後人的提倡，雖然引列資料更詳，辨正頗多，但文獻難徵，確實無法定指來源，只能說明三年之喪，其來有自，而經由儒家提倡之後，已經成為後世遵行不悖的典制。

〔註 57〕胡適〈說儒〉一文即引西河論三年之喪為殷制的說法，推證儒者應為殷之遺民。所以三年喪制是承自殷商，經儒者表彰才行於天下。見《胡適文存》第四集，卷一〈說儒〉，頁 1～103。事實上，經由甲骨文物的出土，可以了解殷商君主其實也並無施行三年喪制，徐吉軍、賀云翱合撰《中國喪葬禮俗》即引列郭沫若說法，加以辨正，至於春秋時期三年喪制也僅在個別地區，以及儒家人物中施行，而並未普遍流行。頁 370～380。雖然三年喪制源於殷商說的假設，最終並無考古證據的支持，但西河切中典制的因革，引領後人不同的思考方向，仍然可以提供參考。

〔註 58〕西河撰《喪禮吾說篇》十卷，收入《毛西河先生全集》第十九～二十冊。

〔註 59〕見何晏集解，邢昺疏《論語注疏》卷三〈八佾篇〉，頁 25。

此成王祭文王徹饌時所歌詩。《周官・樂師》「及徹，率學士而歌徹」，注云：「徹者歌〈雍〉。」是天子祭宗廟歌之以徹祭也。又〈小師〉言王饗諸侯，徹歌此詩。則凡徹饌皆得歌之矣。若〈仲尼燕居〉言：「諸侯饗禮，歌〈雍〉以送賓，〈振鷺〉以徹俎。」是諸侯相見亦得歌此詩也。〔註60〕

〈雍〉本是祭文王徹饌時所用之詩，但施用之間，也成爲天子、諸侯送賓之歌，遞衍而下，甚至三家也以〈雍〉徹，只是典制隳壞，卻也不是一朝一夕，憑空而來，主要是三家皆桓族，在追尊先祖時，僭越禮儀。朱子罪責三家僭越名分之餘，追究來源，認爲應是成王賜禮之舉，啓其端倪，云：

問：「三家者以〈雍〉徹」。曰：「這箇自是不當用，更無可疑。」問：「是成王賜周公？」曰：「便是成王賜周公，也是成王不是。若武王賜之，也是武王不是。公道是成王賜，便不敢道不是了。〈雍〉詩自是武王之樂，餘人自是用他不得。（武）成王已自用不得了，何況更用之於他人！」

問：「〈雍〉徹，程子謂『成王之賜，伯禽之受，皆非也』。」曰：「使魯不曾用天子之禮樂，則三家亦無緣見此等禮樂而用之。」〔註61〕

朱子希望正本清源，斷絕僭越的來由，所以引據《禮記・明堂位》的說法，批評成王賜伯禽禮樂是有違名分之舉，畢竟施行之間有其原則，不應私相授受，破壞典制，但罪責之餘，卻未詳考詩作性質，不免對於其中相沿授受的解釋過於簡單，西河認爲主要是對於宗法典制認識不清，所以誤據賜禮之說，西河云：

〈明堂位〉係《別錄》「〈明堂陰陽〉」，與王史氏記中之書，原非劉向所校百三十篇，與東漢所傳三十六篇《禮記》舊本，相傳馬融所增入，其云成王賜周公以天子禮樂，而伯禽受之。前儒早有知其非者。若〈祭統〉云「賜魯重祭」、〈禮運〉云「郊禘非禮」，則郊之非禮，是錯認魯孟春之郊爲日至之郊，並非魯罪，禘之非禮，則魯原有宗子出王之祭，而其後溷之作大禘，出王之祭實流漸使然，並非先王之賜，此《禮記》謬誤，固不待言。（《四書改錯》卷八，頁6～7）

西河質疑〈明堂位〉並非《禮記》原本，而且依《春秋公羊傳》文十三年傳所載：「魯祭周公，何以爲牲？周公用白牲、魯公用騂犅、群公不毛；魯祭周

〔註60〕見劉寶楠撰《論語正義》卷三〈八佾篇〉，頁2～3。
〔註61〕見黎靖德編《朱子語類》卷二十五《論語・八佾篇》，頁603。

公，何以為盛？周公盛、魯公燾、群公廩」的說法，〔註 62〕則魯祀諸公之禮是有所差別，但其中並無使用天子禮樂之事，所以成王賜禮之說，顯然是前儒為彰顯周公功績之作，其事未可盡信，再者，既是成王之賜，從另一角度而言也就無所謂僭越之事，〔註 63〕西河認為主要是因為誤據記載，對於禮樂漸至陵夷之跡也就不甚了解，無法真切說明其中緣由，所以西河進一步考辨周代的宗法典制，說明其間沿革漸變的情形，云：

不讀《春秋傳》「吳子壽美卒，魯襄公哭周廟」乎？夫周廟者，文王之廟，即出王廟也。魯何以有出王廟？禮以為宗子立國，不敢祖天子而得父天子，因之宗國別子當立一繼所自出之王，為百世不遷之廟，名出王廟。周公者，固武王母弟，文王之別子，而有周開代之宗國也，宗國宜立出王廟，而魯所自出，實惟文王，則此〈雍〉徹者，原即以文王之詩，用之祭文王之廟，有誰不是，毋論武王、成王並不曾賜，並無不是處，且亦未嘗錯用也。其有錯用，有不是，自必有說，乃曰「向使魯不用，三家亦安得用之」，則終是臆斷，非知就裡者，亦思魯何以用〈雍〉徹，魯祭文王則配之者，周公也。周公配文王，同用〈雍〉徹，而其後周公太廟亦即以同用之樂用之，而于是兩昭兩穆，凡後之魯君皆合廟同用，則是魯之用〈雍〉徹，實由祭文王展轉沿誤，原不必有賜之而受之者也。(《四書改錯》卷八，頁 7～8)

《春秋左氏傳》襄十二年傳載「吳子壽夢卒，臨於周廟，禮也。凡諸侯之喪，異姓臨於外，同姓臨於宗廟。同宗於祖廟，同族於禰廟。是故魯為諸姬臨於周廟」，〔註 64〕在禮敬同姓，歸屬同宗的訴求下，弔祭諸侯顯然有不同的儀節，

〔註 62〕見何休解詁，徐彥疏《春秋公羊傳注疏》卷十四，文公十三年〈傳〉，用白牲，何休解詁云：「白牲，殷牲也。周公死有王禮，謙不敢與文武同也。」，頁 177～178。

〔註 63〕清儒孫希旦即採此一觀點，《禮記集解》卷三十一〈明堂位〉云「魯用天子禮樂，蓋東遷以後之僭禮，惠公始請之，而僖公以後始行之者也。孔子曰『魯之郊禘，非禮也！周公其衰矣。』使果成王所賜，孔子何以發此嘆乎？記者不知其非，而反盛誇之以為美，……其鋪張失實如此。」，頁 769。其中並未如西河推究禮制僭越的由來，但對於魯制有詳細之辨析，並且引據孔子之興嘆，所以批駁所謂賜禮之說，更顯有據。

〔註 64〕見杜預注，孔穎達疏《春秋左傳注疏》卷三十一襄公十二年傳，杜注云「周廟，文王廟也。周公出文王，故魯立其廟。」孔疏云：「杜以下文周廟尊於周公之廟，知是文王廟也。以鄭祖厲王，立所出王廟，知周公出文王，故魯立

於是魯爲宗祀所出，所立以周公配享的文王廟，也就成爲鞏固同宗之誼的場所，而既然是文王廟，當然以〈雍〉徹，漸次使用之下，周公太廟也援用出王廟時同用之樂歌，而三家則又援用太廟樂章，如此不必以賜禮之說解釋，更無須歸罪武王或成王，僭越緣由也就清楚明白，西河云：

> 然而魯用之，三家何以亦用之。世第如魯是宗國，而不知三家亦宗家也。周公爲文王別子，而三家即魯桓別子，魯立文王廟，而三家當立魯桓廟，名爲公廟，《禮記》所云「公廟之設于私家，非禮」者，此正三家立桓廟之証，是桓廟〈雍〉徹，三家安得不〈雍〉徹。蓋三家之堂，非三家祖廟即桓廟也，若是祖廟，則禮大夫祭三廟，未聞三家三大夫可合一廟者，然且三家三祖，慶父與叔牙並受國誅，即一葬一祭，亦必力請于公朝而然後許之，何得顯然與季友並坐饗天子禮樂，況繼此而降，將必孟獻子、叔孫、戴伯輩，皆用〈雍〉徹，此又笑話也。祇三家之堂，既是桓廟，則三家共之。(《四書改錯》卷八，頁 8)

由祀於太廟而漸至桓廟，於是〈雍〉徹也就行於三家之堂，孔子以禮樂設教，循名究實，所以針對〈雍〉詩內容與施行場合提出質疑，深寄典制陵夷，禮樂崩壞的感慨。後人申明孔子用意之餘，卻僅能罪責三桓僭越，而不明其緣由，不免有所欠缺，西河擺脫前人譏刺罪責的觀點，指出關鍵在於後人對於宗法制度不清楚，所以多有誤解，因此西河考究周代宗法內容，進一步提出說明，云：

> 古封建之世，創立宗法，凡天子、諸侯自爲一宗，而天子、諸侯之弟必更氏易族，以別爲之宗。禮所謂「諸侯不敢祖天子；大夫不敢祖諸侯」者，是以一君之弟，必以同母者立爲大宗，否則以長庶當之，稱之曰「宗子百世不遷」，而諸弟之宗大宗者，又各立小宗，五世一遷。(《四書改錯》卷十一，頁 2)

西河認爲周制以嫡長世傳，自爲一宗，而立宗衍派，主要是指同母嫡弟，或是長庶而言，在分國而出，同祖其父的諸弟中充當大宗。魯稱爲宗國，即是因爲周公出自文王，在同出諸弟中爲大宗，云：

> 諸侯不敢祖天子，而自爲之宗，祇以大宗稱宗國，而其餘同姓諸國稱小宗，但大宗以別子爲之，皆天子、諸侯之次嫡弟，無次嫡弟則

其廟也。」，頁 548。

> 長庶弟立爲宗子，即大宗也。以分爲別宗，故稱爲別子，其再有諸弟，則小宗矣。故《春秋傳》以管、蔡、郕、霍、魯、衛、毛、聃、郜、雍、曹、滕、畢、原、酆、郇共十六國爲文王一宗，專以魯爲大宗之國、而十四國爲小宗、若晉爲成王之宗、鄭爲厲王之宗、吳與虞爲太王之宗，則但爲同姓，非同宗矣。……夫以世次言，則伯邑考爲長嫡，武王、管叔爲次嫡，不及周公，而以宗法言，則武王次嫡而爲君宗之宗，管叔受誅國除，遂立周公爲大宗。(《四書改錯》卷八，頁1～2)

諸侯分國爲出，祖從出之王，並不是宗主天子，所以其中是以次嫡爲大宗而非嫡長子爲大宗，《孟子・滕文公上》中滕稱魯爲宗國，〔註65〕即是因爲同屬於文王一宗的諸侯中，魯爲大宗。相同的情形，西河認爲魯之三家也是如此，云：

> 此魯桓一族當以季氏爲大宗，而孟孫、叔孫統宗季氏，何則？魯桓四子，長爲莊公，此自爲宗者，其三人當以次嫡爲別子，無嫡始用長庶，而季友爲莊公母弟，則別子矣。別子是宗子，故桓廟立于季氏宗子之家，其以氏族言，則稱三家之堂，以三家分三氏，而統爲桓族，即桓廟也。以立宗言，則稱季氏庭，以不遷之廟立于季氏，而三桓之族，雖百世皆宗之，亦此桓廟也。桓廟即季氏庭，即三家之堂，舞八佾在此，〈雍〉徹亦在此，季氏與三家同舞八佾，亦同用〈雍〉徹，而專稱季氏者，重大宗耳。(《四書改錯》卷八，頁8～9)

西河會有如此的推論，主要是依據《禮記・郊特牲》「諸侯不敢祖天子，大夫不敢祖諸侯，而公廟之設於私家，非禮也，由三桓始也」的說法，〔註66〕在譏刺非禮之外，事實上正可以說明魯三桓設有宗祀所出的桓公廟，依天子、

〔註65〕詳見趙岐注，孫奭疏《孟子注疏》卷五上〈滕文公章句上〉引錄滕國父兄百官反對三年之喪，云：「吾宗國魯先君莫之行；吾先君亦莫之行，至於子之身而反之，不可。」，頁89。

〔註66〕見鄭玄注，孔穎達疏《禮記注疏》卷二十五〈郊特牲〉，頁487。其中所言雖是罪責，但西河認爲主要是對於宗法制度不了解所產生的誤解，如果不執著諷諫立場，據此載記，可以了解春秋時魯國三桓設有公廟的事實。張文彬等輯《四書改錯》卷八即引錄西河門人張文虪的說法，闡明西河考辨緣由云：「宗禮在戰國已不能曉，因有『公廟設于私家』一語，然在今日反賴此一語，知三家有桓廟，然則先生之闡明宗禮，其功豈在禹下也。」，頁9。也就是考辨出魯三桓有公廟之設，相關事由也就得以釐清，西河並依此而推測宗法典制的內容，擺脫罪責立場，得以發前人未有之論。

諸侯；諸侯、大夫的對應關係，西河認爲此即是宗法分派，祖出王立宗之主的典制，由於後人不明宗法，無法剖析其中何者爲典制，何者又爲僭越，在禮崩樂壞，一併罪責譏刺之下，於是對於實際情形也就模糊迷離，多有誤解，〔註 67〕所以「三家之堂」、「季氏庭」，其實所指皆是桓廟，而舞八佾、以〈雍〉徹，也都在此，稱謂說法或有差異，施行禮儀或不同，但同樣是指魯三桓的僭越儀節，至於魯立周廟，三家設桓廟，則是宗法禮制的當然之舉，不應有所混淆。明白其中緣由，也就可以清楚了解禮節僭越，典制陵夷，是宗法分派，家族繁衍之下自然而然的結果，但也由於如此，導致上下陵夷，禮制漫亂不實，孔子正名究責，自然多所感慨，而深寄諷喻，冀以挽狂瀾於既倒，使言順事成，禮樂合宜。總之，西河擺脫前人務求諷諫的訴求，轉而細考事由實情，力求事明則理順，使經典文義曉暢明白之餘，也可據以了解姬周一代的宗法典要，以及孔子的用意所在。

〔註 67〕西河認爲朱子誤解宗法制度，以嫡子爲宗，所以典制多亂，張文彬等輯《四書改錯》卷八載西河云：「朱子不識宗法，誤作《家禮》，至今祠堂家皆以長子、長孫爲宗子，大亂典禮。予曾作《大小宗通繹》、《祭禮通俗譜》以辨正之。」，頁 8。《大小宗通繹》、《辨正祭禮通俗譜》收入《毛西河先生全集》第十七及十八～十九冊，西河認爲朱子以嫡長爲大宗，諸弟爲小宗，其實無法解釋宗國之義，更無法闡明宗主出王的情形，所以引證古義，詳加考辨，對於宗法祭祀，頗有異於前儒之解，足資參考。

第七章　對聖道內容的體驗與擴展

第一節　個人經歷的觸發

研求聖道是讀書人立志追尋的標的，西河經歷豐富，從早期講學，晚年研經，在不同時期有不同的學術取向，但貫串其中，則是對於聖道的研求與體證，李塨〈西河合集總序〉云「先生幼原具經術，思有用于天下。……至還鄉而年六十矣，重繙少時所爲學，慨然憂聖道之將湮，遂節次發明如此」(《毛西河先生全集・總序》卷首，頁7～8)，據此可以概見西河一生以之，矢志發揚聖道的情形。而推本溯源，西河對於聖道的思考，以及對聖道規模的建構，實得自於早年的特殊機緣，此則具見於《大學知本圖說》一書中，門人所撰〈西河經集凡例〉即說明其中緣由，云：

> 《大學知本圖說》作于少林僧房，時遼東老僧高笠先生傳授古本《大學》，故著此。此先生一生學問所得力處。後在汝寧署著《後知本圖說》，每密藏衣絮間，出入不離。及還鄉里，急以此付家人，曰：「吾得存此幸矣。」(《毛西河先生全集・經例》，頁2)

《大學知本圖說》包括作於少林僧房的〈大學本圖〉，以及汝寧的〈知本後圖〉，西河畫圖立說，據以體證，出入之間皆「密藏衣絮」，也就可了解西河珍視之情，盛唐〈西河先生傳〉更載西河歸田之後，摒棄文字應酬，以此書開示後學的情形，云：

> 先生特重經學，……至于文稿遺亡則竟置勿問。惟是聖學首功，自北宋迄今，茫無畔岸，先生著《大學知本》一書，痛示下學，使作聖功夫當前可行，而特不設講，不置語錄。(《毛西河先生全集》卷

首，頁 28～29）

可見西河以此書指示聖學途徑，並且嘗試廓清自宋以來莫衷一是的進學歷程，其建構之規模，一方面可說是西河早年流離四方，出入講會印證體驗的成果，也是晚年持以立教修習的內容，所以是一生學問得力之處，當然也是了解西河學思心得的必經門徑。而追究伊始，主要是西河在嵩山得高笠僧授古本《大學》，使學有宗旨；後旅寓汝寧時，又有進一步的體驗，建構出爲學宏規，其後幾經人事，在歸田之後，與門人相互講論，專力闡發經義，更是續有淬鍊擴充，也就是經由持續的努力，所以西河構畫當下可行，又直截簡易的聖學宏規，本文即依此檢視其學思過程及內容，備存西河一生體證聖道的成果。

一、嵩山高笠僧的啓發

西河早年流寓四方，在流離失所之際，曾深感事業無成，自爲〈墓誌銘〉即追述當年心路歷程，云：

> 去之嵩山，匿道士土室中，夜起徬徨。少讀經，稍長讀史，史自唐以後無可問者，而經則六籍皆晦蝕，《易》、《春秋》爲尤甚，二千年來，誰則起而考正之。青春白日銷亡盡矣，惟《毛詩》可記憶者，瓅瓅作問答，散錄成帙，稍不可記憶即已之。且念生平無建立，事功既無可期，而德乃不修，而學乃不講，假寐而泣。……已而應湖西道之招，經竇家湞。〔註 1〕

據文中所述，可以推知西河此時應是四十三歲左右，〔註 2〕自二十九歲變名逃亡後，確實已經歷多年，但不僅事業功名未就，而且荒疏經史舊習，於是在眼見青春將過時，不免多所感慨，然而在藏匿嵩山時，卻巧遇遼東高笠僧，得授古本《大學》，授受之間頗涉神秘，西河追述其間經過的情形，云：

> 嘗坐嵩山土室中，夜半涕泣，忽有告之者曰：「何不向廟市買書觀之。」予時辨僞《詩傳》、《詩說》未成，思所有考校，而兼念《尚書蔡傳》不無可疑，欲覓《孔傳》參稽之，而遍觀廟市，並無一書，惟見一高笠先生，髡其首，持《大學》一本，即陽明先生所授名古本者，

〔註 1〕見西河撰《西河集》卷一百一〈自爲墓誌銘〉，收入《四庫全書》第一三二一冊，頁 128～129。

〔註 2〕據張穆編《閻潛邱先生年譜》卷一云：「秋濤案：西河是年由廬陵北游少室，五年復還湖西居一載，以愚山將移治，辭之崇仁，復之汝寧，留三年，凡所稱游淮西者，謂汝寧也。」，頁 33。此時爲康熙四年（1665），西河年四十三。

見予語，悅之，必強予讀。予向嘗讀之，無所異也，至是讀訖，覺有異，乃再讀之，請受書。高笠先生曰：「此非予書也，必欲受之，請間。」翼日招予于嵩陽院南旅舍中，避人曰：「此書非他，關東賀凌臺先生所謐授也。予嘗爲先生都講，而先生以非命死，予又全家死于兵，是書將絕傳矣。吾子而無志于聖功也已矣，吾子有志于聖功，則是可不讀與？」（《大學知本圖說》，頁 1～2）

西河是以文學之筆鋪述，藉以張皇其事，於是買書參稽的行爲，成爲一種略帶神秘的「授書儀式」，推究西河的用意，主要是用以彰顯古本《大學》的特殊，以及得傳聖學的神異。其實陽明所傳古本雖然並不盛行，但也不是十分罕見，西河言「向嘗讀之」，即可作爲證明，然而珍貴之處，是在於此書的「謐授」，有其傳絕學、繼聖功的意味，尤其翌日相邀，闢室密談，更加深神秘特質。而依文中所述，高笠先生說明其學傳自賀凌臺，賀凌臺爲賀欽之孫，賀欽（克恭）在明末則是以篤行持學著名，所以授受之間似乎也是學有淵源。但如果進一步推究賀欽學術，其學宗主陳獻章，以主敬收放心爲工夫，所以《明儒學案》將其列於〈白沙學案〉中，〔註 3〕《明史・儒林傳》也附於陳獻章之後，〔註 4〕西河撰其傳記，也特別說明於此。〔註 5〕但比較而言，賀欽以篤信謹守聞名，學術並不明顯，《明史》本傳即云：

欽學不務博涉，專讀四書、六經、小學，期於反躬實踐。謂爲學不必求之高遠，在主敬以收放心而已。〔註 6〕

黃宗羲《明儒學案》甚至指出「蓋先生之於白沙，其如魯男子之學柳下惠與」，〔註 7〕可以了解賀欽在學行之間，以篤敬立身，似乎偏主於行之一端，與抗清身亡的賀凌臺，〔註 8〕固然可見傳家的風範，但其中學術的承傳則不甚明晰。所以就宗主古本《大學》，開示學必知本方面，西河認爲此應是賀凌臺自出機

〔註 3〕詳見黃宗羲撰《明儒學案》卷六〈白沙學案下〉，頁 98～101。

〔註 4〕參見張廷玉等撰《明史》卷二百八十三〈儒林〉二，頁 7264～7265。

〔註 5〕詳見西河撰《西河集》卷八十〈賀欽傳〉，收入《四庫全書》第一三二〇冊，頁 738～739。

〔註 6〕參見張廷玉等撰《明史》卷二百八十三〈儒林〉二，頁 7265。

〔註 7〕詳見黃宗羲撰《明儒學案》卷六〈白沙學案下〉，頁 98。

〔註 8〕西河撰《西河集》卷二十一〈復王草堂四疑書〉載云：「關東創聖學以教生徒，惟賀黃門一人，世所稱醫閭先生者，其孫字凌臺，以不自揣量與生員徐一寧，請兵高麗不可得，歸而伸螳臂抗順，卒死非命。」收入《四庫全書》第一三二〇冊，頁 176。

杼，首開以古本《大學》設教的風氣，並且在篤行之外，逐漸加強學術的證發，與其先人強調主敬持守，誠篤立身的方式，似乎已有不同，西河認為就此而言，凌臺的學術路徑顯然更加清楚明晰，云：

往者翳閭先生賀黃門受白沙之學，歸關東設教，而其入手猶未明著，今其孫凌臺先生實倡斯學，立學人用功之準，而不幸身死，幾于絕傳。(《大學知本圖說》，頁 5)

所謂賀黃門「猶未明著」，凌臺「實倡斯學」，也就可以了解賀凌臺之學似乎未必全由祖傳，所以西河所得之學，主要仍應以賀凌臺為主，尤其在學行相證的方式中，特別標舉古本《大學》，宗主修身誠意之效，從而調合知行的差異，確立進學修養兩相發明的法門。而經由高笠僧居中的傳授，西河於是得以傳其絕學，事實上，西河即是以此來標示個人為學宗旨的轉變，自為〈墓誌銘〉說明云：

予為受學三日去，特予幼所學為朱熹改本，誤以格物窮理為正學首功，遂以研索典籍，詳究事物為極事，遇有言心學者輒唾之，今始知統該于身，覺中有根柢，而外鮮遺落，涉艱履險，皆泰然焉。〔註 9〕

在天意所屬的機緣巧合中，西河棄改本而就古本，並且揚棄朱子格物窮理的途徑，轉而從確立根柢，究習心學入手，使心意坦然自適。至於高笠僧傳授的內容，主要可以分成兩部分，一是詮釋《大學》原旨，一是開示用功門徑。前者詮釋《大學》本文，建立架構，後則深究心意，指示功夫，西河並且與朱子格物窮理的路徑相互比較，標示其勝出之處，云：

曰:「向亦讀是書以求聖功而不可得也。夫聖功在格物，而格物莫解，則聖功亡矣。今曰聖功在是書，得毋窮致事物之理即聖功耶？」曰：「是何言與聖功有本？其一曰『此謂知本』，謂修身為本也，則本在修身矣。其一曰『此謂知本』，謂誠意為本也，則本又在誠意矣。大學以修身為本，修身以誠意為本，而謂聖功在格物可乎？」予乃嗒然若失，又憬然若有所得。曰:「格物如何？」曰:「物有本末，格物也。知所先後，致知也。」曰:「在《大學》何文？」曰:「『自天子以至于庶人，壹是皆以修身為本，其本亂而末治者，否矣。其所厚者薄，而其所薄者厚，未之有也，此謂知本，此謂知之至也』，此

〔註 9〕見西河撰《西河集》卷一百一〈自為墓誌銘〉，收入《四庫全書》第一三二一冊，頁 129。

> 《大學》文也。此即格物致知也。則但知本身而學已定也。」曰：「誠意如何？」曰：「誠意毋自欺，知至善也，知也；誠意必自慊，得至善也，行也。」曰：「在《大學》何文？」曰：「『所謂誠其意者，毋自欺也。如惡惡臭、如好好色，此之謂自慊，故君子必慎其獨也。小人閒居爲不善，無所不至，見君子而後厭然揜其不善，而著其善，人之視己，如見其肺肝，然則何益矣。』故曰誠意止至善也，言《大學》首功則惟于此而已也。」予乃再拜，請受業，約住三日去。（《大學知本圖說》，頁 2～3）

在闡釋推證中，西河與高笠僧重複著提問、回答、印證原文的模式，前段主要是經過高笠僧的說法，批駁朱子以窮致事物之理作爲聖功的方式，其實並不符合《大學》「此謂知本」的眞諦，所謂知本，是對於大學以修身爲本，修身以誠意爲先的領悟，所以「物有本末，格物也」，「知所先後，致知也」，格物致知主要即是釐清本末先後，確立誠意爲本的概念，最終進而止於至善。所以後文進一步推闡誠意內容，而在層層推論，先破後立中，西河表示信服，從而也確立用功方向。當然西河是以引述的方式代言，藉由重塑其間講論情境，呈顯「謐授」的氣氛，事實上，對話方式是經由相互的辨證詰問，彼此獲得共識，進而顯豁眞理，而在對談之中，西河是以印證原文來取得共識，不僅表明學而有據，而且是符合原旨的詮釋。西河並且進一步引述高笠僧指示的內容，闡釋誠意爲本的概念，說明其功是在當下一念開始，既是立即可就，又是隨時可成，云：

> 請曰：「可當下用功乎？」曰：「何不可。」乃相對坐，曰：「此時知爾心乎？」曰：「知心。」曰：「何以知之？」曰：「吾反觀于心，而未嘗有意，寂然無所動，此必心也。」曰：「然。」少頃曰：「亦知意乎？」曰：「知意。」曰：「何以知之。」曰：「吾忽念曰『吾思學聖三十年，而不意當下可學，第不知果能學之否也？』此必意也。」曰：「然。」……少頃旅主人至，相對坐語，去。曰：「方語時知心意乎？」曰：「不知。」曰：「何以知之。」曰：「吾心方在語，而無他及也。即其實意發而亦不覺也。」（《大學知本圖說》，頁 3～4）

講論之間，高笠僧引導西河從寂然凝慮之際，明察心體的大要，進而探究意念的發動，以及內心省鑑察覺的機制，從而釐清心、意、知三者相互的關係。主要即是提示探究心性，既不能經由形上概念推究，也不應藉由格物窮理入手，而是必須透過內心確實可感，可以體證領悟的範疇，才能達致其功，所以西河進一步指出其中的關鍵，云：

> 身有心、意，知未發爲心，發之爲意，而知則統乎心、意之間，即心之靈也、明也。經之所云：「旦明」，先儒之所云：「照心者也」，《大學》「格物致知」之知，即此知。「知止能得」、「知所先後」之知，亦即此知也。第此知在身，無位無體，隨心、意與事物而皆見之，而在心、意之出入，則見當倍清，假使意有所發，而忽不及見，則在獨處時，謂之坐馳，而在應物時即謂之顯騖，此非知之患，心意之患也。……心、意、知三字，何有先後，當其未發，即謂之心，及既發而即謂之意，乃發之之後而復見心，及其又發而又見意時，而心即時而意，而知則無時不見于其間。（《大學知本圖說》，頁4）

所謂之「心」，是指內心坦然自在，澄然無慮的狀態，心思已動，則爲意念，至於「知」則是省鑑的檢視活動，所以心爲未發，意爲已發，知則存在其間，隨時發動，彼此有先後順序的關聯。但如果從範圍而言，心是載體，是全然的心理，其實也未必可以刻板的劃分先後，畢竟在思緒已動之時，也仍屬於心理的活動，所謂「心即時而意」。但無論是心是意，西河所行的檢視活動，是屬於內視反省的分析過程，也就經由西河的分析，確立心、意是心理活動中最單純之境，也是最須下工夫的根源之地，至於前人糾葛不清的善、惡，理、欲等課題，其實是在心、意之外旁生的問題，西河在此省察下，並且進一步引述高笠僧所開示的工夫，云：

> 其所以先誠意而後正心者，亦謂用功從誠意始耳，非心意有次第也。是以用功者，當其既發也，而即誠意；及發已，而即正心，時心時意，即時正時誠，不加強勉，亦不事過抑，任其自然，而由誠而正循環焉，以至于盡，而于是盡性至命之學亦俱見焉。（《大學知本圖說》，頁4～5）

雖然心意未必有次第，但下手工夫則是以「誠意」爲先，畢竟已發才能省鑑，才能著力，之後再進而求其坦然自適，即是「正心」的工夫，於是誠意正心交互運用，也就可以收其成效。換言之，就在心理活動之初，掌握誠正，無所偏失乖戾，也就能盡性至命。所以只要日行誠正之功，即可以達致其效，高笠僧言明其效是「內聖外王一時可行，亦時時可行」、「自今茲以至後，日日無窮，作聖亦無窮」（《大學知本圖說》頁 5），也就是此一道理。對此嵩山授經的過程，西河即是在回應經文，印證省察的相互論證下，從而信服其教，並據以構畫出聖學架構，云：

> 予怏然有得，凡三日而《大學》全功無不昭揭如日星，曠朗若河海，灼然洞然，目可睹而手可循，始悟從前之講學皆夢夢也。于是自畫一「大學知本圖」以質之。（《大學知本圖說》，頁 5）

於是在授經及傳法的講論中，西河將《大學》開示的根本，表列成格式，畫成「《大學》有本」、「格物知本」、「格物以修身爲本」、「修身以誠意爲本」諸圖，〔註 10〕期使修習涵養有所依循，並呈顯學有所本的體系架構。

〔註 10〕西河自畫「《大學》知本圖」作爲講論之依據，並且據以遵行，主要即是《大學》本文原即具有鋪排結構的傾向，西河即於其中歸納出四圖：

「《大學》有本」：

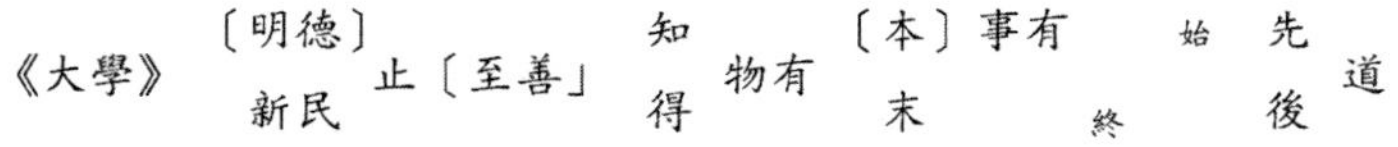

《大學》　〔明德〕／新民　止〔至善〕　知／得　物有　〔本〕事有／末　始／終　先／後　道

「格物知本」：

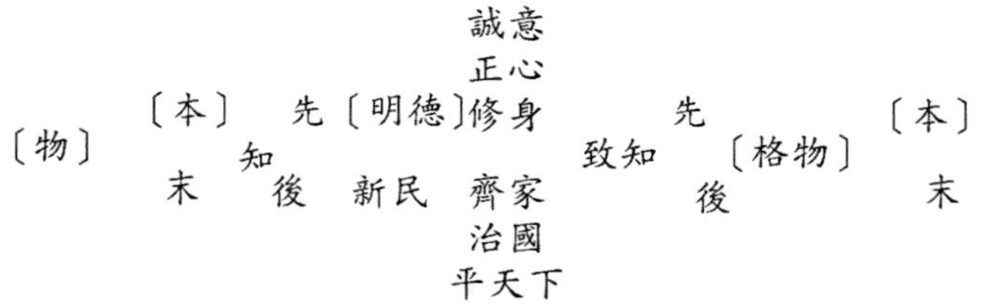

〔物〕　〔本〕／末　知　先／後　〔明德〕／新民　誠意／正心／修身／齊家／治國／平天下　致知　先／後　〔格物〕　〔本〕／末

「格物以修身爲本」：

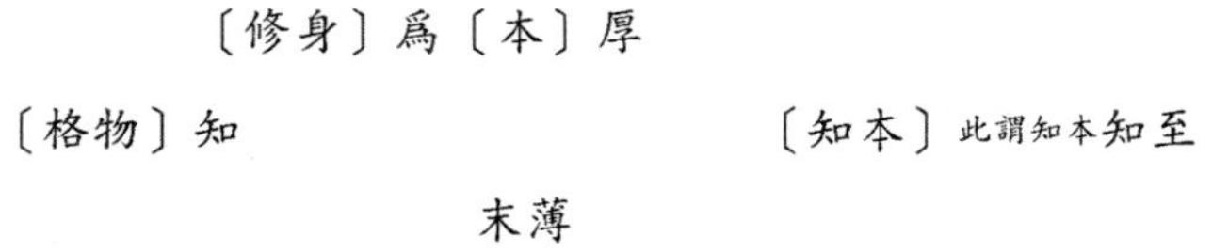

〔格物〕知　〔修身〕爲〔本〕厚／末薄　〔知本〕此謂知本知至

「修身以誠意爲本」：

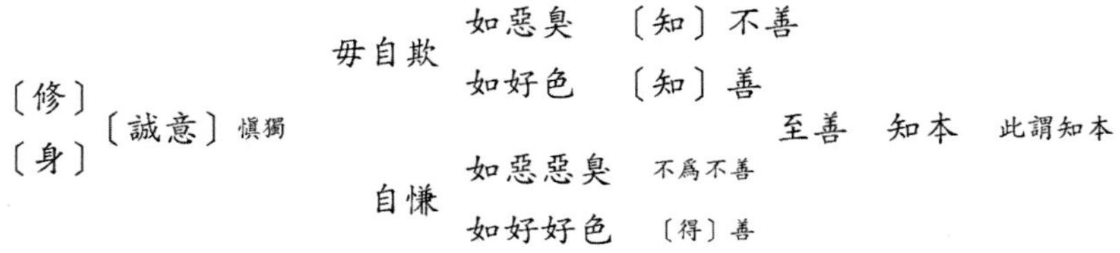

〔修〕／〔身〕　〔誠意〕愼獨　毋自欺：如惡臭　〔知〕不善；如好色　〔知〕善　自慊：如惡惡臭　不爲不善；如好好色　〔得〕善　至善　知本　此謂知本

見西河撰《大學知本圖說》，頁 6～8。西河以圖解的方式，闡釋其中的結構，嘗試推求根本，例如西河於重要觀念中皆即括號處理，並以本末作爲主軸，即可得知。

此外，西河以文學之筆，幻化出神秘的效果，所謂空中傳語、廟市巧遇、翌日相招、闢室密談、追溯淵源、引導學習、相互辯正及三日畢舉等，也就是圍繞在授經儀式上，成為一種英雄膺選的母題，鋪排類似神話的情節。對於此事，西河友人提出質疑，認為容易誤導後人對於儒學路徑的了解，〔註 11〕但西河則提出辯解，認為學貴記實，表示授受之間，並無虛假，云：

今其都講以亡命髡首，究不知為何如人？何名？何氏？第以曾授一《大學》古本而追稱之，然固僧也。舍僧何稱乎？且學貴記實，反記偽乎？且此亦何損于學耶？〔註 12〕

西河甚至認為自己初生時「番僧授牒」的夢徵，即已隱含其兆，〔註 13〕而且西河認為既是記實，雖然是玄之又玄，只要內容不涉其他，其實也無礙於學術的純正。

二、旅居淮西的感悟

西河既有悟於心，所以立下宗旨，並且在日常間依法施行，西河自述其歷程云：

當是時力行數月，復從嵩山還禹州，州守使君吾邑人，前時州署親串有大不愜于心者，至是渾忘若太虛，然且從而相親焉。迄于今作輟者二十年，鄙卻復生，隱慝橫踞，德不加修，而學亦日廢。先生曰：「時心與時意，不為間斷，一不察而間斷生焉。」今且間斷之至

〔註 11〕西河撰《西河集》卷二十一〈復王草堂四疑書〉引述王復禮來文云：「先生天壽平格，主持聖教，每一言出，則天地局蹐為之一開。顧伏讀《經集》卷首則可疑者四，一云夢番僧到門寄以度牒、二云以頭陀居士林，貽壞名教、三云高笠僧授古本《大學》、四云以曾髡髮為頭陀獲罪功令，……今以初生、避難、授道、遺言四則皆歸之僧，後將若之何？先生偶未思及耶？」收入《四庫全書》第一三二〇冊，頁 175。其中即是針對西河所述，易啓後人誤解西河路徑自釋氏而來，故來書質疑，只是其中的重點似乎並非在於眞實性與否，而是在撇清立場，確立儒者本位。

〔註 12〕詳見西河撰《西河集》卷二十一〈復王草堂四疑書〉所載內容。收入《四庫全書》第一三二〇冊，頁 176。

〔註 13〕西河撰《西河集》卷二十一〈復王草堂四疑書〉云：「先慈所夢，明明告之。大母質之先贈君，先贈君即以此夢告廟命名，何敢淹沫，且非謂此見夢者為所託之身，祇其所貽牒闌以五虯，因取郭景純詩『奇齡邁五龍』句，名曰『奇齡』。此即他日高笠僧授《大學》之先徵也。授學大事，番僧即遼僧也，牒者，《大學》文也。」收入《四庫全書》第一三二〇冊，頁 175。

矣。然而木本水源，則何可忘也。（《大學知本圖說》頁 5）

在不斷的究析根源，省察心意是否誠正時，再無憤慝自私之心，自然也就廓然大公，了無憂懼，只是西河既已指出此一法門是學力根源所自，不可亡失，但本身似乎又未能做到時心時意，時正時誠的工夫，推究其中，一方面是西河經歷的情勢已有不同，流亡於途的惶惶不安，經由時時提醒反省，追索意念發動之初，有助於泯除易生於心的憂懼憤怒，但結束流亡之後，似乎就也失去施行其功的誘因。另一方面，西河對此也進一步的反省與檢討，期向更深刻廣大的方向用功，其中關鍵，西河指出是旅寓淮西時的觸發，云：

時予寓少室，又寓湖西，轉而寓崇仁，亦既守其教而行之有年矣。既而寓淮西，夜坐聽官廨子弟有誦《論語》者，「顏淵喟然嘆曰：『仰之彌高，鑽之彌堅，瞻之在前，忽焉在後。』」則大驚。又聽之「既竭吾才，如有所立卓爾，雖欲從之，末由也已。」則更驚此是何說？其所說何事？因舉平日所從事者，勘之，體驗之，則並無此境，豈其中有物耶？外氏立教，有王婆，有主人公，有拈探捉摸，吾學無是也。且心意坦實，未嘗兀突，如外氏所云：「相見固是指著。」即非者，安得有如立、末從之境在學事間。因四顧倀倀，無所適從者約七、八日。（《大學知本圖說》頁 15～16）

西河從誠正心意下手，固然當下即可把握，立收成效，但就其內涵而言，似乎過於簡易，旅居淮西，夜聽旁人誦讀《論語》，對於顏淵形容孔子道德學問的廣大深奧，忽然有所觸發，於是檢視本身奉行的法門，在心意坦然之餘，似乎缺乏如此深邃廣大的境界，於是倀然思考，在無所適從之際，西河並未改弦易轍，另循門徑，而是嘗試貫串諸經義理，進一步擴充其境界，由辨析心意誠正，轉而推究道體的相應關係，其自述思路過程云：

于是就「循循善誘」之說，博約文禮，夫博約文禮，即吾向所下學之功，無日不慎獨，無日不存心，亦無日不研經說禮，未嘗于文禮有所廢弛。而子必以此爲教，一似舍乎此而即無他者，此乃所謂誘也。然而既誘之矣，吾亦第聽其誘之已耳。既而念《孟子》云：「文王望道，如未之見。」夫道可見耶？猶顏子也。又念《孟子》云：「道則高矣！美矣！宜若登天然，似不可及也。」道豈能登陟耶？亦猶顏子也。然而顏子仰瞻，並無所指，而此則所瞻在道，所仰亦在道，得毋顏子所嘆者，即道耶？第道是何物，定非有一形一器，可以容

> 吾捉摸者，而以觀《論語》有云：「吾道一以貫之」，則道在人身，然而聖人有之，不能人人有之也。乃又云：「夫子之道，忠恕而已矣」，則道雖在聖人，而亦人人得有之，道在夫子，忠恕仍在人心也。（《大學知本圖說》頁16）

顏淵推崇孔子立教規模廣大深邃，難究其境，西河並且指出顏淵所見，或許即是「道」，聖人以「博我以文，約我以禮」，是「可見」、「可登陟」的立教內容，使人確實可行，但既然是「誘」，也就表示是有其階段性質，更重要應該是既「誘」之後所應達致的境界。西河並且雜引《孟子》加以證明，就詮釋效力而言，雖然未必可以直接畫上等號，但西河主要是希望能進一步呈顯所謂深奧微妙的境界，使「道」體更加明朗。據此，西河認爲工夫與本體有其差異，在道體部分，如果缺乏相對應的描述，所謂誠意之教，不免在廣度及深度上有所欠缺，於是西河由誠意下手，嘗試在四書中予以串貫發揮，建構誠與道相關的內容，西河並且說明經由《中庸》「意之達天德」的說法，得到了進一步的啓發，云：

> 于是展轉思維，以爲《大學》、《中庸》相爲表裡，豈有《大學》一道，《中庸》又一道者，乃復諦觀《中庸》，然後恍然曰：「道也者，即意之達天德而成王道者也。」蓋《中庸》言性道，《大學》祇言心意矣。然而性即心也，謂心之得乎天而生于人，而性于以名生，心之謂性是也。意即道也，謂意之得乎善而當乎誠，即謂之道。誠者，天之道；思誠者，人之道是也。是以未發爲本，而既發爲道。夫性之既發，亦猶之心之既發，而未發爲大本者，既發而即謂之達道，則意非道哉！以故性與天道仍在誠意，位天地而育萬物仍在愼獨，而特其誠意之功未經精進，則不能有卓爾末從之境，何則？學者一生只誠意，而誠意之久，進乎至誠，則其境大異。蓋誠當至處，既盡己性，復能盡人物之性于以贊化育而參天地，則人我兩忘，理欲齊冥，天德渾然，一若有於穆不已離心意而獨存者，即謂之道，此豈易至哉，然亦豈外吾心意而別有所爲望之、登之、仰之、鑽之者哉？（《大學知本圖說》頁17）

西河以心即性、意即道，於是將在心／意之間的操持，提昇至性／道內涵的掌握，從而表明誠意、愼獨之教是恆長不懈的修持歷程，既維持離吾心意無可操持的路徑，也補充誠意之教缺乏形上境界的環節。另外，據此也可以發覺西河基本上是經由《大學》立其規模，進而由《論》、《孟》加以觸發，最後推至《中庸》宏大之境，事實上其學思歷程，在架構上仍是依循朱子所規畫的途徑，〔註 14〕只在內涵上轉而由誠意貫串，擬構出誠意／至誠的聖道進程。

三、歸田研經的佐證

西河既持誠意之教，並且在學思反省中，確立宏規，但似乎並未持之以恆，依其所述是「迄于今作輟者二十年，鄙俗復生，隱慝橫踞」(《大學知本圖說》頁 5)，所以德業自然無法日見其功，推測原因，應是應舉登朝，得意於時之後，不復當年驚惶憂憤的情境，於是也就失去修身誠意以俟將來的心理需求，所以西河在引述受高笠僧之教後，即指出「特予登朝後，無所建明」(《大學知本圖說》頁 6)，也就可以作爲證明。當然也是因爲西河轉而以經義侍從，學術上偏於研經考制，以備顧問，自然不再時時操持其中，專意於心性之學。但西河不久後告假返鄉，居家講學，在與門人研經論學之際，反而能重檢舊學，加以融鑄淬鍊，有進一步的發展，西河自敘其轉變云：

> 而歸田以來，備舉六經之晦蝕者而剖析之，此亦經世大業一領要也。予嘗謂講堂之設，不宜講誠正之學而宜講治平之學，《詩》、《書》、《禮》、《樂》，即治平所有事也。每思搆一室授生徒講之，而年及崦嵫，不可待矣。後有興者，當守其說，曰：「誠正在力行，治平在講論」，而特是講論親切，仍資力行。少時觀群經，每多疑義，而自受高笠先生教後，則觀經若琉璃屏，表裡皆徹，凡儒說是非，纖微必見，此非本末相助之皦然者乎？若夫兵農刑禮、治亂得失，與夫人倫行習之見諸行事，其有關于《大學》者，則六經具在，其于以講之何難焉？(《大學知本圖說》頁 6)

據此可以了解西河晚年爲學的重點，似乎已從操持心性轉而強調經世致用，

〔註 14〕黎靖德編《朱子語類》卷十四中，即載及朱子擬講四書次第是《大學》、《論語》、《孟子》、《中庸》，是有其進程與用意，云：「學問須以《大學》爲先，次《論語》，次《孟子》，次《中庸》。《中庸》工夫密，規模大。」又「某要人先讀《大學》，以定其規模；次讀《論語》，以立其根本；次讀《孟子》，以觀其發越；次讀《中庸》，以求古人之微妙處。」……等。頁 249～251。朱子如此安排，自然有立根本，並且有建構爲學歷程的作用，西河駁朱子不遺餘力，但檢討西河爲學次第上，似乎則仍是依此進程，而改以誠意爲主。

甚至設教講論，也是提倡治平之道，要求躬行實踐，而非說理論道，就其發展而言，不僅符合《大學》所開示由誠意而至治國、平天下的歷程，並且也展現由虛返實的精神。所以西河更專注於經義闡發，藉以顯揚聖學，西河門人撰作〈西河經集凡例〉即說明其情形云：

> 則先生素薄講學，謂聖功宜躬行，不宜論說，惟經術晦蝕，斷須極爲辨定，意欲闢一講堂，朔望會講，而共事者少，且晚年多病，遂爾中止。（《毛西河先生全集・經例》頁6）

西河本來希望以講學論辯的方式來闡明經術，以求張大聖人原旨，雖然最後因病中止，但強調躬行實踐的主張，卻是極具意義，主要是因爲西河幾經歷練，自然更重視能否有用於世，顯揚名聲，經以垂範，禮以用世，讀經研禮，一方面能有進呈獻策的榮寵，當然更是有用於世的證明，所以西河也就在倡導躬行實踐之際，強調落實在考訂經義上，藉以佐助經世致用之業，只是由心生操持轉而躬行實踐，由講論改爲考據，由理學而經學，在內外兩種不同的範疇中，西河認爲其中仍有關聯，從早年受高笠先生之教，強調操持，務立根本，尤其在剖判心、意，究其已發未發之際，施於經籍考校，有「觀經若琉璃屏，表裡皆徹；儒說是非，纖微必見」（《大學知本圖說》，頁6）之效，於是由內及外，往往能洞燭是非，見人所未見。自此誠意之教施於行事，並且淹貫於研經考制的活動中，不僅學術目標更加明顯，而且學與行之間更加緊密。而考辨群經，駁斥朱注，回歸經典原旨，致力闡明聖人意旨，即是此一階段的具體成果，此於前文論之已詳，不再贅言。

第二節　對進學路徑的省思

西河一生不同的經歷，使西河學思歷程有諸多轉折，但強調誠意之教，辨析聖人原旨的立場則相當一致，尤其在修養進程方面的建構，即可發覺西河一方面研討朱子所提出的格致之教，另外也廓清儒家與佛、道之間義理糾葛之處，不僅提出誠意之解，建構可資遵行的進學途徑，並且進而展現醇乎儒者的聖功宏規。當然其中最主要即是對於四書內涵的省思與推究，並且在研求聖人原旨的考辨活動中，建構出聖學的路徑，其中主要訴求或許稍有不同，但基本精神則是彼此貫穿，其要項如下：

一、倡言誠意之效

西河認爲聖學工夫首在誠意，不應有所扭曲，云：

> 然且聖道聖學要認清楚，聖道由誠意、正心，而至成己、成物，以忠恕爲一貫，而聖學則祇在誠意二字，以止善去私行，強恕而馴致于道，其所云本，則祇《大學》之始事也。《大學》所謂物有本末是也。所謂末，則又童學中始事也。鄭康成〈少儀〉註所謂小學之支流餘裔是也。故以《大學》言之，則誠正是本，治平是末，祇以學言之，則誠正是本，灑埽是末，至于聖道則但在《大學》之中，而灑埽應對進退絕無與焉。(《聖門釋非錄》卷四，頁 14)

西河推尋《大學》誠意之教，認爲不論是誠意／正心，成己／成物，乃至於忠恕一貫，推其根本即是誠意，而《論語》所謂的「灑埽應對進退」，其實並不能視爲聖學門徑，主要因爲西河曾就其開示的意涵加以審辨，云：

> 格物以修身爲本，而修身則又以誠意爲本，雖身有心有意，不分先後，而誠意之功則先于正心，何則？以意之所發，始知有善有不善，亦意有所發，始能誠于爲善，與誠于不爲不善，正心時無是事也。是以誠意二字爲聖門下手第一工夫，假使意發而不善，則必知其不善，一如惡臭之在前，而惡而去之。其知不善者，知也不欺也。惡去而之，則行也，得也，自慊也。(《大學知本圖說》頁 8)

對於心意之間的體察，是來自高笠僧的啓蒙引導，因爲究析心意發動之初，心是寂然未發動的本體，意是可以鑑察的心理活動，自然是涵養持守的發端，所以西河認爲誠意是聖門下手第一工夫，相較而言，與朱子視灑埽應對進退爲工夫相比，顯然是更爲深刻，也更具根源性。當然主要因爲西河對此有深刻的體驗，並且曾經奉行有年，所以執信頗堅，西河並且將《大學》本文，依其文意脈絡，構畫成「《大學》有本」、「格物知本」、「格物以修身爲本」、「修身以誠意爲木」四圖（詳見前引），強調其中有本有末，並且在格物——修身——誠意的歸本歷程中，進而指出《大學》之本實爲誠意，而非格物，從而廓清朱子格物窮理的路徑。西河並且認爲必須先有誠意的工夫，配合治人治己，推於知行之間，由知本而至於有得，終而得其成效，西河闡釋其進程云：

> 《大學》之道，在治己治人兩端，而總在于止至善。其止善之功，則必以知始，以得終。知行合而聖功備矣。定、靜、安者，知善所在，則心意不撞擾也，慮即意也，即後文誠意是也。(《大學知本圖

說》頁 6～7）

所以無論是治人治己兩端，立其標的即是歸之於至善，西河即依此構畫出誠意的要點，此後西河並且將此延伸至《中庸》的內涵，構畫「知本後圖」，用以標示誠意爲本，而修誠可達致成己成物之境的效果。〔註 15〕可見西河是將誠之意涵，畫分出兩層境界，一是當下即可掌握施行的法門，一是可以永續追循，體現天人之際的歷程，所謂的「聖功易入，誠意是也；聖功若難盡，至誠是也」（《大學知本圖說》頁 18），於是由誠意進而至誠，產生一種「使此身渾然造化，儼然有可望，而不可即得之一境」（《大學知本圖說》頁 18～19）的極致，於是本屬工夫的誠意也就進而成爲形上的概念。推究其中，西河是以歸納匯整的工夫，將《大學》主線由格物窮理，轉爲誠意正心，西河並且將此一概念開示後學，重新組構進學主線。但畢竟誠意是工夫，缺乏具體的內涵與規範，並且意之所發，往往是以己身爲念，自然多屬於私意，未必能廓然大公，然而西河並未對此有所釐清，不免有所缺憾，但西河強調只要確實依循修養與操持的方法，在「欲漸亡則理漸長」中，也就自然而然達致其境，云：

> 然此即意之善也，即儒者之所謂理也，假意發而善也，當乎理也，則必實其意以使之必行，假意發而不善也，即儒者之所謂欲也。則必實意以去之，而使之必不行，如是之久，則欲漸亡，欲漸亡則理漸長，久之而日月至，又久之而三月不違，又久之而從心所欲不踰矩，皆是功也。（《大學知本圖說》頁 3）

西河強調誠意中以「實其意」作爲基礎，藉以呈顯篤厚踏實的精神，其中並且旁涉理欲問題，但西河並未就此深入探究，似乎認爲內心良知及內心鑑察活動是不證自明，自然而然的結果，至於專究意念的發動，主要因爲西河認

〔註 15〕西河撰作「知本後圖」，其內容即是將《大學》、《中庸》比類並觀，歸納出何者爲本，其圖爲：

　　　　　心　　知　　絜矩　好　之〔道〕齊家治國　明德
《大學》〔意〕愼獨　至　〔誠〕意　惡　　修身　　知〔本〕
　　　　　知　　善　　忠誠　誠　大〔道〕平天下　新民

　　　　　性　　明　　誠者天之〔道〕盡人盡物　成己
《中庸》〔道〕愼獨　　〔誠〕身　　　盡修　　立大〔本〕
　　　　　教　　善　　誠之人之〔道〕參天地　成物

見西河撰《大學知本圖說》頁 19。

爲意念是可以施行用功之處，云：

> 第此知在身無位無體，隨心意與事物而皆見之，而在心意之出入，則見當倍清，假使意有所發，而忽不及見，則在獨處時，謂之坐馳。而在應物時，即謂之顯騖，此非知之患，心意之患也。誠意首用功，豈宜有此。（《大學知本圖說》頁 4）

可見西河有意擺脫理欲善惡等形上命題的爭議，轉而集中於內心確實可以感知的部分，從而使聖學可以有著手施行之處。

二、強調定式與一貫的進程

西河檢討歷代儒說，發現往往彼此間擬議雜出，莫得定準，令人轉生疑惑，西河認爲主要即是因爲學無定式，人云云殊，於是在發展誠意之教，擴展其中內涵時，西河強調爲學須有定式，西河即以年少時與兄長討論的經驗，提出對此之見解：

> 夫聖學不行久矣，能行聖學，曾何藉于講，而乃不能行，而因而講之，則必講所以行之之法，使學者就坐言之，起坐即可行，而顧譊譊訟辯，動輒以德性、問學區別爭勝，且必究極此兩家同異，以樹門幟，而至于反躬自問，則茫無歸著，私臆以爲此必都講有流弊，多所惑溺，其在師儒所指示必不出此。而歷繙講錄，則自北宋至于今，前後一轍。于是屢詢之仲兄，仲兄曰：「爲學次第，先儒亦嘗言之矣，大抵以立志爲始，而主靜立極次之，窮理盡性又次之，既又以主靜未安，易之以涵養用敬，而擬議雜出，全不如二氏之晝一，與百工小技之各有一定之式，而至于《大學》一出，則格物二字，至今未解，尚何入聖之功之與有？」（《大學知本圖說》頁 1）

西河說明所謂講學，必須先確立宗旨是講所以行之之法，而非空言論道，妄爭門戶，並且就成效而言，也必須是學者可以「就坐言之，起坐即可行」的範疇，其中並且以反躬自問作爲省察檢證的法門，西河即引用兄長言論，研討自宋以來莫衷一是的爲學門徑，以及對於格物之解的懷疑，強調入聖之功須有定式。推究用意，可以了解主要是回應歷來學者茫無頭緒的情況，另一方面也可以藉此與佛、道百工爭勝，從而展現出儒者可供登躋依循的路徑，雖是引述，但基本上即是西河的主張，如《四書改錯》中西河更明白指出其中的道理，云：

近儒不知聖道，併不識聖學，其于下手入門處，全然不曉，東振西觸，曰立志、曰主靜、曰主敬、曰涵養用敬、曰格物窮理，千頭萬腦，終無歸著，以致六、七百年來，誰能于下手入門處，明白指出，及驟聞一貫，而彼我茫然。夫萬殊一本，此佛家之萬法歸一也。且亦籠統何著落，及聞忠恕二字，宜警然矣。乃錮蔽之久，翻疑爲借端之目，夫明指本心而猶曰借端，則于當身且不知，而欲其知道知學，難矣。(《四書改錯》卷十九，頁 3)

西河有意以定式來消弭歷來不同說法的歧異，從而證明聖道的坦蕩與唯一，就經典而言，《論語》中提及「一貫」的說法，也就可以作爲此說的依據，如〈里仁篇〉孔子自言之「吾道一以貫之」、或者〈衛靈公篇〉孔子自承多學而識，事實上都強調是「一以貫之」，西河即以《論語》中相關之資料，進而推究其內涵，云：

是以《論語》兩「一貫」，曾子是一貫之道，故曰「吾道」、曰「夫子之道」，子貢是一貫之學，故曰「多學而識」，然而曾子一貫在忠恕，子貢一貫只是恕，夫曾子一貫，明指忠恕；子貢則未嘗有所指也，何以知子貢一貫只在恕字，嘗細核子貢平日其與一貫相發明者，全在終身行之一章，夫終身行之，非一貫乎？乃夫子告之者，祇一恕字，且申「己所不欲，勿施于人」八字實之，以爲一貫之學只在此也。乃子貢遲久有得，遂曰：「我不欲人之加諸我也，吾亦欲無加諸人。」此恕之近道也。然而子貢未能也，須學也。又遲久而曰：「如有博施于民，而能濟眾，何如？可謂仁乎？」而夫子仍以能近取譬勉之，以爲聖仁是一貫之道之至，而其學則仍在恕字，亦惟學而然後可進于道也。然則子貢一貫，其平日用功不知在所告後、所告前，而刻意行恕，三請三進有如此。(《四書改錯》卷十九，頁 2～3)

西河認爲不論是曾子或子貢所傳，其實都表示夫子指示之學，與弟子的持學修養，確實有串貫一致之之處，而且既然夫子學有一貫，後學豈能各抒己見，學出多門，所以西河即據以說明儒者爲學當求定式，並且是明指本心爲依歸，只是後學多歧，不能深明其中要義，所以西河進而指出忠恕一貫之道，其實不僅涵蓋《論語》一書，更是通貫四書之中，云：

殊不知聖道淺近，一貫只是一串，一串之道，只在忠恕。夫子此忠恕，曾子門人亦此忠恕，無二道，亦無二心，然且忠恕二字，究只

一恕字，此推之《論語》二十篇，與《大學》、《中庸》、《孟子》無不然者。(《四書改錯》卷十九，頁1)

可見聖道無二，只在孔子「忠恕」而已，《四書賸言》中更載西河對此推衍的過程，云：

一貫忠恕，是堯舜禹湯以來，聖賢相傳之道，于此不明，則並屬異學，非孔子徒矣。孔子明言「一貫」，曾子明言「忠恕而已矣」，「一貫」者，只此一串之道也。「而已矣」者，更無他道也。聖賢無異學，千聖百王無異道，夫子與門人無異心，乃謂一貫之道，借盡己推己之目以著明之，曾有絲毫見道者而肯作如是語乎？毋論夫子一生只此忠恕，《論語》二十篇教人只此忠恕，即《大學》、《中庸》、《孟子》三書，亦只此忠恕也。《大學》以明德、新民爲一貫，而務絜矩以該之。《中庸》以成己成物爲一貫，而提忠恕違道不遠以綜統之，然且忠恕二字，要歸在恕，以平天下、育萬物，非恕不爲功，《大學》以藏恕，喻人爲絜矩，而《中庸》以求人先施爲庸德，是以《論語》兩一貫，一是曾子，一是子貢，曾子是忠恕，子貢只是恕，一言而終身行之，單是恕字，不欲無加，是子貢行恕實功，即博施濟眾，亦以仁聖爲子貢強恕極境，推之而仲弓之不欲勿施，仁及邦家，《孟子》之反身強恕，萬物皆備，先聖後聖，其揆一也。(《四書賸言》卷四，頁17～18)

西河認爲「聖賢無異學，千聖百王無異道，夫子與門人無異心」，所以忠恕一貫即表示由內及外，從誠意修身，乃至達致平天下、育萬物，皆是以此貫之，既提示進學有定式的修養路徑，也表示四書義理是彼此通貫，只是忠恕既明確之德目，後學往往在高深其說時，認爲無法表現聖人的幽渺奧義，難免或疑或信，似合似離，說解意義也就糾葛模糊，所以西河即以自身的體驗，進一步推闡忠恕內容，云：

往與先仲兄論忠恕，謂此是聖道，即是聖學本體與功夫，總無兩樣。及在嵩陽受賀凌臺先生之教，而體驗之覺，加倍親切，道在忠恕，學亦在忠恕，功夫在此，本體亦在此。即以《大學》言之，誠意，忠也。其止善去不善，而無自私自利之心，則恕也。此即學也。乃即以其學爲絜矩，推心度物，極盡忠恕，而明德、新民，由身心意知以推之家國天下，道皆一貫。然且只一恕字，曰「所藏乎身不恕」、曰「所惡於下，毋以事上」，無非恕也。《中庸》亦然，至誠忠也，

> 由明善致曲以推之動變，即恕也。于是成己成物，盡己性以盡物性，天地位、萬物育，何者非一貫之道，乃其學則始于忠恕，曰忠恕違道不遠，又只是恕，曰施諸己而不願，亦勿施于人，且隨以所求，未能鋪排恕字。至于《孟子》，則萬物皆備一貫也，反身而誠，忠恕也。然而強恕而行，只是恕也，此道也。而學在其中焉。（《四書改錯》卷十九，頁1～2）

西河串貫經典，於是《論語》忠恕一貫之道與《大學》所展現之架構，乃至於《中庸》成己成物，天人合德，都匯整成聖學歷程。據此，西河認為經由內省體驗，忠恕存之於心，並且推至於家國天下，天地萬物之間，構成為學者可以永恆追循之路徑，既可言淺近，但卻也是難究極境的鴻圖大規。而在定式訴求中，西河強調儒者聖學捨此無他途，歷來聚訟紛紛的門徑，也消泯於如此的定式要求中，雖然有違所謂「天下一致而百慮，同歸而殊途」的認知，但從而確定儒者宏規，可以與佛、道相抗衡，可以具體體驗省察，更可以明白推知其規模，所以西河一貫與定式的訴求，確實有其成效。

三、駁斥朱子格物之解

西河既主誠意之教，並且進而依忠恕一貫之道，擴展四書義涵，成為入手簡易，卻又難極其境的聖學路徑，其中主要是依循省鑑操持的工夫，與朱子強調觀攝涵養，格物窮理的方式，在路徑上顯然有異。所以西河極力批駁朱子見道不明，路徑有誤，主要因為西河認為《大學》的根本是誠意而非格物，朱子以致知、格物為用力處，並依此建立進學路徑，〔註16〕其實並未中的，西河即說明誠意為本的道理，云：

> 知止一節是《大學》切緊工夫，即誠意中事也。而儒者妄認作致知，則與誠意有岐頭矣。《大學》誠意本文止以小人為不善而著善，為知止善之証，其曰道盛德至善，則引經以証知止耳。《中庸》則直曰「不明乎善，不誠乎身矣」，則誠意非明善乎？嘗讀《孟子》論樂正子，首曰「善人曰可欲之謂善」，正指誠意，止善為學人作聖一始事也。

〔註16〕黎靖德編《朱子語類》卷十四云：「《大學》首三句說一箇體統，用力處卻在致知、格物。」，頁260。格物窮理是朱子建構進學路徑的依據，並作有格致補傳，以闡明「即物而窮其理」的見解。見朱熹撰《大學章句》收入《四書章句集注》，頁6～7。

然而入聖之終事亦在乎此，觀其進境，則止此一善而信有之、而充實之；而充實之、而光輝之，而于是大而化，化而至于聖神，有一從善外他求之乎？孟子論聖神，只是善人，《中庸》言參天贊化，只是誠身，何則？無二本也。然則夫子之循循，不必誘也，祗下學而上達之矣。不然顏子一嘆，在先儒俱未能窺見，而下學偶誤，則從此失足，何止尋丈，嗟乎！此爲學功夫一大關會，不可不察也。(《大學知本圖説》頁 19～20)

也就是在一貫與誠意的訴求下，西河構畫出聖學途徑，前文論之已詳，但相較之下，西河認爲前儒以格致爲用力處，實有歧出，有違一貫之意，西河於《大學證文》中即引錄前人對此的批評，用以證成己說，從而確立誠意爲本的主張，並且進而推證所謂家、國、天下莫非物也，而格物即是以此爲範疇，其說如下：

王心齋氏《語錄》有云：「格物者，格其物有本末之物；致知者，致其知所先後之知。」世以其爲姚江之學而非之，見江西楊氏所著《四體大學》。夫姚江以格物爲正物爲去欲，而心齋不守師説，故爲是言，反追究師承，原屬鹵莽。及禾中朱檢討竹垞于京師藏書家得宋黎氏立武所作《大學發微》有云：「格物即物有本末之物；致知即知所先後之知。」蓋通量物之本末，事之始末，而爲用力之先後耳。夫物孰有出于身、心、家、國、天下之外者哉！天下之本在國，國之本在家，家之本在身，身之本在心，心之發爲意，此物之本末也。誠而正、正而修、修而齊、齊而治、治而平，此事之終始也。本始先也，末終后也，而曰知所先後者，其究在乎知止而已。則其説原有來歷，非私説也。(《大學證文》卷一，頁 8)

西河引證前人的說法，指出格物也應以心爲範疇，所謂「物」即是誠意中事，西河並且進一步認爲格物即是度量本末之意，至於本末，則是由心而至家、國、天下的擴展過程，西河於《大學問》中即依此訓解古本《大學》意涵，云：

苟能量度明德、新民之本末，而審先後，則知已至矣。知至而新民之後，明德統可知矣，知所後矣。蓋誠意、正心、修身者，明德也。齊家、治國、平天下者，新民也。物者，物有本末之物也，即明德、新民而兼知與得，以共進于道者也。格者，量度也。(《大學問》頁 5)

西河認爲格物之解，應是以文字本義爲主，不應旁涉形上意涵。而且既然儒者本業已經清楚明白，也就不能違戾於此，所以所謂「格物」，自然必須屬於誠意的範疇，西河即以「格」字來描述知的活動，認爲是誠意正心時，審辨先後本末的工夫，因此所謂之知，即是知此，所謂之格，即是格此，西河說明此處訓詁用意，云：

> 「格物」照《禮記．大學》，只是度量本末，以本文原云「物有本末」，格物者，格此物也。或云量度義淺，則張鶴門云：「此處正須淺解，否則侵（疑作「怎」）知毋自欺地位，是誠意矣。」雖《禮記．大學》不分章節，亦不分綱領條目，必欲分之，則「自天子至於庶人，壹是皆以脩身爲本，其本亂而末治者，否矣。其所厚者薄，而其所薄者厚，未之有也。此謂知本，此謂知之至也。」直謂此一節釋格物致知，何不可也。（《四書賸言》卷三，頁12～13）

西河認爲《大學》原本就指出「物有本末」，可見「格物」即是格此物，不應旁涉其他，如此既可破除朱子補傳的問題，申明《大學》原本具足的說法，也可避免與誠意一貫的進學路徑歧出，所以西河與門人相互講論，甚至與人爭論之際，〔註 17〕皆一再申明誠意進學的宗旨，進而駁斥朱子格物窮理說，存在進學路徑中知與行的分歧，云：

> 知行不分，非謂知可兼行，行可兼知也。謂知者知此，行者即行此也。若以格物爲窮致事理之理，則未有所知在事物，而所行在誠意者，如謂事物只是知，誠意只是行，是知之與行，斷港絕流也。如謂事物既知，誠意又須知，是事物少一行，誠意又多一知也。若然則所云「衆物之表裡精粗無不到，而吾心之全體大用無不明」，恐未然矣。或曰：「朱子所言物，亦即心、身、家、國、天下之物，原非汎汎事物。」則于補傳所云「天下之物」，即凡天下之物，又說不去

〔註 17〕西河講論格物之義，相與論辯之際，有人提出異解，解格爲至，闡明至物之說，依違朱子格物窮理之說，盛唐等輯《四書賸言》卷三即載其事云：「是日有無錫客在坐，謂：『《爾雅》、《說文》俱訓格爲至，此格物當作至物解，物是人己，即明德、新民。格物者，謂向離乎物，而今至之也，猶《中庸》言成己成物也。』予曰：『如此則格物二字，明、新已了，更不必誠意、脩身及齊治平矣。鄭康成訓格爲來，遂有來物之解，啓後人訾議，豈有徒執一訓詁可解經者。』」，頁13。其後書札往來，續有論辯。詳見盛唐等輯《四書賸言》卷三，頁13～16。但主要爭執焦點即是西河以格物作爲誠意中事，如果視爲至物，並且擴展物之內涵爲人、己，固然可以稍解朱子進學路徑中內外的衝突，但格物又成爲進學修德的工夫，有違一貫與定式之要求，並且也使路徑歧出，西河即據以駁斥其說之不當。

矣。朱子明云「十件物，格到九件，不妨一件，物格到九分不可」，則心、身、家、國即以朱子自言之，止止曰三綱領、八條目，有多少條件而曰十件、九件乎？（《四書賸言》卷二，頁4）

西河認爲如果依朱子格物窮理之說，勢必內外區隔，知行相離，畢竟窮究外在事物之理，實在無法達致吾心誠意的效果，雖然朱子以窮理作爲永恆追尋的訴求，體現其間難極之境，但範疇有別，自然畫下無法踰越的鴻溝，西河並且進一步推究文字本意，認爲朱子釋義有誤，云：

曰「窮理」二字出自《大傳》，《大傳》曰：「窮理盡性以至于命。」本言《易》理精深，當推陰陽之理，盡繼善之性以進于天命，非謂事物之理便可窮之至性命也。夫推陰陽之理，既非首功，即窮事物之理，亦非始事，故漫以此當格物之義，而《大學》格物並不如是，則亦可以已矣。今又曰「窮理即知止」，則知止者，知止善也。未嘗知事物之理也。若是知事物之理，則所云「能得」者，將得事物之理乎？抑得止善乎？若窮事物之理，而能得止善，則求衣得食，世無是理。若欲得止善，而又須知止，則在事物少一得，而在止至善又多一知，將知、得兩截，求知與求行，俱歧路矣。向之知物理以行誠意，與今之窮理以得止善，亦又何異所考求者在河源，而其所行者乃在江漢，則斷港絕流，無一而可。（《大學問》頁12～13）

西河引據窮理本義，也就可以發覺窮理與止善是不同架構，文義上自然不可冒然承接，事實上就《大學》本文而言，也顯見文意脈絡的歧出，西河即以河源與江漢作爲比喻，說明兩者畛域有別，範疇不同，畢竟智識的考究與德性修養具有「不可共量性」（incommensurability），〔註18〕無法輕易構畫一體，西河認爲必須重新確立誠意進學的唯一與一貫，才能恢復聖學。相對於此，西河指出朱子對於文義的解釋也有不妥之處，云：

《大學》首功有一致，無兩岐也。是以小人不善，君子至善善明明以止于至善，與知止能得，直合之誠意之中，而宋人貿貿，茫

〔註18〕孔恩（Thomas Kuhn）在《科學革命的結構》（The structure of Scientific Revolutions）描述不同的科學典範中，往往有不同的觀照角度，無法輕易視爲一體，孔恩認爲主要因爲不同典範中，具有「不可共量性」。見孔恩撰，王道還編譯《科學革命與結構》，頁203。對於智識與德性不同的典範，極具描述的效果，所以特別引以爲稱。

> 然不識用功之何在，因之衍知本，補格物，析誠意章之「瞻彼淇奧」、「前王不忘」，移置之知止之下，坐使知止與誠意分作兩事，以致止、得背馳，知、行首鼠，而不自知其大謬也。蓋知止知字極淺，但識得理欲耳，理、欲即善、不善也。惟但識理欲，故一知而即有一定之善與一定之不善，而心亦遂靜而不擾，安于善而不遷于不善，即心之所發，與事之所來皆能審處而一以至善爲歸，則得善矣。向使窮物理則即凡天下之物紛然賾然能定乎，能靜安且慮乎，不惟不得，且當得何物，此非學人之言也。（《大學問》頁 12～13）

西河批駁朱子爲加強格物致知的內涵，卻違失誠意爲本的立場，雖然以移易經文來符應其說，但更形成知、行之間的鴻溝，西河即指出窮究外在紛然事物，本就是難以達致的目標，而且假設能有所得，也是智識上的收獲而非德性修養的增長，所以西河認爲「知」字當淺解，應該只是察覺理欲，知所先後的辨析活動，知止即止，必須服膺誠意路徑，才是首學正功，西河即以「欲求河源所在，而乃遍求之六合之外，八荒之內，江漢淮濟、汧渭滎洛、三江九澤、千流萬派之紛賾，而以爲能知河源，則雖千知萬知，吾未見其能得也」（《大學問》頁 14），來說明朱子進學的路徑根本有誤。西河並且指出如果依朱子窮盡事物的方式，勢必引入歧途，難究其境，云：

> 況朱氏所謂窮物理者，必刻求其盡，謂十物窮九物猶可，十分窮九分即不可，則即一物而終身窮之有餘矣，嗟乎！人壽幾何，予向以奔走時多，學問時少，但思窮六藝而日不暇給，一藝未窮，而陰已薄西山矣。況窮盡事物，何止六藝，朱氏乃以此爲《大學》首功，則極終身之學尚未得進誠意一步而究之，鹵莽蔑裂，即六藝文字而其所詮釋，一往有誤，則不惟十物無九物，一物並無十分，思以入《大學》，不其難乎？（《大學問》頁 14）

西河即以自身爲例，說明人生有限，知識無窮，朱子開示的是以「有涯隨無涯」，注定永難企及的事業，雖然朱子強調窮究本質的精神，可以給予後學期勉的目標，但卻加大知與得的鴻溝，西河即指出「一物而終身窮之有餘」，又如何能進德誠意，尤其以一物九物，一分九分的詮釋方式，更引人誤解爲知識的研求方式，造成南轅北轍，兩相分歧的結果，西河即指出基本上朱子所構畫是歧出之路，實無助於開展《大學》的學思進程，唯有回歸古本，宗主誠意之教，以一貫與定式的訴求，方能呈顯既宏且大，日進有功的聖學進程。

第三節　對聖道規模的闡發

西河以內省爲法門，依循《大學》所開示的內涵，擬構聖學主線，建構進學修養的路徑，並且進而貫串至《論》、《孟》、《中庸》之中，冀以學而有成，聖功必就，繼子毛遠宗引述西河之言云：

> 先生云：「道必成于脩，顧脩其名也。愼獨者，脩之實也。然而何以愼之，《大學》愼獨在誠意，《中庸》愼獨只在誠身。誠意者，好善惡惡，不自私自利，以恕爲主，故曰『有諸己，求諸人』，自藏恕以至絜矩，聖學與聖功無兩事焉。《中庸》亦然，愼獨誠身，亦以忠恕爲下學始事，乃自明善擇善，不自私自利以推極于至誠至聖，成己成物，即是極功。故《大》、《中》開手皆曰『愼獨』，去私利也。因之《論語》之忠恕一貫，《孟子》之強恕而行，萬物皆備，亦無不彼此相證。」（《中庸說》卷一，頁 2）

於是四書義理相通，聖學聖功廓然成形。其中並且也舉愼獨，來充實誠意內涵，一方面可以概見蕺山影響，另外也可以了解西河對於誠意內涵其實是採取廣爲包容的立場，並非西河學無定見，游移其說，而是西河匯整四書義涵時，嘗試消弭歷來異解，融鑄定式，藉以顯豁出聖道的宏模大規，成爲學者可以瞻望企求的境界，因此也就特別強調彼此相證，義理通貫。盛唐〈西河先生傳〉即在綜合西河立說之要後，進而闡明誠意與修身、讀書，乃至於立身行事的關係，云：

> 而于是修身則有資于心意之學者，吾修之有裨于家、國、天下之學者，吾亦修之，如是則禮樂、經術、五禮、六藝何一非身所有事，夫亦惟內可聖，而外可王，故學大也。（《毛西河先生全集》卷首，頁 17）

如此則經之與術，知之與行，皆可匯歸於誠意修身之中，內聖外王不再河漢相隔，難以溝通，而是相互銜接，融合一體。如此的發展，即是西河對於聖道擴展的結果，前文對此已略有論及，在此則進一步呈顯西河研討的成果。

一、立基於心性之間

西河於嵩山受古本《大學》時，高笠僧即傳授省察心意法門，認爲聖道來自心意之間，然而西河學力既長，並在研討經義，得到相互闡發證明，於是也就更深化論旨。如對於心意概念，西河便進一步剖析歷來儒說，探究其中的義涵，西河認爲所謂之性，是人所秉受於天，基本上是屬於泛稱，其中有可移，也有不可移之處，四書中相關題稱往往是隨文衍義，未必可以執一以解，至於宋人卻強立概念，曲意詮解，反而有釋義不明的缺失，西河云：

> 夫子罕言性，至此專下一性字，安見便屬氣質，宋儒認性不清，惟恐相近，與《孟子》性善有礙，故將此性字推降一等，屬之氣質以補救之。……蓋人有本性，特其初生時合陰陽水土之氣，與父母血肉之質，如《周禮》丘陵專長，原隰豐庳，《中庸》南北方強弱，及《春秋》楚越椒晉揚食，我之始生，而即知其淪滅者，總是氣質。特是氣質，亦尚有可移之處，而獨此氣質中又得其最清，而最濁者則不可移易，〈王制〉所云「五方之民各有性，不可推移」，正謂此耳。(《四書改錯》卷十九，頁 4～5)

西河認爲宋人詮釋時往往指出何者爲專，何者爲兼，甚至指出何者爲本性，何者爲氣質之性，雖說清楚明晰，但西河認爲總是「門外人說話」、「門外語也」(同前)，無法切入經旨的核心。推究其中原因，其實宋人是藉由結合性與理，來指出理是人應該秉性學習的對象，但西河認爲性雖然是人受之於天，然而卻根之於人，而且推究性／心兩者的屬性，宋人建構之性顯然是屬於外在，西河即以《孟子》所云進一步闡發心爲根本之概念，云：

> 《孟子》仁、義、禮、智根于心，亦謂根之于心，猶言本諸身，非謂作心之根也。……惻隱之心，仁之端也。亦言仁之端在心，不言心之端在仁也。四德是性之所發，藉心見端，然不可云心本於性，觀性之得名，專以生于心爲言，則本可生道，道不可生本矣。(《四書賸言補》卷一，頁 16)

在性與心之間，西河認爲心是根本，性反而是衍生的概念，如果加以釐清，自然應該更求之於內，西河並且認爲心性也可以進一步畫歸爲一，云：

> 《大學》曰「心意」、《中庸》曰「性道」，心性雖異名，而其實則一，性者，天所與；心者，人所生，無二物也。故《孟子》存心養性，盡心知性，皆無兩事，但存心而性已盡，第盡心而性已知，無二事也。若道之與意，似乎不一，然而道從性出，意從心出，心性既同，則其所出者無容二矣。(《大學知本圖說》頁 20)

西河強調在以心爲本的立場下，性自然可以得其所哉，西河並且進一步認爲「意」可以合之於道，因此內修誠意可以外達天道。所以唯有推究於心意之間，築基於根源之地，聖道不外於人，也就無須求之於外，西河即以孔子「從心所欲不踰矩」爲例，云：

> 從者心，是以人心爲道心，總渾化之極，神聖之事也。……向志學立學，但修此聰明睿知之身，以進天德，至此則耳無違拂，四體皆喻，將〈洪範〉所云「作謀」、〈舜典〉所云「闢聰」，皆從此無扞格也。此身教也。《尚書》謂「生民有欲」，〈樂記〉以感物爲性之欲，總之皆人心也。向志學立學，但止善去欲，以爲盡性至命之本，至此則善惡俱冥，無事去欲，人心即道心矣。〈洪範〉之作聖，《大學》之絜矩，皆不越乎此也。此又心教也（《四書改錯》卷十八，頁 20）

可見西河是以心爲本體，所謂成聖修德，皆不能超出於此一範圍，所以《大學》中誠意、正心，固然是心中之事，即格物之物，也不外於此。〔註 19〕此一觀點與當時黃宗羲標舉「盈天地間皆心也」的論旨有異曲同工之妙。〔註 20〕但比較特殊之處是西河認爲心既是載體，其實並非可以直接下手之處，云：

> 正心無功夫，以心爲正法，裁把捉，即桎梏矣。（《四書改錯》卷十九，頁 12）

〔註 19〕西河對於朱子格物多所批駁，主要即是集中於朱子的路徑歧出，此於前文已有論及。但仍必須解決《大學》中所開示格物、致知、誠意、正心的進程問題，西河構畫誠意爲本的《大學知本圖說》即是有意於此，事實上，西河對於格物之物也是頗多斟酌，以格物爲格本末之物，是身、心、家、國之物，非汎汎事物。所以西河得出結論是以淺解的方式處理，見盛唐等輯《四書賸言》卷三，頁 13。西河撰《大學問》載西河引經據典，答邵廷采問，云：「《禮記・哀公問》何謂成身，孔子曰：『不過乎物。』又曰：『仁人不過乎物，孝子不過乎物。』言身之德與仁孝之德也。」，頁 4。西河如此訓解，即是進一步證成物可言爲心之德矣，而無須解爲外在事物。

〔註 20〕黃宗羲撰〈明儒學案序〉云：「盈天地皆心也，人與天地萬物爲一體，故窮天地萬物之理，即在吾心之中。」〈原序〉亦云：「心無本體，工夫所至，即其本體，故窮理者，窮此心之萬殊，非窮萬物之萬殊也。」見《明儒學案》頁 7 及 9。即是對於本心的堅信，所以不論是前序後序，都確立以心爲範疇，強調理不外於吾心，工夫即在於此，立說實明快。對於心學立場的堅持，西河則與之相近，但西河認爲工夫無妨究之於已發之意，畢竟意可以省察把握，較爲可靠，而無須強立規矩於未發之境，究析茫昧之中。

西河認爲心既爲本體，如果強立規矩，時時限囿，反而有礙心之於穆不已，轉成桎梏，所以西河即以心之已發，作爲省鑑察覺的對象，既有實境，也就可以避免浮泛空虛，從而確立聖道簡易，人人可爲的基礎。

二、與研經辨禮相發明

西河以一貫定式的訴求，構畫出下手簡易，效果直捷的進學路徑，並且進而駁斥朱子格物窮理的路徑，立場固然鮮明，但其中似少實境，西河本身對此也有所省悟，於是有進一步擴展誠意知本的思考過程，撰成〈知本後圖〉，從而使聖學規模宏大，前文已有論之，但深究其中緣由，除西河學力漸長，識見漸增的原因之外，其實無可諱言，主要也是因爲心學路徑缺乏明確可行的步驟，所衍生的困擾，於是爲避免流於玄虛，黃宗羲所傳浙東一派以史事印證，〔註 21〕顏元、李塨以日記課程，〔註 22〕而西河則是以研經辨體來落實進學的路徑，此皆顯見由虛返實的修正立場。主要因爲西河早就具有經術用世的企圖，〔註 23〕尤其有「儒者說經，本欲衛經，使聖賢言語瞭然，作斯世法式」（《四書賸言》卷四，頁 16）的認知，所以研經既是儒者本業，也是施世用事的準則，而唯有經義與治術兩相闡證，方能宏大聖道的規模，盛唐〈西河先生傳〉即說明西河對此之見解，云：

> 所謂道一者安在，且經籍晦蝕久矣，窮經之學，鄙爲玩物，而一當家國大事，則考制議禮，率杜撰爭執，貽誤後世，然則儒者何所用，至是豁然。謂心意家國，統該于身，德性不修非學也，經術不明亦非學也，覺中有根柢，而外鮮遺落，涉艱履險，皆坦坦焉。（《毛西

〔註 21〕黃宗羲兼擅史學，所傳弟子萬季野等，也多精於此。梁啓超《中國近三百年學術史》言「梨洲學問影響後來最大者，在他的史學。」，頁 53。錢穆《中國近三百年學術史》更進一步推其流衍，云：「一傳爲萬季野，再傳爲全謝山，又傳爲邵二雲、章實齋。浙東史學，遂皎然與吳皖漢學家以考證治古史者並峙焉。」，頁 32。

〔註 22〕康熙十八年（1679），李塨始訪顏習齋，學習六藝，翌年，李塨二十二歲聞習齋責側室之事，即加諫正，並於此時效習齋立日記自考，此後師徒常會質日記，互致箴規，討論儀功。詳見馮辰編《李恕谷先生年譜》卷一，頁 6。收入《顏李叢書》，頁 350。

〔註 23〕李塨撰〈西河合集總序〉中即說明西河研經事業，云：「即《論語》、《孝經》、《孟子》、《大學》皆歷有論辨，無非發前儒未發，以救正古聖王危微一線之絕學，何其大也。蓋先生幼具經術，原思有用于於天下。」《毛西河先生全集》卷首，頁 7。可以了解研經用世，即是西河早具之志業。

河先生全集》卷首，頁18）

可見經術典制的研討，與德性的修持皆可匯歸聖學一環，成爲發之於心意之間，達之於家國天下的事業，考究經義，研議典儀，即是其中具體可行的途徑，西河云：

> 學者意所發多在經籍，以終日意念舍此定無他也。但意在經籍，則知行皆在經籍，察其當乎理者，而尋求而得其理，便是知得。（《大學知本圖說》頁12）

於是意在經，知行皆在經，經典也就自然而然的成爲儒者事業。有如此之認知，西河進一步提出講堂宜講治平之學，而治平之學則從經典見之，云：

> 予嘗謂講堂之設，不宜講誠正之學，而宜講治平之學，《詩》、《書》、《禮》、《樂》即治平所有事也。（《大學知本圖說》頁6）

相同之見解也散見西河其他論述中，〔註24〕一方面是西河對於當時講學入玄虛，妄爭門戶有所反省之外，主要也是希望用經義來落實誠意的內涵，所以西河一再勉人讀經，云：

> 然且大經大法所係于家國天下者，又時時學之，人有數日不讀六經者乎？日讀六經，即日講治平之學，而亦即日行其誠正之功，是內聖外王一時可行，亦時時可行，自今兹以至後，日日無窮，作聖亦無窮也。（《大學知本圖說》頁5）

至此可以了解西河所謂聖學聖道，並非獨善其身的自了漢，而是研經辨禮，內聖外王相與並行的事業。至於西河從中歸納原則，開展出客觀的研經態度，〔註25〕以及對於經義的考辨，則更是西河闡明聖道的豐富成果。

〔註24〕盛唐等輯《四書賸言》卷三即載西河云：「予素薄講學，謂學宜躬行，不宜講，所宜講者，獨經耳。」頁11。

〔註25〕〈西河經集凡例〉中西河門人引述西河研經之心得有十六項：一、說經勿杜撰。二、勿武斷。三、勿誤作解說。四、勿誤章句。五、勿誤說人倫序。六、勿因經誤以誤經。七、勿自誤誤經。八、勿因人之誤以誤經。九、勿改經以誤經。十、勿誣經。十一、勿借經。十二、勿自造經。十三、勿以誤解經之故而復回護以害經。十四、勿依違附經。十五、勿自執一理以繩經。十六、勿說一經礙一經。詳見《毛西河先生全集・經例》，頁6～9。又繼子毛遠宗〈述始篇〉言西河治經，云：「聆先生說經，大抵以本經爲主，不雜儒說，其本經有未明者，則始援及他經，或以彼經證此經，或以十經證一經，凡一切儒說，皆置勿問。至於經證未備，則必於本經文前後審劑絜量，通瀹其大意，使兩下券契，不失毫黍，後劃然而出之。」其中以經論經，立場客觀，確實有其進步之處。

三、落實於經世致用

西河研經辨禮，其實即寓有經世致用的企圖，使聖道從心性之間，擴展其規模，進而施用於治國平天下中，其中所涉及即是如何溝通知與行兩方面。西河認爲在知此與行此之際，《中庸》有「文武之政，布在方策，其人存則其政舉」之說，可以指明修身與治人其實是相互關聯，云：

> 此引子言，伸明自治治人之事，而以誠身爲自治之本，其人存者，修身以自治也。其政舉者，以九經治天下國家，而一歸之于誠身，即自治以治人也。(《中庸說》卷四，頁1)

雖然修身是人之所存於內，所謂自治也，但自治的工夫同樣可以施於治人，兩者是可以相互證發，此外，西河並據以說明所謂之政舉，事實上即是以誠爲教，以經治國，此爲儒者相傳「任重道遠」的志業，不容偏廢荒忽，因爲聖賢事業，不能自外於經世濟民的主張，云：

> 蓋聖賢無獨善其身之事，博施備物與曲成各正，在下學者均有之，是明德新民，成己成物，內聖外王，天道人道，並無有二。(《四書賸言》卷四，頁18)

可見唯有秉持內外兼修，天下合德的要求，才是聖道眞義，因爲聖賢不能自外於經世濟民的事業，所謂明德／新民，成己／成物，內聖／外王，乃至於天道／人道，其實並無二致，西河云：

> 蓋聖賢最忌是自了漢，明德不新民，成己不成物，獨善不兼善，非聖道，即非聖學。(《聖門釋非錄》卷四，頁2)

在成己／成物的內外之間，可以了解西河認爲明德新民須相結合，所謂聖道聖學是一個完整的過程，不容失落偏廢。在《四書賸言補》中，西河更進一步闡發內聖外王之解，云：

> 內聖外王總以仁及萬物爲言，聖仁者，明德而新民，成己而成物者也。《禮》所云「天子之立也，嚮仁而左聖」，正以是也。然則學不厭，教不倦，亦學爲聖仁，教爲聖仁，以仁心及物而進于聖已矣！何二諧焉。(《四書賸言補》卷一，頁2)

推究聖仁意涵，仁心及於萬物，恩澤被於百姓，其中是一致的進程，永恆的事業，所以西河在說解相關意涵時，皆一再強調此一立場，不應有所偏失扭曲，甚至遺落其中一端。西河即以經典所開示的進程爲證，說明其中並非空言，云：

> 大凡聖道貴博濟，必由盡己性，盡人性，以至于位天地，育萬物。並非馳騖。故《大學》明德，必至親民；《中庸》成己，必至成物；《論語》修己，必至安人，安百姓；《孟子》獨善其身，必至兼善天下，即〈學記〉記學自九年大成後，忽接曰「夫然後足以化民易俗，近者悅服，而遠者懷之」，是聖道未成，亦必先力推忠恕，而後可以成聖學。(《聖門釋非錄》卷二，頁3)

至此可以明白此一宏規確實是聖賢相傳，推之於四書，乃至於〈學記〉中為學的內容，無不皆然，所以在修為心意，窮索經義之餘，西河提示不應忽略博施濟眾的目標，其中是彼此印證，相互闡發，兼則並進，違則皆失，其中已非學問或修養而已，而是一種恆久的事業，宏大的規模，至此四書義理也才通貫完整。如此的認知，西河並施用於考辨經義中，如西河一再申辨孔子稱許管仲的緣由，不再糾結於名分之辨，主要即是西河認為聖道聖學的規模，不應斤斤於小處著眼，〔註26〕甚至執以批駁宋人薄事功，不能了解夫子尚事功、重材幹的立場。〔註27〕相同的論辨頗多，此於前文已有論及，茲不再贅。

〔註26〕西河對於夫子稱許管仲，即是著眼於世功部分，陸邦烈輯《聖門釋非錄》卷四載西河云：「夫子許管仲之意，是重事功，尚用世，以民物為懷，以家國天下為己任，聖學在此，聖道亦在此。而陋儒無學，讀盡四書經文，並不知聖賢指趣之何在，斯亦已矣。」頁3。其中強調不應斤斤計較於出身，而應從大處著眼，存其功蹟。

〔註27〕西河認為聖賢尚事功，在詮釋經文上，往往再三致意，甚至執為經例，如陸邦烈輯《聖門釋非錄》卷四載西河云：「此聖賢尚事功，重材幹，與子貢問士章之重使四方、子路問仁章之獨許管仲一例。故此將謹信自守之士，特抑一段，曰『今之成人』，與問士章之特抑言行信果者為硜硜小人，問仁章之特抑致身殉死者為匹夫匹婦，亦是一例。」，頁2。即是依聖道重經世濟民的主張來批駁宋人之詮解。甚至西河以史事為例，提出宋人薄事功、兼薄氣節的批評，張文彬等輯《四書改錯・附錄》載西河云：「宋人薄事功，兼薄氣節，雖故為召、忽爭此諒字，而實則清班退避。以兩宋國難，千古冤慘，《宋史》立〈忠義傳〉十卷，合之〈帝紀〉〈列傳〉之所載死事死官者，共不下四百餘人。而濂、洛、關、閩之徒，無一人與焉，尚欲與之論氣節，難矣。」，頁1～2。如此的批駁頗為嚴厲，自然引起廣泛討論，邵廷采《思復堂文集》卷七〈候毛西河先生書〉則提出主要是「適不會其時」加以解釋，但也引伸西河論點，以當時定大事者之人，程、朱之徒卻少有稱道。詳見頁611～612。全祖望《鮚埼亭集・外編》卷四十七「西河謂宋儒講學者無一死節亦適不會其時」一則，則對此大加批駁，舉蘄州死事者李誠為東萊高弟，歐陽巽齋為朱門世嫡等，考究出史臣未備之處，來說明西河立論過於輕忽。頁1389～1390。但西河認為聖道必須回歸於先秦儒家所立之宏規，落實於經世濟民的工作，進而開展儒者永恆不懈的志業，論其氣魄與規模，確實令人佩服。

第八章　西河四書學的得失及影響

西河一生浸淫於四書，不僅全面的檢討朱子《四書章句集注》，更用心於推究聖人原旨，建構聖學途徑，雖然本來是希望能邀得上寵，一改典制，但在康熙五十一年（1712）升祀朱子後，朝廷尊朱立場已經確定，西河的企求完全落空，〔註 1〕但浸淫既久，確也成就一家之言，尤其在「此亦一述朱；彼亦一述朱」的風氣中，〔註 2〕敢與朱子立異，更顯特出。李塨〈西河合集總序〉即盛讚西河的考辨，能發前人所未發，救正聖賢相傳之絕學，貢獻極大，云：

> 《論語》、《孝經》、《孟子》、《大學》皆歷有論辨，無非發前儒未發，以救正古聖王危微一線之絕學，何其大也。(《毛西河先生全集・總

〔註 1〕見趙爾巽等撰《清史稿》卷八〈聖祖本記〉載「二月丁巳，詔宋儒朱子配享孔廟，在十哲之次。」頁 281。西河撰作《四書改錯》，原本希望可以進獻康熙（詳見前言），錢穆撰《中國近三百年學術史》即對於西河聞此而鑿《四書改錯》，深致感慨，云：「讀其書者，固見其呵叱先儒，譏彈前賢，上下千古，若無足置胸懷間，意氣甚盛，而其晚節之希寵戀獎，俯首下心於朝廷聖天子之前，亦復何其衰颯可憫憐之相似耶。」頁 232。其實感慨之餘，也可了解清廷鉗制之嚴格。

〔註 2〕黃宗羲撰《孟子師說・題辭》即對於歷來研究四書的風氣，深致批評，云：「天下之最難知者，一人索之而弗獲，千萬人索之而無弗獲矣。天下之最難致者，一時窮之而未盡，千百年窮之而無不盡矣。《四子》之義，平易近人，非難知難盡也。學其學者，詎止千萬人千百年！而明月之珠，尚沈于大澤，既不能當身理會，求其著落，又不能屏去傳註，獨取遺經。精思其故，成說在前，此亦一述朱，彼亦一述朱，宜其學者愈多而愈晦也。」收入《黃宗羲全集》第一冊頁 48。在此一述朱，彼一述朱的風氣中，不僅陳陳相因，甚至承訛踵謬，難怪黃宗義會有「學者愈多而愈晦」的感慨，但西河上究聖人原旨，勇於批駁朱子的權威，事實上，已經爲四書的研習，開啓另一門徑，對於聖人之學，貢獻多矣。

序》卷首頁7）

這主要是因為西河強調回歸原典，並且重視訓詁考據，不僅廓清前儒說解的謬誤，也使經旨曉暢明白，聖道更加的顯豁明朗。但另一方面，西河肆力批駁，務別門戶，卻也不免負氣求勝，立場有所偏差，尤其考辨太過，強加解釋，更有穿鑿之嫌。所以得失之間，必須更進一步釐清，本文即以此為範圍，檢討西河研習四書的得失及影響。

第一節　西河詮釋四書的得失

西河研討四書，涉及的層面相當廣泛，不論是對於經文文義、相關典制的考辨，乃至於義理的闡發，都有不同於前人之處，推究其中原因，一方面是西河標舉回歸原典，以訓詁考辨的方式，有助於釐清經旨；另一方面，則是以經證經，串貫義理，從而彰顯聖人的精神，使四書內涵更加豐富明白，此為西河詮釋經義勝出之處。但西河務求立異，卻也不免影響詮釋的客觀，尤其執偏概全，甚至旁牽引伸的攻詰，更啓後世門戶之爭，所以西河詮釋經文的方式，後人在見仁見智的情形下，也就有截然不同的看法，茲就西河詮釋之得失，剖析如下：

一、以經解經，串貫義理的特識

經義詮釋的困難，主要是因為經旨精微，聖意難明，於是各有所見，卻也莫衷一是。而西河詮釋義理勝出之處，即是以經證經的方式，匯通諸經義理，比析考辨之餘，不僅使四書內涵彼此通貫，成為學行兼具的體系，也使諸經彼此證明，相互闡發，如西河詮解《論語・為政篇》子游問孝一章「至於犬馬皆能有養」中，強調「犬馬」是人子自喻，而非用來比擬父母時，〔註3〕即引《禮記・坊記》孔子所言「小人皆能養親，君子不敬，何以辨」〔註4〕一文相參照，

〔註3〕何晏集解，邢昺疏《論語注疏》卷二〈為政篇〉子曰：「今之孝者，是謂能養，至於犬馬皆能有養，不敬，何以別乎？」注云「包曰：『犬以守禦；馬以代勞，皆養人者。』一曰：『人之所養乃至於犬馬，不敬則無以別。』」十三經注疏本頁17。兩者皆是說明養親須敬，但對於犬馬之喻，則有不同認知，前者認為犬馬是人子養親的自我比喻，後則以人之養犬馬比喻奉養父母。朱熹《論語集注》卷一卻採後解，云：「犬馬待人而食，亦若養然。言人畜犬馬，皆能有以養之，若能養其親而敬不至，則與養犬馬者何異。」收入《四書章句集注》，頁56。

〔註4〕見鄭玄注孔穎達疏《禮記注疏》卷五十一〈坊記〉，頁868。

強調以禮解經的重要，云：

〈坊記〉「子云：『小人皆能養其親，不敬，何以辨？』」此正與「皆能有養」同一語氣，然則夫子此言，夫子已自註之矣。人不解經，亦當通經，盍亦取〈坊記〉一再讀之。（《論語稽求篇》卷一，頁 15）

西河認爲《論語》本文的語義詞氣與〈坊記〉所引孔子之言接近，兩相參照，可以證明「犬馬」應是人子自喻之詞，於是在前人莫衷一是，各有所見的注解中，〔註 5〕西河引證經典，強調夫子之言可以相互注解說明，從而分判前儒說解的得失，詮釋辭暢理順之餘，也更具說服力。主要即是西河能就性質相近的文獻，彼此證明闡發，使經旨清楚明白，因爲《論語》、《禮記》同爲孔子之後，儒家後學所作，所以西河認爲兩者可以相互證明，云：

《論語》與《禮記》皆夫子沒後七十子之徒所作，故《大學》、《中庸》出自《禮記》，若〈坊記〉、〈表記〉、〈儒行〉、〈哀公問〉諸篇，則實與《論語》相表裡者。乃聖門弟子所記如此，晉、宋諸儒所註如彼，孰是孰非，必有能辨之者。（《論語稽求篇》卷一，頁 12）

既然同屬孔門之作，當然可以相互闡發，西河並且從中釐清〈坊記〉、〈表記〉等篇所載內容，也可以與《論語》彼此證明，如此自然較諸晉、宋儒者的注解，更接近孔子的時代，貼合《論語》原旨。所以西河強調「惟經可以解經，六經本字原是明白」（《四書賸言》卷三，頁 1），一方面因爲「解經并應知他經之有與是經可證明者」（《四書改錯》卷十七，頁 10）；再者，從研經立學的體系而言，也提醒「豈儒者註經，而可使兩經兩註自相矛盾如是」（《四書改錯》卷十七頁 14），所以詮釋經文，自然必須通貫諸經，避免各逞臆見，使經義破碎矛盾。因此西河詮釋經文，在彰顯經旨原義之餘，屢屢申明以經證經，以禮證禮的方式，確實可以使諸經彼此匯通，義理相互證明，西河繼子毛遠宗即說明西河研經的成果極爲豐碩，云：

聆先生說經，大抵本經文爲主，不雜儒說，其本經有未明者，則始

〔註 5〕歷來對於《論語・爲政篇》子游問孝一章中的「犬馬」之喻，往往各有所見，例如李光地《論語劄記》認爲是禽獸能相養、包愼言《溫故錄》則言此是父母所愛敬之犬馬亦能養之、劉寶楠《論語正義》引其兄《經義說略》則言犬馬是指卑賤之人、程友菊《四書辨》以犬馬喻子之不肖者……等，詳見劉寶楠撰《論語正義》卷二，頁 7。及程樹德撰《論語集釋》卷三〈爲政上〉所引，頁 86～87。在嘗試釐清犬馬之喻時，西河依循古義，詮釋引證曉暢明白，實有勝出之處。

> 援及他經，或以彼經證此經，或以十經證一經，凡一切儒說皆置勿問，至於經證未備，則必於本經文前後審劑絜量，通瀹其大意，使兩下券契不失毫黍，然後劃然而出之，即在漢、晉、唐儒一閧聚訟者，猶且渙若冰解，何況宋、明。（《毛西河先生全集‧述始篇》卷首，頁 34）

所謂「不雜儒說」、「以彼經證此經」，即是西河甄別文獻，闡發義理的成果，所以《四庫全書總目提要》云「使儒者不敢以空言說經，實奇齡開其先路」，〔註 6〕顯見西河以經解經的詮釋方法確實有其勝出之處，而引領風潮，樹立典型，使後學論學更加嚴謹，影響深遠更是不容置疑。

事實上，西河除引經證經，以諸經闡明四書要義外，更重要是西河在四書之中，貫串彼此義理，凝聚進學路徑的功力，不僅一改前人格致之解，從而發展誠意之說，並且建構聖道的宏大規模，其中即是以《大學》「誠意」爲宗，云：

> 《大學》以修身爲本，修身以誠意爲本，而謂聖功在格物可乎？（《大學知本圖說》頁 2）

西河認爲誠意「爲聖門下手第一工夫」（《大學知本圖說》頁 8），是聖功的基礎，修身的要務。此外，西河並且進而剖析《孟子》內涵，將存心、集義的工夫，匯歸於誠意之中，云：

> 功夫在集義，不在不動心，集義即誠意爲善，功夫正存心之本，不動心則存心後一效驗也。故惟孟子可言不動心，若學人則衹言誠意存心，即不言養氣，不言不動心，亦無不可。……總之，《大學》是孔門弟子七十子之徒所作，與孟子時相去不遠，其理無不同，要其說則不必強使同耳。（《大學知本圖說》頁 15）

西河爲避免學者流於玄虛，所以特別辨正「不動心」是存心的效驗，而非工夫，唯有集義存心才是立學正途，而此則屬於誠意之事，所以西河認爲直接標舉「誠意存心」，其實也無不可。推究其中，西河以《大學》與《孟子》的撰作來源相近，在相互匯整融通，串貫之餘，又強調不必勉強牽合，不僅使

〔註 6〕詳見紀昀等奉敕撰《四庫全書總目提要》卷二經部「《易小帖》五卷」提要，頁 91。《總目提要》歸納西河考辨《易》學之成就，說明其中雖有「強詞漫衍」之處，但以博濟辨駁，申明漢儒之學，使儒者不敢空言說經，則有其深遠之影響。雖然是指西河研《易》之成果，但所謂強調引據考辨，其實是貫串西河學術的特色。

《大學》、《孟子》彼此之間義理相參，也避免過於牽強扞格，反而阻礙原本文意的缺失，在文獻的掌握上，顯然極有分寸。此外，西河並且進而綰合《大學》、《中庸》，使《大學》、《中庸》也可以彼此證明，相互闡發，云：

> 于是展轉思惟，以爲《大學》、《中庸》相爲表裡，豈有《大學》一道，《中庸》又一道者，乃復諦觀《中庸》，然後恍然曰道也者，即意之達天德而成王道者也。蓋《中庸》言性道；《大學》祇言心意矣。（《大學知本圖說》頁 17）

除研討文獻的相關性外，西河強調義理的通貫也必須無所歧出，所以又進而以《大學》溝通《中庸》，由誠意擴展至至誠，使修身有終極的目標，因而構畫可以立志追尋的永恆途徑，但宏規門徑既立，必須更與聖人學行相證，才是不雜臆見的儒者正途，於是西河又進而整合《論語》的內涵，以孔子學行來印證發明，云：

> 是以夫子功候有與《大學》、《中庸》相併發者，「吾十有五而志于學」、「可以共學」，此《大學》誠正之始事也；「可與適道」，則誠身而可爲天道，可爲人道，總之，爲天下之達道，此《大學》誠正之進事也。而于是曰「可與立」、曰「三十而立」，則身修矣。《大學》曰「修身爲本」、《中庸》曰「立天下之大本」，而修身之事於此終焉！由是「而不惑」、「知天命」，則《易》之窮理盡性以至于命、《孟子》之知天、事天，修身以立命，皆是此境，而究之曰「從心所欲，不踰矩」，則舍心意有他功乎？是以《大學》「絜矩」、夫子「不踰矩」，無二學，並無二本也。（《大學知本圖說》頁 18）

於是四書得以融通一貫，構畫出聖學進程。當然其中的割裂分配，是否爲夫子成學實情，尚有斟酌餘地，但作爲闡明誠意爲本，構畫聖學宏規之餘，西河串貫發揮，溝通四書內涵的用心，則是清楚明白。此後，西河即以《論語》忠恕一貫之學作爲誠意的內涵，使意有所主，從而使修身立誠有更明確的遵循方向，並結合《中庸》義理，擴展至誠不已，天人合德的境界，完成聖功與聖道之建構，其中的串通融貫，貢獻實鉅。

二、興復古學、彰顯原旨的成效

西河除依循文獻的相關性，以經證經來說解義理外，並且強調研經必須參稽史事，呈顯經文原旨，如《論語・季氏篇》「祿之去公室，五世矣；政逮於大夫，四世矣。」〔註 7〕西河即以《春秋》所載內容相佐，以闡明夫子之意，云：

> 祿去公室，即是政逮大夫，未有去彼不之此而中立者，然而一是五世，一是四世，若是其不齊，何也？曰「去公室」，從公室數，則公適五世，「逮大夫」，從大夫數，則大夫適四世，不相左也。然而其五世，何也？曰：宣、成、襄、昭、定也。何以知宣、成、襄、昭、定？按：《春秋》昭二十三年，叔孫舍如宋，宋樂祁曰：「魯君必出，政在季氏三世矣，魯君喪政四公矣。」至三十二年，公薨乾侯，史墨對趙簡子曰：「季友有大功于魯，受費爲上卿。至于文子、武子，世增其業，魯文公薨，而東門襄仲殺適立庶，魯君於是乎失國政，政在季氏，於此君也四公矣。」是兩人所言皆《春秋》當年指定世數，非後人所得而逆計者。而然一曰四公，一又曰四公，上自文薨以後而下及昭終之年，宣、成、襄、昭，詘指四世。其不云五世者，樂祁與子墨言此在昭公時，子所言在定公時，多一世也。其上不及文者，以指定昭公曰於此君，則等而上之四，不及文，猶之等而下之四，亦不及定也。……今《經典稽疑》翻謂以文、宣、襄、昭五公爲斷，而截去定公，則于樂祁、子墨二公所定世數皆不合矣。（《論語稽求篇》卷七，頁 1～2）

「叔孫婼如宋」，實爲《春秋》昭二十五年間事，西河題記偶誤，〔註 8〕但西河擺落漢、宋經注，直究當時史事，並且引證時人之言，自然比後人的詮釋更近實情，所謂「祿之去公室，五世矣」，在昭二十五年時，宋樂祁早已指出「魯君喪政四公」，昭公三十二年史墨又指出「政在季氏」已經有四公，所以再加上魯昭公之後的定公，也就可以確指孔子所謂的「五世」應爲宣、成、襄、昭、定五公，根源既明，西河進一步推究後人舛誤失實之處，則是誤增文公。至於「政逮於大夫，四世矣」，西河也詳加探討，指出究爲何人，云：

> 其四世何也？曰：文、武、平、桓也。何以知文、武、平、桓，樂祁不云乎，政在季氏三世矣，謂文、武、平也。子墨不云乎，文子、武子世增其業，謂季之執政自文子始也。其不及桓者，以昭公時未

〔註 7〕見何晏集解，邢昺疏《論語注疏》卷十六〈季氏篇〉，頁 148。

〔註 8〕詳見杜預注，孔穎達疏《春秋左傳注疏》卷五十一，昭二十五年經「春，叔孫婼如宋」，傳云：「春，叔孫婼聘于宋。」其中載有樂祁評論叔孫。頁 886～888。叔孫婼即叔孫舍。西河題爲二十三年，則是叔孫舍如晉，爲晉所執，與此並無相關，顯然西河題記有誤，須加以更正。

有桓也。舊注引孔安國說，以文、武、悼、平爲四世，則多悼而少桓。朱註以武、悼、平、桓爲四世，則知有桓而又多悼而少文，兩皆失之。蓋武子之卒在昭之七年，是時悼子先武卒，而平子於是年即代武立，悼子未嘗爲卿也。未嘗爲卿則政不逮矣，故政逮四世，斷自文始而桓止，不及悼子，此無可疑者。（《論語稽求篇》卷七，頁 2～3）

西河引據考辨，所謂政逮大夫四世，是指季氏文、武、平、桓四世，因爲悼子並未爲卿執政，前人注解時卻引列悼子，因此或是缺桓子、或是少文子，造成其間世系混亂，彼此歧出的情形，無法確指實情，西河爬羅剔抉，詳細考辨，深究史事載記，所以才能推究原本，脫擺後人詮釋注解的糾葛，深中實情，從而申明孔子的用意，《四庫全書總目提要》即認爲其中考據特詳，可備參考，〔註 9〕方觀旭《論語偶記》更推衍西河論據，認爲是「精確可信」。〔註 10〕當然西河考辨精詳之處不僅止於史料事蹟、世數譜系方面，而是在宏觀的視野中，希望經由詳實的考據，進而闡發聖人原旨，因爲西河認爲「事貴類推」，「義理難明，則吾以事物明之」（《論語稽求篇》卷一，頁 2），唯有事理明白，才能義理通曉，所以西河特別強調引證考據的重要，云：

是以無據之言，必不以置喙，無証之事，必不以炫聽，偶有所見，則必使聖賢形模明明可按。（《論語稽求篇》卷一，頁 2）

也就是在詳究證據之下，使聖賢形象明晰可見，此爲西河勝出處，其他諸如推究孔子「正名」義涵，考論稱許管仲事功等，都在事理之中，闡明夫子重事功，尙用世的訴求，廓清歷來以罪責爲中心的詮釋角度，轉而提示儒者經世致用的理想，使聖道顯豁明白，西河繼子毛遠宗即評價其考辨成果，使「先王先聖至今而始有面目」，對於興復古學，實爲有功，云：

以故先生每說出，衹覺先王先聖至今日而始有面目，不雜形似，即他經所有先王先聖諸話言，千條萬派，無不貫江匯海，傾百川而通盪之，使溟漲溝渠，泓然一片，煌煌乎，聖學之絕事矣！（《毛西河

〔註 9〕詳見紀昀等奉敕撰《四庫全書總目提要》卷八，經部，四書類「《論語稽求篇》四卷」提要，檢討西河以考據駁斥朱注，認爲其中有強生枝節等，甚至有全然無理者，但對於西河所說「寧俞不仕文公、及祿去公室三世，政逮大夫四世之類，考據特詳。」則認爲考據精詳，可以提供參考。頁 750。

〔註 10〕詳見方觀旭撰《論語偶記》「祿之去公室五世矣，政逮於大夫四世矣」一則，頁 20。收入藝文本《皇清經解》第十九冊，卷一三二七，頁 14454。

先生全集・述始篇》卷首，頁 34）

所謂貫匯江海，通盪百川，即是說明西河廓清異解，興復古學之效，門人李塨〈西河合集總序〉更贊美西河「上以正羲、農開闢之簒據、中以起三代禮樂之厄屯，下以扶孔、孟經傳之晦蝕，是豈一心一目遂克臻此，殆乾旋坤轉，鬼設神施，天墉其聰，而先聖先賢實左右之，使學術世運可返隆古，不但湛淪宋明已也！」（見《毛西河先生全集・總序》卷首，頁 8）對於西河彰顯聖人形象，興復聖道，可謂推崇備至。此外，標舉《大學》古本，駁斥程、朱改本的謬誤，從而考辨豐坊僞作之跡，構畫聖道內涵，使學者不藉改經而有所遵循，更具有申明古學之功，西河成就不凡之處，自是可以清楚瞭然矣。

三、考辨太過，間有不合原旨之處

西河以經證經，考辨史事，在推定經文事理之宜，批駁前人疏失之時，論據的精核詳實，確實有勝出之處，但不免也有誤判錯解，甚至乖違原旨的情形，如補充朱子之前《大學》、《中庸》的傳衍歷程，重塑四書本所具有的價值時，認爲「有以《春秋》諸經爲大經，《孟子》、《論語》、《大學》、《中庸》、《孝經》爲小經者」，而推論《大》、《中》、《論語》、《孟子》諸經在漢、唐皆已單行（《大學證文》卷一，頁 5），不僅持論稍顯籠統含糊，再者，也有誤引唐代典制的缺失，〔註 11〕全祖望〈蕭山毛檢討別傳〉即認爲此是西河考辨太過，有意「造爲典故以欺人者」。〔註 12〕此外，西河於《大學證文》中引例歷來《大學》改本，其中除詳究石經沿革，推斷豐坊僞造石經之外，卻又虛列石經《大學》的名目，〔註 13〕似乎有辨而不明，考而不詳的疏失，全祖望〈答杭堇浦辨毛西河述石經原委帖〉即嚴加辨正，認爲其中有誤，云：

〔註 11〕詳見歐陽修，宋祁撰《新唐書》卷四十四〈選舉志上〉所載「凡《禮記》、《春秋左氏傳》爲大經，《詩》、《周禮》、《儀禮》爲中經，《易》、《尚書》、《春秋公羊傳》、《穀梁傳》、爲小經。……《孝經》、《論語》皆兼通之。」，頁 1160。其中僅有《論語》與四書相關，西河卻概指爲《大學》、《中庸》、《論語》、《孟子》皆已單行，在範圍上，有以偏概全的疏失，至於指出漢、唐以來，更是稍顯含糊，在詳考論據時，事實上是有其疏漏謬誤之處。

〔註 12〕詳見全祖望撰《結埼亭集・外編》卷十二〈蕭山毛檢討別傳〉對於西河考辨疏失的檢討。頁 826。

〔註 13〕詳見西河撰《大學證文》卷二，頁 1～2。西河虛列出《大學》石經本，標注「與前註疏本同」，其中僅虛列名目，不列其內容，後即列魏政始石經改本（應是豐坊改本），推究用意，似乎有相互對照之意，此於前文已有論述，此不再贅。

> 西河此節無一語不錯，生平排擊朱子，最稱擅長，今即以此書觀之，則時代錯、人錯、地錯、典故錯，凡平日所以詆人者，無不躬自蹈之，欺世人之不學耶！抑亦滅裂而未及致詳耶？其曰「東漢盧植上書，請刊定經文，會其時博士以甲乙科爭第高下，用私文暗易古字，因詔諸儒據經，蔡邕正定其文，爲三體，曰篆、曰隸、曰八分」。按盧植本傳，則蔡邕等已校石經，而植上疏求預其閒，非因植之請而始校也。若邕所書，衹八分，而《范史》誤云三體，故〈隋志〉仍稱一字石經，但即從前之誤以爲三體者，亦皆以古文、篆、隸當之，蓋即正始所書之本，而未有如西河所云篆、隸、八分者。其曰「經文一從獻王、后蒼、高堂生、馬融所傳，及康成古本」。按熹平寫石經，三禮但用《禮記》，高堂生、后蒼之《儀禮》不得預，至康成之書，尚未有立學官者，安得稱古本乎？其曰「魏正始中，邯鄲淳、鍾會等，又以蝌蚪古文新傳於世，請去蔡邕所書之八分，而易以古文」，則又異矣！邯鄲淳不能及正始之世，洪盤洲考之已備，而胡身之述之，西河並《通鑑注》亦不諦觀，至於古文蝌蚪，西漢已出人閒，豈至正始始傳，而欲去蔡邕所書八分者，是誰之請，豈非妄言之尤歟？……西河知豐氏石經《魯詩》、《大學》之僞，是已，而又信其言，謂邯鄲淳、賈逵、鍾會、虞松，在正始中寫石經，見《魏志》，不特邯鄲淳並無正始中寫經之事，即賈逵以下三人，本傳具在，何嘗有此，是仍不免爲豐氏所欺，考據之疏，頗可笑也。〔註 14〕

全氏的論點有三，一、漢熹平石經是蔡邕以隸書書丹刻石，而非篆、隸、八分。二、盧植上書奏請參與其中，並非因所請而刊刻。三、魏正始石經，書作篆、隸、古文三體，但蝌蚪古文是漢以來藏於秘府，而非新出於世。於是針對於西河所提出的論點，一一加以釐清，當然有關於正始書石之人，歷來即是頗具爭議之處，由於原石並無書其姓名，當然也就無法按覈，不過可以推究非出於一人一時之作，〔註 15〕只是全氏立意批駁西河，過執一說，論斷稍見嚴苛，似乎

〔註 14〕見全祖望撰《鮚埼亭集・外篇》卷四十一〈答杭堇浦辨毛西河述石經原委帖〉，頁 1277～1278。

〔註 15〕張國淦撰《歷代石經考》中〈魏石經考〉引據王國維《觀堂集林》等諸家說法、按云：「正始書經，有衛覬、邯鄲淳、嵇康三人之不同，原石未見書丹者姓名，爲衛覬，爲邯鄲淳，爲嵇康。今亦無從斷定。如王氏說，非一人所書，蓋可知也。」，頁 289。

有待商榷，至於西河認爲邯鄲淳、鍾會等人請去蔡邕所書八分，另書古文，則確實有疏略之處，主要是因爲西河考辨豐坊僞古文，卻仍惑於其說，並未釐清其中眞實緣由。當然全氏也並非全然無誤，〔註 16〕但推究史傳的記載，糾正西河疏失之處，自然可以提供校正參考。事實上，漢、魏石經中並無刊刻《禮記》，所謂《大學》石經本，則實爲唐之開成石經，西河於魏之前虛列石經《大學》名目，與事實並不相符，確有可議之處。而西河解經釋義中類似的疏失頗多，前文論述時多已附帶辨析，不再一一復舉，主要因爲西河在剖析考論，批駁前人的缺失之餘，同樣也有引據不實，推論含糊之處，容易導致後人誤解，當然也說明西河的考辨仍然有未臻圓熟之處，尤其西河是以考據名家，卻有考而不實，辨而不明之處，確實不免令人有所遺憾。

再者，西河以經證經，來闡發義理，但串貫太過，同樣也有穿鑿失實之處，如《論語・爲政篇》子曰：「吾十有五而志于學，三十而立，四十而不惑，五十而知天命，六十而耳順，七十而從心所欲，不踰矩。」〔註 17〕孔子概括說明一生爲學的歷程，標示志學修身的成果，但西河卻穿貫諸經加以說解，云：

> 此聖學次第，與諸經言學處不宜同異。故以經證經，則十五志學，志大學也，古者十五入大學，即誠意、愼獨，止善、去不善之學。立者，成立也。舊註學有所成，謂學至此有成立，如〈樂記〉「禮義立」、《孝經》「名立乎後世」、《易》「觀變乎陰陽而立卦」之「立」，作成樹解，故〈學記〉「強立而不反，謂之大成」，直以成立二字自爲訓詁。（《四書改錯》卷十八，頁 18）

西河以《大學》「誠意、愼獨」作爲孔子十五志學的內容，並且進而以學子十五入學的從學典制，來說明孔子的從學歷程，但國子爲學未必可以與孔子學

〔註 16〕范曄撰《後漢書》卷六十下〈蔡邕列傳〉載云：「邕以經籍去聖久遠，文字多謬，俗儒穿鑿，疑誤後學，熹平四年，乃與五官中郎將堂谿典、光祿大夫楊賜、諫議大夫馬日磾、議郎張訓、韓說、太史令單颺等，奏求正定六經文字。靈帝許之，邕乃自書（丹）於碑，使工鐫刻立於大學門外。於是後儒晚學，咸取正焉。及碑始立，其觀視及摹寫者，車乘日千餘兩，塡塞街陌。」，頁 1990。卷八〈孝靈帝紀〉則載「正五經文字」。頁 336。經數說法，多有歧異，但事實上刻石的經書有七種：《京氏易》、《歐陽尚書》、《魯詩》、《大載儀禮》、《公羊春秋》、《嚴氏公羊傳》、《魯論》等，皆學官所立之今文經。詳見屈萬里撰《漢魏石經殘字》，頁 5。收入《屈萬里全集》第十五冊。《禮記》未列學官，自然不在其中，全氏誤以《儀禮》爲《禮記》，事實上也應加以更正。

〔註 17〕見何晏集解，刑昺疏《論語注疏》卷二〈爲政篇〉，頁 16。

思歷程相參，而《大學》是後起之作，也未必可以用來印證孔子。此外，西河並且更進而以《中庸》天人合德之論，來說明夫子四十、五十時爲學所臻之境界，云：

> 若不惑、知天命，則以經證經，不惑是知人、知天命是知天；不惑是窮理盡性、知天命是至于命；不惑是誠明、知天命是聰明聖知達天德，蓋不惑則于人事不貿亂，如〈賈誼傳〉「眾人惑」之惑，知天命則全契天德，徐邈所謂「合吉凶善惡，而皆本之于定命」，此正天下至聖參贊位育之實境，並非事物所以然之謂。《中庸》釋維天之命，但云至誠不已，天之所以爲天，此直指天德、天道，與事物之理，毫無干涉。（《四書改錯》卷十八，頁 18～19）

西河以天人之分，來分釋不惑與知天命，釋義上固然簡易明晰，但孔子四十、五人爲學境界，卻因而截然兩分，缺乏發展的脈絡，使孔子爲學進程晦蝕不明，而且既然已經參贊化育，通達天德，也使孔子往後六十、七十的爲學無法進一步呈顯其進程，所以西河又轉而論述所謂「心教」，云：

> 必以經証經，則耳順者，是以小體爲大體，從心者，是以人心爲道心。總渾化之極，神聖之事也。《孟子》體有小大，以耳目口腹當小體，養小不失，即口腹亦非尺寸之膚，何況耳目，故耳目俱爲大體所關，而耳先于目，向志學立學，但修此聰明睿知之身，以進天德，至此則耳無違拂，四體皆喻，將〈洪範〉所云「作謀」、〈舜典〉所云「闢聰」，皆從此無扞格也。此身教也。《尚書》謂「生民有欲」、〈樂記〉以感物爲性之欲，總之皆人心也。向志學立學，但止善去欲，以爲盡性至命之本，至此則善惡俱冥，無事去欲，人心即道心矣。〈洪範〉之作聖、《大學》之絜矩，皆不越乎此也。此又心教也。（《四書改錯》卷十八，頁 20）

西河以《孟子》所言的體有小大，來說解「耳順」是耳無違拂，四體皆喻，雖然是以經證經，但《孟子》後出，同樣未必可以佐證前事，而且就經文內涵而言，所謂「心教」也無法闡明夫子晚年沉潛淬煉，終至圓熟豁達之境，所以西河只好說是「總渾化之極，神聖之事也」，一概推爲「渾化之極」、「神聖之事」，似乎已經缺乏更明確的形容，也顯見西河的辭窮，歸結原因，主要即是西河執著以經證經的詮釋方式，旁牽引伸之餘，並未能釐清諸經的差異，難免有生硬湊合之處，使文意支離破碎，反而有失詮釋經義的分際，所以《四庫全書總目提要》即對此提出批評，云：

奇齡說經，善考證而喜辨論，故詮釋義理，往往反覆推衍，以典籍助其駁詰，支離曼衍，不顧其安。〔註 18〕

所謂「反覆推衍，以典籍助其駁詰，支離曼衍，不顧其安」，即是說明西河考辨事理，往往旁搜遠紹，引經相證，但施用於詮釋義理，卻不免有支離破碎，相互矛盾之處，所以《四庫全書總目提要》進而指出西河學術的得失，云：

奇齡博洽群書，其說經善於考證，至於舍考證而談義理，則違才易務，非其所長，又以辨才濟之，愈辨而愈支，固其所矣。〔註 19〕

可以了解西河詮釋經義，有其勝出之處，但也有其偏差之處，雖然以考據著名，但擅長之處，往往卻也是局限的所在，一方面時有考據不實，推證未詳之處，有礙於經義的詮釋。而旁牽義理，割裂引伸之餘，更有扭曲經文原旨的缺失，此皆有違詮釋分際，有待釐清剔除。

總之，西河標舉恢復聖人原旨，頗多精譬之見，但考辨不精，或者貫串太過，從而使聖道晦蝕不明，既有違初衷，也使用心考辨的成果有所瑕疵，不免令人惋惜。

四、負氣求勝，偶有失於公允之論

前人除對西河的考據提出補正外，對於西河負氣求勝的態度，更是多所批評，如《四庫全書總目提要》即對於西河「學博而好辨」，詮釋經義往往有「強生支節」、「支離曼衍，不顧其安」的情形，認爲是西河好辯爭勝之心所導致的結果，所以「辯之所至，輒負氣求勝，遂不暇顧其矛盾」。〔註 20〕《清史稿》更進而指出西河任才使氣的習氣，不僅立論標新立異，甚至深自矜重，有睥睨群賢之概，云：

奇齡淹貫群書，所自負者在經學，然好爲駁辨，他人所已言者，必力反其詞。……所作《經問》，指名攻駁者，惟顧炎武、閻若璩、胡

〔註 18〕見紀昀等奉敕撰《四庫全書總目提要》卷八，經部，四書類「《四書賸言》四卷《補》二卷」提要。頁 751。

〔註 19〕見紀昀等奉敕撰《四庫全書總目提要》卷八，經部，四書類存目「《中庸說》五卷」提要。頁 777。

〔註 20〕見紀昀等奉敕撰《四庫全書總目提要》卷八，經部，四書類「《論語稽求篇》四卷」及「《四書賸言》四卷《補》二卷」提要中，對於西河考證之檢討。頁 750～751。

渭三人。以三人博學重望，足以攻擊，而餘子以下不足齒錄，其傲睨如此。〔註21〕

可見西河不僅負氣求勝，甚至認為當世只有顧炎武、閻若璩、胡渭可以作為敵手，全祖望〈蕭山毛檢討別傳〉更引錄時人的評論，指出西河目無古今，云：

歸安姚薏田秀才謂予曰：「西河目無古今，其謂自漢以來，足稱大儒者，祇七人，孔安國、劉向、鄭康成、王肅、杜預、賈公彥、孔穎達也。夫以二千餘年之久，而僅得七人，可謂難矣。」〔註22〕

可見西河矜重自負，不屑與人同調，而且辯鋒所及，更是目空一切，甚至有標新立異，非大家不屑與辯的情形，態度顯然有所偏差，全祖望即厲辭批評西河盛氣凌人，有違研經本分，云：

西河則談經，於是並漢以後人俱不得免，而其所最切齒者為宋人，宋人之中，所最切齒者為朱子，其實朱子亦未嘗無可議，而西河則狂號怒罵，惟恐不竭其力，如市井無賴之叫囂者，一時駭之。〔註23〕

就詮釋經義而言，能不依傍前人，另立新解，從而豐富經義的內涵，未必無佐助聖道之功，但不論其是非，甚至厲辭詬罵，則確實有失公允，如《論語．憲問篇》孔子告於哀公，請討陳恆一節，〔註24〕朱注引錄程頤、胡安國之論，加以評論，云：

程子曰：「左氏記孔子之言曰：『陳恆弒其君，民不予者半，以魯之眾，加齊之半，可克也。』此非孔子之言。誠若此言，是以力不以義也。若孔子之志，必將正名其罪，上告天子，下告方伯，而率與國以討之。至於所以勝齊者，孔子之餘事也，豈計魯人之眾寡哉？當是時，天下之亂極矣，因是足以正之，周室其復興乎？魯之君臣，終不從之，可勝惜哉！」胡氏曰：「《春秋》之法，弒君之賊，人得而討之，仲尼此舉，先發後聞可也。」〔註25〕

〔註21〕詳見趙爾巽等撰《清史稿》卷四百八十一〈儒林傳〉中西河本傳。頁13176。

〔註22〕見全祖望撰《鮚埼亭集．外篇》卷十二〈蕭山毛檢討別傳〉載錄。頁825。

〔註23〕見全祖望撰《鮚埼亭集．外篇》卷十二〈蕭山毛檢討別傳〉中對於西河之批駁。頁826。

〔註24〕何晏集解，邢昺疏《論語注疏》卷十四〈憲問篇〉載云：「陳成子弒簡公，孔子沐浴而朝，告於哀公曰：『陳恆弒其君，請討之。』公曰：『告夫三子。』子曰：『以吾從大夫之後，不敢不告也。』之三子，告不可。孔子曰：『以吾從大夫之後，不敢不告也。』」，頁128。

〔註25〕見朱熹撰《論語集注》卷七〈憲問篇〉，收入《四書章句集注》，頁155。

朱子引述程氏、胡氏之說加以評論，其實並不是屬於解釋經義的性質，固然有可議之處，但西河除批駁觀點有誤之外，卻進而批評二程未誅王安石，胡氏父子與秦檜同朝，有相互舉薦的情形，云：

宋人好責人，並不責己。宋儒何嘗仕，宋胡安國與秦檜同朝，不惟不誅檜，且從薦檜，而其子胡寅、胡宏，則又爲檜所薦，夫二程不誅王安石，三胡不誅秦檜，而責夫子討陳恆、誅季氏，大非平情之言也。錯也。（《四書改錯》卷八，頁 10～11）

但深究其中，西河論人是非，批評程氏、胡氏的操守，其實同樣也是重蹈覆轍，有失就事論事的風度，甚至論證「宋人薄事功，兼薄氣節」的主張（《四書改錯》卷二十二，頁 1），更顯然已經淪爲義氣之爭，同樣也非平情之論，全祖望〈蕭山毛檢討別傳〉批評西河有「因一言之誤而誣其終身者」，〔註 26〕即是著眼於西河以偏概全，論人過於嚴苛，在譏刺呵責之餘，有違持平客觀的原則，踰越詮釋經義應有的分際，對此，全氏深以爲憾，云：

雖然，西河之才，要非流輩所易幾，使其平心易氣以立言，其足以附翼儒苑無疑也。乃以狡獪行其暴橫，雖未嘗無發明可采者，而敗闕繁多，得罪聖教，惜夫！〔註 27〕

西河厲辭批駁雖然影響視聽，但旁伸攻詰，卻有失平和之氣，不是詮釋經義的正途。《四庫全書總目提要》即指出日久事定之後，西河門人張文檒已修正此一習氣，云：

文檒受業于毛奇齡，故此書亦因其師說，特文檒至乾隆甲子尚存，當日久論定之餘，知奇齡以負氣詬厲，爲後人所不滿，鑒於前車，詞氣較爲和平耳。〔註 28〕

張文檒《大學偶言》大抵是因襲師說，但持論已經轉趨平和，當然一方面是由於才氣所囿，但時移世異，事久論定之後，西河研經論事的得失，也就較爲明晰，張氏及見後世的論斷，自然修正其中偏差之處，一改負氣詬厲之習，而西河負氣求勝之失，從後人的傳習中，似乎也可以得到定論。

〔註 26〕詳見全祖望撰《鮚埼亭集・外編》卷十二〈蕭山毛檢討別傳〉中即列舉其父對於西河的批評，其下注云：「如胡文定公曾稱秦檜，而遂謂其父子俱附和議，則籍溪、致堂、五峰之大節，俱遭含沙之射矣。」，頁 827。

〔註 27〕見全祖望撰《鮚埼亭集・外編》卷十二〈蕭山毛檢討別傳〉，頁 828。

〔註 28〕詳見紀昀奉敕撰《四庫全書總目提要》卷八，經部，四書類存目「《大學偶言》一卷」提要。頁 782。

第二節　對後世的影響

前人檢討西河研習四書的得失，多半就其考辨的得失，以及論辯的態度提出檢討，考辨精核之處，固然可以翼附經義，但串貫義理太過，卻也使經旨晦蝕，尤其態度的偏頗，更是招致許多批評。但得失互見中，以更宏觀的角度省察，即可發覺西河研習四書，雖然論旨未必能饜服人心，但深觸的問題，開啓的法門，在在都使後人沿風追步，尤其批駁宋學的旗幟鮮明，有助於引領後人分判學術宗旨，影響之深遠，自然不能一筆抹煞。茲就其相關之影響，進而呈顯西河研討四書的貢獻。

一、開擴義理考辨的空間

西河檢討朱子所建構的四書內涵，無論是文字訓詁、章句結構、詮釋角度，乃至於義理內涵，都有深入的批判，其中涉及層面極廣，成就不凡，而且從中納歸出與朱子不同的釋經角度，強調考覈事理之宜，作爲探究聖人義旨的途徑，從而避免個人憑虛逞臆的解經方式，使經義原旨晦蝕，主要因爲西河認爲在義理方面，不免有見仁見智的情形，可以理推，卻莫得定準，西河即以本身的經驗提出檢討，云：

> 間嘗欲取其義理，探其旨趣，剖析討論，務爲可安，而義理廣大，就仁智所見，皆可以各爲爭執，而至于旨趣精微，隱顯毫末，離朱不能視，子野不能聽，是者不敢自直而相安，于非者即欲驟爲刊之，而無所于證定。（《論語稽求篇》卷一，頁2）

西河以本身研習經義的心得，說明在分析義理，剖判前人得失時，如果推究精微，往往是各有所見，無所證定，因此也就無法論定是非，所以西河強調「事貴類推」，指出必須以「事物」證「義理」的方式，將經文義理置於可以引據考辨的詮釋活動中，提供可以檢證的推論，云：

> 然而言論旁及，多見事物，凡夫禮儀器制、方名象數、文體詞例，皆事物也，如人身然，義理者，府藏也；事物者，耳目也。府藏，人所不見，我以爲府，而人必爭以爲藏，何從質辨；惟耳目昭昭在人，人有指耳而稱目，指眉頰而稱頤頷者乎？義理難明，則吾以事物明之；府藏難辨，則吾以耳目辨之，雖曰顯見既差，安問微隱，然而事貴類推，蓋即耳目間而已，有如是其可疑者。（《論語稽求篇》卷一，頁2）

據此可以了解所謂考辨事理，其實是對於詮釋經義反省的結果，一方面提供人人可以檢證察考的線索，有助於剖析是非，而事理明白之餘，更可以進而闡明精微的義理，所以聖人的微言大義不在幽渺高深處推尋，而是在應世行事以及事理合理之處彰顯，而儀禮典制、文體詞例等都可以提供此一線索，於是經義從而可以論證是非，在歷來傳習四書的傳統中，從而擺脫科舉八股的窠臼，並且在心性義理之外，旁開事理辨證的範疇，於是經義的詮釋有「耳目」明晰之效，而後人即使有不同的論旨，也必須依循西河所開示的途徑，辨析事理，如全祖望撰〈蕭山毛檢討別傳〉批駁西河的立身行事，並且引據其父之言，糾舉西河有「造爲典故以欺人」、「造爲師承以示人有本」、「前人之誤已經辨正，而尚其襲其誤而不知」、「信口臆說」、「不攷古而妄言」、「前人之言本有出，而妄訴爲無稽」、「因一言之誤而誣其終身」、「貿然引證而不知其非」、「改古書以就己」……等缺失，〔註 29〕固然是以學術來批駁西河，但推究其中方式，卻仍然是依循西河提倡的考辨方法，而更加細密。此外，《鮚埼亭集》中〈書毛檢討忠臣不死節辨後〉、〈答杭董浦辨毛西河述石經原委帖〉、〈西河謂宋儒講學者無一死節亦適不會其時〉諸文，〔註 30〕更是依循西河所提的論點，提出考辨。甚至在〈經史答問〉中有關四書的部分，除標舉西河之見加以批駁，更有許多是調和西河與朱子歧出之處，其中的影響實是不言可喻。〔註 31〕至於乾、嘉漢學家所受之影響，更是顯而易見，如戴震論治學，

〔註 29〕全祖望撰《鮚埼亭集・外篇》卷十二〈蕭山毛檢討別傳〉即載全氏父子細審西河論著，糾舉西河論述疏失之處，並撰作《蕭山毛氏糾謬》十卷。頁 826～827。其中主要是針對西河考據的瑕疵加以諫正。

〔註 30〕詳見全祖望撰《鮚埼亭集・外編》卷三十三〈書毛檢討忠臣不死節辨後〉頁 1137～1138。卷四十一〈答杭董浦辨毛西河述石經原委帖〉，頁 1277～1278。卷四十七〈西河謂宋儒講學者無一死節亦適不會其時〉，頁 1389～1390。其中所論，皆是西河論辨四書所衍生的問題，全氏主要批評其中觀點偏頗，尤其考證多有疏失，所以提出糾正。

〔註 31〕詳見全祖望撰《鮚埼亭集・經史答問》卷六〈論語問目答范鵬〉頁 565～581。及卷七〈大學、中庸、孟子問目答盧鎬〉，頁 583～601。其中除批駁西河好強喜辯之外，也嘗試調和朱子與西河的見解，如范鵬問：「〈禮器〉甘受和，白受采是一說；〈考工〉繪畫之師，後素功，又是一說，古注於《論語》「繪事後素」引〈考工〉，不引〈禮器〉，其解〈考工〉亦引《論語》，至楊文靖公解《論語》，始引〈禮器〉，而朱子合而引之，即以〈考工〉之說爲〈禮器〉之說，近人多非之，未知作何折衷？」全氏云：「朱子既是龜山之說，而仍兼引〈考工〉之文，則誤矣。然朱子誤解〈考工〉，卻不誤解《論語》，芟此一句，便可釋然，若如古注，則誤解《論語》矣，朱子之誤，亦有所本，蓋出於鄭

則可說是承繼西河的觀點，而更加細密，云：

> 治經先考字義，次通文理，志存聞道，必空所依傍，漢儒故訓有師承，亦有時傅會，晉人傅會鑿空益多。宋人則恃胸臆爲斷，故其襲取者多謬，而不謬者在其所棄。我輩讀書原非與後儒競立說，宜平心體會經文，有一字非其的解，則於所言之意必差，而道從此失。〔註32〕

戴氏強調立論有據的主張，其實是與西河同調，而反駁臆斷解經，更是承自西河的主張，至於釐清文義與字義的關係，在考究事理之外，更進而爭較於文字之間，使立論更形堅確，經義更加燦然可觀，也可說是在西河影響之下，後出轉精的結果。此外，如淩廷堪論學術流變，即引列西河加以評論，云：

> 〈大學〉、〈中庸〉，《小戴》之篇也，《論語》、《孟子》，傳記之類也。而謂聖人之道在是焉，別取而注之，命以四書之名，加諸六經之上，其於漢、唐諸儒之說，視之若弁髦；棄之若土苴，天下靡然而從之，較之漢、魏之尊傳注；隋、唐之信義疏，殆又甚焉。……元、明以來儒者墨守程、朱，亦如隋、唐以前儒者墨守鄭、服也。元行沖謂寧道孔聖誤，諱言鄭、服非者，則又寧道孔聖誤，諱言程、朱非矣，疑之者，自陳氏《經典稽疑》、郝氏《九經通解》開其端，然其書或守誦習之說，而未安於心，或舍傳注之文，而別伸其見，學者咸以詭異視之。固陵毛氏出，則大反濂、洛、關、閩之局，掊擊詆訶，不遺餘力，而矯枉過正，武斷尚多，未能盡合古訓，元和惠氏、休寧戴氏繼之諧聲，詁字必求舊音，援傳釋經，必尋古義，蓋彬彬乎有兩漢之風焉！〔註33〕

宗顏之解〈考工〉，宗顏又本之荊公，蓋不知《論語》與〈禮器〉之爲一說，〈考工〉之又別爲一說也。若至毛西河喜攻朱子，嘵嘵強詞，是則不足深詰也。」，頁566～567。所謂近人，可以了解實指西河，辨詰之餘，其實也是回應西河對於朱子的批駁。此外，范鵬問「甯武子不仕於文公」的論斷是否正確。頁569～570。問「孔子是否攝相事，《史記》載錄究竟何指？」，頁570～572。問「孔子教孟孫無違，是無違僖子之命而學禮之說，是否可從？」，頁580。而盧鎬問「燕毛亦兼異姓之說，是否可信？」，頁585。問「夫子是否爲大夫？」，頁588～589。等問題，事實上都是明標西河之見加以批評，而隱括其說者，更是不煩殫舉，而此皆顯見西河詮釋四書的影響相當廣泛。

〔註32〕見戴震撰《戴震集》上編文集卷九〈與某書〉，頁187。

〔註33〕見淩廷堪撰《校禮堂文集》卷二十三〈與胡敬仲書〉中對於經學流衍的論述。收入新文豐叢書集成續編，第一五六冊，頁650。

凌氏著眼於表彰乾、嘉考據學風，所以指明西河有「武斷尚多」、「未能盡合古訓」之處，有待後人補苴罅漏，但凌氏在考辨經學源流時，即指出自宋以來學者墨守程、朱之學，時勢所趨，更是漸離古義，而西河卻能旁出詭辯臆解之外，開啓考據空間，倡言之初，雖然或有矯枉過正，考證失實之處，但倡言恢復古義，推尋聖人原旨於事理之間，使惠棟、戴震等人訓詁經旨轉趨細密，漸至推尋古音古義，從而恢復漢學篤實之風，西河影響之深遠，可見一斑。而與凌氏同時的阮元，更針對清初學者立論，說明西河一改前代學風的成就，云：

> 有明三百年，以時文相尚，其弊庸陋譾僿，至有不能舉經史名目者，國朝經學盛興，檢討首出于東林、蕺山講學標榜之餘，以經學自任，大聲疾呼，而一時之廢疾頓起，當是時，充宗起于浙東、朏明起于浙西、寧人、百詩起于江淮之間，檢討以博辨之才，睥睨一切，論不相下，而道實相成，迄今學者日益昌明，大江南北著書授徒之家數十，視檢討而精核者固多，謂非檢討開始之功則不可。（《毛西河先生全集・序》卷首，頁1）

阮氏強調「略其短而著其功；表其長而正其誤」（同前），所以對於西河經學大力表彰，認爲有一起廢疾，引領學風之功，貢獻厥偉，因此焦循在〈國史儒林文苑傳議〉中，即強調不應汩沒其學，云：

> 毛奇齡好爲侮謾之詞，全椒山惡之，並詆毀其經學。竊謂學不可誣，疵不必諱，述其學兼著其疵可也，不當因其疵而遂沒其學也。〔註34〕

所謂不當「遂沒其學」，可以了解西河標舉考據，一改空疏學風，開啓日益昌明的論述，其間的貢獻，確實應該加以肯定。

二、有助於分別漢、宋學畛域

檢視前代講學風氣，西河有意以研經考禮改變空談心性之習，其中論辯所及，往往是「呵叱先儒，譏彈前賢，上下千古若無足置胸懷間」，〔註35〕其中尤其對於宋人學術，更是多所批評，指謬示疵之餘，認爲宋人不解經旨，

〔註34〕詳見焦循撰《雕菰集》卷十二〈國史儒林文苑傳議〉對於國史存錄清初學者立場的建議，其中第六項「公論」，即是強調論學應瑕疵並見，力求公允，申明不應忽略西河的學術成就。頁185。

〔註35〕詳見錢穆撰《中國近三百年學術史》第六章「閻潛邱毛西河」，頁232。

往往摻入道釋思想，改易聖道，云：

> 宋儒從二氏授受，篡據聖門，妄以華山道士，河洛壽涯僧太極，認作道學，實于聖學首功如何下手，聖道究竟如何歸結，所云「忠恕一貫」者，全然不曉。(《四書改錯》卷十九，頁6)

相同之論述，屢見西河經注中，〔註36〕所以西河認爲宋學應排除於聖門之外，雖然辭氣有失平和，但倡言高論，大聲疾呼之餘，乾、嘉漢學家更據以引伸發揮，重新檢討儒學與宋學的差異，如戴震即認爲周敦頤之學近於老氏，云：

> 周子之學，得於老氏者深，而其言渾然與孔、孟相比附，後儒莫能辨也。朱子以周子爲二程子所師，故信之篤，考其實固不然。〔註37〕

其中論旨，其實仍是依循西河的論點，此外，凌廷堪更將宋學視爲禪學而一概摒棄，云：

> 近時如崑山顧氏、蕭山毛氏，世所稱博極群書者也。……又吾郡戴氏著書，專斥洛閩，而開卷仍先辨理字，又借用體用二字以論小學，猶若明若昧於阱獲而不能出也。其餘學人，但沾沾於漢學、宋學之分，甚至有云名物則漢學勝；理義則宋學勝者，寧識宋儒之理義乃禪學乎！或謂禪學以理爲障；宋儒以理爲性，其宗旨自別，此黠者欲蓋彌彰之說也。〔註38〕

在檢討學術立場，凌氏認爲只要涉及體用之辨，都是陷於宋學迷障，入於禪學而不自知，執論顯然是更加偏狹。當然宗旨既分，於是漢學、宋學各樹旗

〔註36〕西河認爲宋儒之學，實得自釋道，相同之論述頗多，如《聖門釋非錄》卷二引述先仲氏之言，云：「宋儒之學，實本老氏，皆華山道士所授，而北南二宋皆宗之，故南宋洪邁爲史官，而儒者皆丐邁作陳希夷先生及周元公諸大傳，且載〈太極圖說〉于傳中，以〈太極圖說〉本道書《太上無極尊經》中所出書也。」頁2。《四書改錯》卷一云：「宋人守華山之教，專于爲己。」頁12。所以《聖門釋非錄》卷二西河引述其兄之言，認爲「先聖先王所言者，皆爲儒者改頭換面，一概瞞煞。」頁15。對於〈太極圖〉出自二氏之說，勞思光撰《中國哲學史》在進一步檢討之後，認爲「說雖似甚辯，實則極欠嚴格。」頁131～136。西河雖然考據不甚嚴謹，但提出宋學與釋道淵源頗深的見解，則影響深遠。

〔註37〕詳見戴震撰《戴震集》下編〈緒言〉對周敦頤學術的推究。頁398。此外，戴氏並且推究邵雍之學更接近老、莊思想。頁392。而程子、張子、朱子皆曾經先後出入於釋、老之學。頁404。其中除更加明晰外，主要仍是依循西河排除宋學於儒學之外的見解。

〔註38〕見凌廷堪撰《校禮堂文集》卷十六〈好惡說〉下，收入新文豐叢書集成續編第一五六冊，頁606。

幟，相互攻詰，成爲乾、嘉之際重要的課題，〔註 39〕甚至時至今日，仍然方興未艾，提供分判學術的方便法門。〔註 40〕對於漢學、宋學得失之辨，並非本文論旨，無須多贅，但推其中的淵源，則顯然可見西河的影響，當然時勢所趨，並非一人一時可以完成，錢賓四《中國近三百年學術史》即說明清乾、嘉時期漢、宋學之分，其實是遠紹陽明學風，由清初諸儒同趨共進所成，云：

> 浙東姚江舊鄉，陽明之精神尚在，如梨洲兄弟駁《易圖》、陳乾初疑《大學》、毛西河盛推《大學》古本，力辨朱子，其動機在爭程、朱，陸、王之舊案，而結果所得，則與亭林有殊途同歸之巧，使學者曉然於古經籍之與宋學未必爲一物，其次如閻百詩辨古文《尚書》，其意固猶尊朱，而結果所得，亦使人知通經端在溯古，晉、唐以下已可疑，更無論宋、明也。江、浙人物薈萃，典冊流播，聲氣易傳，考核易廣，清初諸老，尚途轍各殊，不數十年，至蘇州惠氏出，而懷疑之精神，變爲篤信，辨僞轉向求眞，其還歸漢儒者，乃自蔑棄唐、宋而然。〔註 41〕

〔註 39〕乾、嘉時期惠棟、戴震等人多主漢學而抑宋學，江藩撰《漢學師承記》卷一說明當時學風盛況後，云：「乃知經術一壞於東西晉之清談，再壞於南北宋之道學，元明以來，此道亦晦，至本朝三惠之學，盛於吳中，江永、戴震諸君，繼起於歙，從此漢學昌明，千載沈霾，一朝復旦。暇日，詮次本朝諸儒爲漢學者，成《漢學師承記》一編，以備國史之採擇。」，頁 4。據此可以了解江氏撰作之動機，是爲彰顯乾嘉學術，昌明漢學家一派。至於方東樹撰《漢學商兑》則是堅主宋學，一反漢學，〈重序〉云：「逮於近世，爲漢學者，其蔽益甚，其識益陋，其所狹，惟取漢儒破碎穿鑿謬說，揚其波，而汨其流，抵掌攘抉，明目張膽，惟以詆宋儒，攻朱子爲急務，要之不知學之有統，道之有歸，聊相與逞志快意，以鶩名而已。」，頁 2。所以方氏摘選乾嘉漢學家之見，加以厲辭批判。主要即是宗主不同的情況下，漢、宋學各分壁壘，互相攻詰，缺乏進一步的調和折衷。

〔註 40〕前人對此之探究頗多，早期如劉師培〈漢宋學術異同論〉，收入《劉申叔先生遺書》第一冊，頁 645～653。周予同〈漢學與宋學〉，收入《周予同經學史論著選集》，頁 322～337。等，多著意於釐清漢、宋學之差異，並有嘗試予以調合，如何佑森〈清代漢宋學之爭平議〉，收入《臺大文史哲學報》第二十七期，頁 97～113。民國 67 年 12 月。此外，林師慶彰〈明代的漢宋學問題〉則檢列二十多篇論文，並且推溯漢、宋之爭的淵源。收入《東吳文史哲學報》第五期，頁 133～150。民國 75 年 8 月。其中有深入分析，也有調和差異，甚至推溯其淵源，似乎乾、嘉之際分門別宗的標幟，也成爲後世省察學術沿革，剖判得失的方便法門。

〔註 41〕詳見錢穆撰《中國近三百年學術史》對於戴震學術之推究。頁 320～321。乾、嘉漢學大盛，錢穆推究其中淵源是清初諸儒對於陽明學風的繼承，由論辨朱、錢氏推究乾、嘉學術源流，是來自清初諸儒的努力，在繼承陽明學說，檢討朱、陸異同的學術論爭中，開展出考辨舊藉的活動，進而由蔑棄唐、宋，溯至漢學，開啓漢、宋學異同的學術論爭，論旨實有見地。但在清初諸儒中，倡言反宋最力，層面最廣，事實上，則是以西河爲著，對於乾、嘉漢學的影響，也就更加顯而易見，〔註 42〕所以方東樹撰《漢學商兌》申明宋學，即以西河列於卷首加以批評，其中就是著眼於此。〔註 43〕總之，西河研議四書，標舉反宋，引領乾、嘉漢學之風，進而釐清漢、宋學的畛域，不僅使後人易於剖判學術宗主，更開啓不同的法門，其間的影響，自是不可抹煞。

陸異同，漸至一反宋學，確立漢學內涵，其中固然有賴於同趨並進的努力，而西河標舉反朱子，檢討朱注四書內涵，確定信古存眞的訴求，貢獻尤大。

〔註 42〕錢穆撰《中國近三百年學術史》檢討清代漢學家一意考訂之餘，往往在心性義理多有疏忽，而深寓諫正之意，並且推溯西河、潛邱「漢學開山者」在譏刺辯駁之際，有失學士雅度。頁 252。固然缺失肇因於西河、潛邱，從另一面而言，漢學之標的，也是由此確立。

〔註 43〕方東樹撰《漢學商兑》卷上即首列西河，引錄《西河集》中辨道學非聖學的主張，云：「論道之眞僞得失，無如此說之詳盡者，余故錄之，以著其實，使知世所譏於道學者，自指此輩，向來誣善之徒，直集矢於程、朱，是不可不辨也，……世以道學理學爲詬病也眾也久矣，余故首爲正其名，以究其所失之源焉。」，頁 1～10。方氏認爲後世詬病程、朱，批駁道學，西河著論最詳，所以正本清源，特別引列卷首，作爲批駁的對象。而從另一角度而言，正可以說明西河批駁宋學，對於乾、嘉漢學有深切的影響。

第九章　結　論

李塨〈西河合集總序〉曾經引述西河對於自我的期許，並印證其畢生努力的成果，認爲西河闡發經義，有助於聖道大矣，云：

> 先生嘗謂漢、唐後世無學者，忻然以千古讀書人自居，而塨獨竊竊然謂聖道若存若亡，決出竄入，異學橫流幾千年，于茲矣，天地神聖之靈，置若罔聞，學術世道，未知于何其底，而忽于今日得先生一人，上以正義、農開闢之籑據；中以起三代禮樂之厄屯；下以扶孔、孟經傳之晦蝕，是豈一心一目，遂克臻此，殆乾旋坤轉，鬼設神施，天牖其聰，而先聖先賢實左右之，使學術世運可返隆古，不但湛淪宋、明已也，而謂偶然之事也？（《毛西河先生全集・總序》卷首，頁 8）

李塨對於西河學術成就的贊美可謂至極，事實上，就恢復古道，闡發聖人精神而言，西河確實成果斐然。雖然全祖望曾經極力加以批評，〔註 1〕但乾、嘉學者，不僅承接西河的論旨，續有考辨，也依循西河所立的門徑，分別門戶，

〔註 1〕全祖望對於西河人品深表不滿，所以對於西河學術也一概屏棄，《結埼亭集・外編》卷十二〈蕭山毛檢討別傳〉即全面批駁西河學術的疏失。頁 825～828。此外，卷三十三〈書毛檢討忠臣不死節辨後〉、卷四十一〈答杭堇浦辨毛西河述石經原委帖〉、卷四十七〈西河謂宋儒講學者無一死節，亦適不會其時〉諸文，更是針對西河所提之觀點，厲辭批評。詳見《結埼亭集・外編》頁 1137～1138、頁 1277～1278 及頁 1389～1390。〈經史答問〉中的問答，也有許多是針對於西河見解的批評，詳見《結埼亭集・經史答問》，頁 499～645。此於前文已隨文附及，茲不再贅。近人鄭吉雄撰〈全祖望論毛奇齡〉即是有見於此，而加以整理論述，可以提供進一步參考。收入《臺大中文學報》第七期，頁 281～312。民國 84 年 4 月。

〔註2〕凌廷堪撰〈過蕭山〉一詩即針對爲學宗旨，特別標舉西河爲宗，云：

千古精言萃考亭，竟將二氏入遺經，姚江也是濂溪派，認取蕭山萬疊青。〔註3〕

凌氏對於西河稱賞有加，主要是著眼於西河剔除朱子、陽明兩人取徑於釋、道的方式，從而樹立儒者本位，所謂「萬疊青」，即是強調其典型獨具，再者，由講學而至考據經義，提供後學追風學步的方向，而此正是凌氏所說「認取」的緣由。此外，焦循《雕菰集》中更撰詩來表達個人的景仰之情，頌贊西河有功於聖門，云：

西河諤諤，譏者有人。我獨好之，有功聖門。帝王務本，孝弟即仁。忠恕一貫，明德新民。聖道聖學，此之謂神。遲非鄙士，由豈欺臣。隱括戾正，用雪諸賢。〔註4〕

焦循雖說是提出個人主觀的見解，但申明忠恕一貫，誠意爲本的主張，釐清朱注對於孔子弟子的誤解，正可說明西河闡發聖道的成果，已爲後人肯定。事實上，西河一生研討四書，涉及的層面相當廣泛，從釐清朱子《四書章句集注》的缺失，進而考辨聖人精義，將天理人欲之辨，轉而成爲事理原旨的考究，釐清許多以訛傳訛的錯誤觀念，尤其在剖析心性之餘，更彰顯聖人原本的形貌，從而構畫聖道的宏模偉業，更是有功於聖學，歸納其中，主要可以包括三方面的內容：

一、全面檢討《四書章句集注》：西河對於科舉典制深寓檢討之意，在批評八股影響世道人心，敗壞學風外，更著力於批駁朱子注解四書的謬誤，從名物訓詁、文體詞例，乃至於詮釋分際等，條分縷析，剖析朱子偏狹與疏失之處，引領後學不同的思考途徑，雖然是立意的批判，卻也有助於發揮聖人精義，澄清經文原旨。

二、專意於研經考史：西河歸田後，對於四書相關內容，提出詳細的考辨，在彰顯經典原旨的訴求下，一方面搜討相關記載，著意於典制

〔註 2〕阮元撰〈毛西河檢討全集後序〉探討乾、嘉學風云：「迄今學者日益昌明，大江南北著書授徒之家數十，視檢討而精核者固多，謂非檢討開始之功則不可。」見《毛西河先生全集・序》卷首，頁 1。阮元特別表彰西河對乾、嘉學者的影響，其中主要即是針對考據而言。

〔註 3〕見凌廷堪撰《校禮堂詩集》卷十四〈過蕭山〉，收入新文豐叢書集成續編第一五六冊，頁 484。

〔註 4〕見焦循撰《雕菰集》卷六對於《聖門釋非錄》的贊頌。頁 84。

意涵，以及禮文精義的闡發，進而呈顯聖人施政用事的企圖，以及平治天下的終極關懷，在擺落前儒說解之餘，也對於偏重內聖的路徑，有進一步的反省與檢討，使學者不再局限於心性之談，而立意於天地之間的事業，提供考辨經義與經世致用的良好示範。

三、建構聖道宏規：西河生於講學之鄉，對於心性之學，本就根植於心，之後流寓四方，出入講學，更是多方體證，於是依循《大學》誠意之教，落實於忠恕一貫之道，並推展到至誠之境，構畫當下可得，又難究其境的進程，從而串貫四書的內涵，凝構直截簡易，根植誠意的聖道宏規，避免窮理與立誠彼此歧出之處，提供學者成德立學可以永續遵循的方向。〔註5〕

從批駁朱注四書的謬誤，進而研考經史典制，彰顯聖人精神，乃至於辨析心性，體現宏規，西河在不同的訴求中，代表西河不同的關注層面，但推究其中的脈絡，則是彼此相互的關聯，不可截然畫分，如早期流寓嵩山，得高笠僧之教後，洞燭纖微，有助於分判前儒說解的是非，當然對於考辨經義的工作也助益頗多，〔註6〕雖然是晚年所輯的《四書改錯》，卻是先前考辨經義匯整的成果，〔註7〕所以不同方面的考辨論述，在內容上卻是彼此銜接，相互貫串，以彰顯經典原旨，發揚聖人精義作爲一生追尋的標的，盛唐〈西河先生傳〉即引述西河之言，云：

德性廣大，既無下手一功可爲把捉，而問學瑣屑，又汎騖而無所屬，

〔註5〕西河撰《大學知本圖說》云：「知止一節是《大學》切緊工夫，即誠意中事也。而儒者妄認作致佑，則與誠意有歧頭矣。……而下學偶誤，則從此失足，何止尋丈。嗟乎！此爲學功夫一大關會，不可不察也。」頁19～20。西河以誠意爲宗旨，闡發聖道內涵，糾正格物窮理的路徑，請參閱第三章之論述。

〔註6〕西河《大學知本圖說》在自述流寓嵩山，得古本《大學》，確立誠意爲本的宗旨後，並進一步說明其效用云：「少時觀群經，每多疑義，而自受高笠先生教後，則觀經若琉璃屏，表裡皆徹，凡儒說是非，纖微必見，此非本末相助之皦然者乎。」頁6。學有宗旨，使研經也有定見，所以西河特別強調對於研經考制，助益頗多，西河門人王恬〈四書索解序目〉亦云：「先生一生得力於嵩山廟市受賀先生教，但講《大學》，而《中庸》、《論語》、《孟子》合一之旨並爲之貫，嗣此讀經而經明，論學而學過，因矢志還山以後，當勉註四書」見《四書索解・序目》頁1～2。可以了解西河對於早年的體驗，根植於心，成爲一生研考經義的基石。

〔註7〕唐彪〈四書改錯序目〉載其輯錄之情形云：「先生老不事筆札，每以未註四書爲憾，門生兒子善承意，輯先生經集與講錄之及四書者。」見《四書改錯・序目》頁1。可以了解《四書改錯》的內容是匯整先前經解而成。

自金溪、新安稍見門户，而心性、事物便截然兩途，所謂道一者安在，且經籍晦蝕久矣，窮經之學，鄙爲玩物，而一當家國大事，則考制議禮，率杜撰爭執，貽誤後世，然則儒者何所用？（《毛西河先生全集》卷首，頁 17～18）

由明末理學而至清初經學，在不同的學術氣氛中，西河一生即是用心於彌縫德性、經義歧出之處，進而強調關懷世道人心，彰顯禮文精神，從而體現儒者的宏規偉業。所以李塨〈西河合集總序〉指出西河救正聖學，貢獻實大，〔註 8〕主要即是因爲西河勤於著述之餘，由早期袪除格物窮理的路徑，確立聖學宗旨，進而辨析歷來儒說的謬誤，倡導以應世用的企求，最終立意於破除傳統錯誤的觀念，對於研習四書提供新的思考方向，成就自是不凡，所以李塨認爲西河解經有重開天地，再闢乾坤的功績。〔註 9〕而凌廷堪更以「醫家之大黃」來比喻西河，認爲可以「立起沉痾」，就其批判的精神而言，確實相當貼切。〔註 10〕而綜合其考辨之成果，則可以歸納如下：

1、倡言《論語》、《孟子》、《大學》、《中庸》既是先聖先王相傳之聖道，也是儒者傳習不絕之經典，不待宋人表彰，其中的精言奧義，本就燦然可觀，足供效法，從而確立四書原具之價值。

2、標舉《大學》誠意、《中庸》至誠，進而依循《論語》忠恕一貫以及《孟子》求放心的訴求，使四書義理彼此相通，互相闡發，從而確立修身爲本的儒者本業，建構簡易又宏大的體系。

3、存錄《大學》改本，凸顯程、朱以來各騁己見，莫衷一是的情形，藉以力駁改經就己之習，並且進而推定僞石經造僞之跡，一改《大學》改作移易，聚訟不休的情形，從而回復原本地位。

〔註 8〕李塨撰〈西河合集總序〉即認爲西河的論述有功於聖學大矣，云：「無非發前儒未發，以救正古先聖王危微一線之絕學，何其大也。」見《毛西河先生全集·總序》卷首，頁 7。

〔註 9〕李塨〈西河合集總序〉即說明西河研議四書，廓清異端，有功儒學，云：「舉凡河洛太極、仙經道術，足以亂我正旨者，則概從而闢之，雖一語一字，必有歸著，一若天地之重開，而乾坤之再闢。」見《毛西河先生全集·總序》卷首，頁 7。所謂重開天地，再闢乾坤，可以了解西河發揚儒學之貢獻。

〔註10〕凌廷堪撰《校禮堂文集》卷二十五〈與阮中丞論克己書〉一文，即載阮元以西河《四書改錯》傳示，凌氏認爲「蕭山之著述等身，惟此書最爲簡要可寶也，嘗謂蕭山之書如醫家之大黃，實有立起沉痾之效，爲斯世不可無者。」收入新文豐叢書集成續編第一五六冊，頁 674。即是說明西河改錯有起沉痾之效。

4、釐清格物之義，闡明《大學》本末要旨，提供簡易直截的進學方式，除確立誠意為本的訴求外，也去除格物與誠意歧出之處，廓清後人擬議雜出，莫衷一是的進學途徑。

5、稽核典籍史料，闡發四書內涵，從匯通諸經，考辨禮文精義，進而彰顯原旨，開展經義考據的新方向，從而興復古學。

6、推究事理緣由，辨析聖人精義，彰顯儒者經世致用的目標，以及平治天下的終極關懷，進而提示儒者的外王事業，糾正後世傳習的偏失。

7、以恢復經典原旨為訴求，彰顯聖人的精神，進而檢討歷來專守《四書章句集注》的缺失，釐清相承的誤解，從而擺脫朱注權威，恢復古義。

總之，在不同的層面，西河皆以恢復聖人原旨作為訴求，廓除歷來的迷思，論述既廣且深，雖然時有辭氣過激，考據未實之處，但在專守朱注的學風中，直探聖人原旨，引領不同的思考方向，則是功不可沒，〔註 11〕而且從另一個角度而言，西河並未質疑四書的體系，而是深化其內涵，彰顯其價值，可以說在朱子建構的體系之外，嘗試賦予新的意義，不僅朱子注解的缺失，得到進一步的修正，也使四書內涵更形豐富，雖說批駁太過，有失平和，但以宏觀的視野省察，卻不失為朱子最佳諍友，所以不妨並存諦觀，更能彰顯聖道的廣大，尤其時至今日，四書的精言要義以及聖人的深刻思惟，仍然可以提供今人立身行事的準則，而西河一掃迷思，務求有據，進而呈顯前賢往聖所構畫的聖道宏規，使經典饒富新意之餘，其實不僅是對於乾、嘉學者，對於現今也仍具有啓發作用。本文綜合歸納，推究西河四書學的成果，剖析考辨之得失，即是著眼於此，只是西河四書學牽涉廣泛，筆者限於學力，未必切中肯綮，唯祈博雅君子不吝指導，惠予意見，期使研究能更加深入，而西河研經的苦心孤詣不再隱而不彰。

〔註 11〕阮元〈毛西河檢討全集後序〉即提出呼籲，強調對於西河應該要有持平之論，云：「議之者以檢討好辨善詈，且以所引證索諸本書，間有不合也。余謂善論人者，略其短而著其功，表其長而正其誤。若苛論之，雖《孟》、《荀》無完書矣。」見《毛西河先生全集・序》卷首，頁 1。焦循《雕菰集》卷十二〈國史儒林文苑傳議〉也是認為應以持平的態度，看待西河，云：「毛奇齡好為侮謾之詞，全椒山惡之，並詆毀其經學，竊謂學不可誣，疵不必諱，述其學兼著其疵可也，不當因其疵而遂沒其學也。」頁 185。對於西河確實應以著其功而正其誤的立場，作為立論標準，而此正是本文研求的態度。

參考書目

一、毛奇齡之著作

1. 《毛西河先生全集》，毛奇齡撰，李塨等編輯，嘉慶元年刊本。
2. 《西河集》，毛奇齡撰，影印文淵閣《四庫全書》本，臺灣商務印書館，民國 75 年 3 月初版。
3. 《大小宗通繹》，毛奇齡撰，嘉慶元年刊《毛西河先生全集》本。
4. 《大學知本圖說》，毛奇齡撰，嘉慶元年刊《毛西河先生全集》本。
5. 《大學問》，毛奇齡撰，嘉慶元年刊《毛西河先生全集》本。
6. 《大學證文》，毛奇齡撰，嘉慶元年刊《毛西河先生全集》本。
7. 《中庸說》，毛奇齡撰，章太來等輯，嘉慶元年刊《毛西河先生全集》本。
8. 《四書改錯》，毛奇齡撰，張文彬等輯，嘉慶十六年重刊本。
9. 《四書索解》，毛奇齡撰，王錫輯，嘉慶元年刊《毛西河先生全集》本。
10. 《四書賸言》，毛奇齡撰，盛唐等輯，嘉慶元年刊《毛西河先生全集》本。
11. 《四書賸言補》，毛奇齡撰，毛遠宗等輯，嘉慶元年刊《毛西河先生全集》本。
12. 《逸講箋》，毛奇齡撰，章世法等輯，嘉慶元年刊《毛西河先生全集》本。
13. 《喪禮吾說篇》，毛奇齡撰，嘉慶元年刊《毛西河先生全集》本。
14. 《辨正祭禮通俗譜》，毛奇齡撰，嘉慶元年刊《毛西河先生全集》本。
15. 《聖門釋非錄》，毛奇齡撰，陸邦烈輯，嘉慶元年刊《毛西河先生全集》本。
16. 《論語稽求篇》，毛奇齡撰，嘉慶元年刊《毛西河先生全集》本。

二、四書類之傳注及著作

1. 《四書章句集注》，朱熹撰，長安出版社，民國 80 年 2 月出版。
2. 《四書纂疏》，朱熹集注，趙順孫纂疏，文史哲出版社，民國 73 年 2 月初版。
3. 《四書辨疑》，陳天祥撰，影印文淵閣《四庫全書》本，臺灣商務印書館，民國 75 年 3 月初版。
4. 《四書通》，胡炳文撰，影印文淵閣《四庫全書》本，臺灣商務印書館，民國 75 年 3 月初版。
5. 《問辨錄》，高拱撰，影印文淵閣《四庫全書》本，臺灣商務印書館，民國 75 年 3 月初版。
6. 《四書訓義》，王夫之撰，《船山全書》第七、八冊，嶽麓書社，1990 年 8 月初版。
7. 《四書釋地》，閻若璩撰，影印文淵閣《四庫全書》本，臺灣商務印書館，民國 75 年 3 月初版。
8. 《皇清經解四書類彙編》，藝文印書館編輯部改編，藝文印書館，民國 75 年 6 月初版。
9. 《續經解四書類彙編》，藝文印書館編輯部改編，藝文印書館，民國 75 年 6 月初版。
10. 《四書人物》，仇德哉撰，臺灣商務印書館，民國 82 年 4 月初版。
11. 《四書通論》，內野台嶺撰，鄭明東譯述，正中書局，民國 59 年 6 月臺初版。
12. 《朱子四書集註典據考》，大槻信良撰，臺灣學生書局，民國 65 年 4 月初版。
13. 《四書學史の研究》，佐野公治撰，東京創文社，1988（昭六三）年 2 月初版。
14. 《論語注疏》，何晏注，邢昺疏《十三經注疏》本，藝文印書館，民國 74 年 12 月十版。
15. 《論語集註考證》，金履祥撰，影印文淵閣《四庫全書》本，臺灣商務印書館，民國 75 年 3 月初版。
16. 《論語正義》，劉寶楠撰，臺灣中華書局，民國 70 年 9 月臺六版。
17. 《論語偶記》，方觀旭撰《皇清經解》本，藝文印書館，民國 51 年出版。
18. 《論語集釋》，程樹德撰，北京中華書局，1990 年 8 月初版。
19. 《論語會箋》，朱熹集注，竹添光鴻會箋，廣文出版社，民國 50 年 12 月初版。
20. 《論語集解、皇疏、邢疏、集注、正義、諸家異解辨正》，陳如勳撰，文津出版社，民國 75 年 2 月初版。
21. 《論語の思想史》，松川健二編，東京汲古書院，1994（平成六）年 2 月初版。
22. 《孟子注疏》，趙岐注，孫奭疏《十三經注疏》本藝文印書館，民國 74 年 12 月十版。
23. 《孟子集註考證》，金履祥撰，影印文淵閣《四庫全書》本，臺灣商務印書館，民國 75 年 3 月初版。
24. 《孟子正義》，焦循撰，文津出版社，民國 77 年 7 月出版。
25. 《學庸研究論集》，吳康等撰，黎明文化事業公司，民國 70 年元月初版。
26. 《大學中庸今釋》，陳槃撰，國立編譯館，民國 73 年 10 月初版。
27. 《大學論文資料彙編》，高雄師範學院國文系編輯委員會，復文圖書出版社，民國 70 年 9 月出版。
28. 《兩宋以來大學改本之研究》，李紀祥撰，臺灣學生書局，民國 77 年 8 月初版。

三、經學之著作

1. 《毛詩注疏》，鄭玄箋，孔穎達疏《十三經注疏》本，藝文印書館，民國 74 年 12 月十版。
2. 《尚書注疏》，孔安國傳，孔穎達疏《十三經注疏》本，藝文印書館，民國 74 年 12 月十版。
3. 《尚書集釋》，屈萬里撰，聯經出版事業公司，民國 72 年 2 月初版。
4. 《周禮注疏》，鄭玄注，賈公彥疏《十三經注疏》本，藝文印書館，民國 74 年 12 月十版。
5. 《儀禮注疏》，鄭玄注，賈公彥疏《十三經注疏》本，藝文印書館，民國 74 年 12 月十版。
6. 《禮記注疏》，鄭玄注，孔穎達疏《十三經注疏》本，藝文印書館，民國 74 年 12 月十版。
7. 《禮記集解》，孫希旦撰，文史哲出版社，民國 73 年 10 月三版。
8. 《春秋左傳注疏》，杜預注，孔穎達疏《十三經注疏》本，藝文印書館，民國 74 年 12 月十版。
9. 《左傳會箋》，杜預集解，竹添光鴻會箋，廣文書局，民國 50 年 9 月初版。
10. 《春秋公羊傳注疏》，何休注，徐彥疏《十三經注疏》本，藝文印書館，民國 74 年 12 月十版。
11. 《說文解字》，許慎撰，段玉裁注，黎明文化事業公司，民國 75 年 10 月增訂二版。
12. 《經義考》，朱彝尊撰，臺灣中華書局，民國 68 年 2 月臺三版。
13. 《歷代石經考》，張國淦撰，鼎文書局，民國 61 年 4 月初版。
14. 《漢魏石經殘字》，屈萬里撰，聯經文化事業公司，民國 74 年 2 月初版。
15. 《漢學師承記》，江藩撰，臺灣商務印書館，民國 66 年 11 月臺二版。
16. 《漢學商兌》，方東樹撰，臺灣商務印書館，民國 67 年 6 月臺一版。
17. 《中國經學史》，馬宗霍撰，臺灣商務印書館，民國 66 年 1 月出版。
18. 《中國經學發展史論》(上)，李威熊撰，文史哲出版社，民國 77 年 12 月初版。
19. 《經學通論》，皮錫瑞撰，臺灣商務印書館，民國 58 年 9 月出版。
20. 《經學歷史》，皮錫瑞撰，藝文印書館，民國 76 年 10 月二版。
21. 《清代經學史通論》，吳雁南主編，雲南大學出版社，1993 年 12 月初版。
22. 《周予同經學史論著選集》，朱維錚編，上海人民出版社，1983 年 11 月初版。
23. 《高明經學論叢》，高明撰，黎明文化事業公司，民國 67 年 7 月初版。

四、史學、書目提要之著作

1. 《史記會注考證》，瀧川龜太郎撰，洪氏出版社，民國 71 年 10 月再版。
2. 《漢書》，班固等撰，顏師古注，洪氏出版社，民國 64 年 9 月三版。
3. 《後漢書》，范曄撰，北京中華書局，1965 年 9 月初版。
4. 《隋書》，魏徵等撰，北京中華書局，1973 年 8 月初版。
5. 《新唐書》，歐陽修、宋祁撰，北京中華書局，1975 年 2 月初版。
6. 《宋史》，脫脫等撰，鼎文書局，民國 67 年 9 月出版。
7. 《明史》，張廷玉等撰，北京中華書局，1974 年 4 月初版。
8. 《清史稿》，趙爾巽等撰，北京中華書局，1977 年 8 月初版。
9. 《大清聖祖仁(康熙)皇帝實錄》，覺羅勒德洪撰，華聯出版社，民國 53 年 9 月出版。
10. 《紹興府志》，李亨特總裁，平恕等修，成文出版社據清乾隆五十七年刊本影印，民國 64 年臺一版。
11. 《蕭山縣志稿》，張宗海等修，楊士龍等纂，成文出版社據民國 24 年鉛印本影印，民國 59 年 4 月臺一版。
12. 《明儒學案》，黃宗羲撰，華世出版社，民國 76 年 2 月臺一版。
13. 《清儒學案》，徐世昌編纂，燕京文化事業公司，民國 65 年 6 月初版。
14. 《清儒學案新編》，楊向奎撰，齊魯書社，1985 年 2 月一版。

15. 《明遺民錄》，孫靜庵編撰，浙江古籍出版社，1985 年 7 月初版。
16. 《清代樸學大師列傳》，支偉成撰，岳麓書社，1986 年 3 月初版。
17. 《文獻徵存錄》，錢林輯，王藻編，收入周駿富編《清代傳記叢刊》，明文書局，民國 74 年 5 月初版。
18. 《國史文苑傳稿》，阮元等撰，收入周駿富編《清代傳記叢刊》，明文書局，民國 74 年 5 月初版。
19. 《儒林集傳錄存》，阮元撰，收入周駿富編《清代傳記叢刊》，明文書局，民國 74 年 5 月初版。
20. 《顏李師承記》，徐世昌撰，收入周駿富編《清代傳記叢刊》，明文書局，民國 74 年 5 月初版。
21. 《鶴徵前錄》，李集撰，李富孫、李遇春續，收入周駿富編《清代傳記叢刊》，明文書局，民國 74 年 5 月初版。
22. 《宋朱子年譜》，王懋竑纂輯，臺灣商務印書館，民國 71 年 5 月初版。
23. 《閻潛邱先生年譜》，張穆編，廣文書局，民國 60 年 11 月初版。
24. 《李恕谷先生年譜》，馮辰編，廣文書局，民國 60 年 11 月初版。
25. 《中國歷代名人年譜總目》，王德毅編，華出版社，民國 68 年 1 月初版。
26. 《四庫全書總目提要》，紀昀等撰，臺灣商務印書館，民國 74 年 5 月增訂三版。

五、子部及文集之著作

1. 《莊子集釋》，郭象注，郭慶藩集釋，《新編諸子集成》本，世界書局，民國 72 年 4 月新四版。
2. 《荀子集解》，楊倞注，王先謙集解，《新編諸子集成》本，世界書局，民國 72 年 4 月新四版。
3. 《列子》，張湛注，《新編諸子集成》本，世界書局，民國 72 年 4 月新四版。
4. 《淮南子》，高誘注，《新編諸子集成》本，世界書局，民國 72 年 4 月新四版。
5. 《說苑疏證》，劉向撰，趙善詒疏證，文史哲出版社，民國 75 年 10 月一版。
6. 《朱子大全》，朱熹撰，臺灣中華書局，民國 55 年 3 月臺一版。
7. 《朱子語類》，黎靖德編，文津出版社，民國 75 年 12 月出版。
8. 《朱子書信編年考證》，陳來撰，上海人民出版社，1989 年 4 月初版。
9. 《朱熹佚文輯考》，束景南撰，江蘇古籍出版社，1991 年 12 月初版。
10. 《魯齋集》，王柏撰，《叢書集成新編》本，新文豐圖書公司，民國 74 年元月初版。

11. 《聽雨紀談》，都穆撰，《叢書集成新編》本，新文豐圖書公司，民國 74 年元初版。
12. 《王陽明全集》，王守仁撰，上海古籍出版社，1992 年 12 月初版。
13. 《亭林文集》，顧炎武撰，新興書局據上海書坊石印本影印，民國 45 年出版。
14. 《原抄本日知錄》，顧炎武撰，文史哲出版社，民國 68 年 4 月出版。
15. 《黃宗羲全集》，黃宗羲撰，里仁書局，民國 76 年 4 月出版。
16. 《學餘堂文集》，施閏章撰，影印文淵閣《四庫全書》本，臺灣商務印書館，民國 75 年 3 月初版。
17. 《顏李叢書》，顏元、李塨撰，廣文書局，民國 78 年 11 月再版。
18. 《曝書亭集》，朱彝尊撰，世界書局，民國 53 年 2 月初版。
19. 《揅經室集》，阮元撰，北京中華書局，1993 年 5 月一版。
20. 《思復堂文集》，邵廷采撰，華世出版社，民國 66 年 6 月臺一版。
21. 《鮚埼亭集》，全祖望撰，華世出版社，民國 66 年 3 月初版。
22. 《戴震集》，戴震撰，里仁書局，民國 69 年 1 月出版。
23. 《校禮堂文集》，凌廷堪撰，《叢書集成續編》本，新文豐圖書公司，民國 78 年 7 月臺一版。
24. 《校禮堂詩集》，凌廷堪撰，《叢書集成續編》本，新文豐圖書公司，民國 78 年 7 月臺一版。
25. 《雕菰集》，焦循撰，鼎文書局，民國 66 年 9 月初版。
26. 《潛研堂集》，錢大昕撰，上海古籍出版社，1989 年 11 月初版。
27. 《文史通義校注》，章學誠撰，葉瑛校注，仰哲出版社，出版項不詳。

六、近人著作

1. 《中國近三百年學術史》，梁啓超撰，華正出版社，民國 73 年 8 月初版。
2. 《中國近三百出學術史》，錢穆撰，臺灣商務印書館，民國 72 年 11 月臺八版。
3. 《中國近三百年學術思想論集》，存粹學社編集，出版項不詳，1978 年 6 月出版。
4. 《中國近三百年學術思想論集五編》甲、乙兩集，存粹學社編集，周康燮主編，崇文書店，1974 年 1 月出版。
5. 《新編中國哲學史》，勞思光撰，三民書局，民國 75 年 12 月增訂再版。
6. 《中國選士制度史》，劉虹撰，湖南教育出版社，1992 年 9 月初版。

7. 《孔子學說對世界之影響》，陳立夫編，孔孟學會孔子學說對世界之影響編輯委員會編輯，復興書局印行，民國 60 年 4 月再版。
8. 《心體與性體》，牟宗三撰，正中書局，民國 78 年 5 月臺初版。
9. 《朱子新學案》，錢穆撰，三民書局，民國 60 年 9 月初版。
10. 《宋人疑經改經考》，葉國良撰，國立臺灣大學出版委員會，民國 69 年 6 月。
11. 《明末清初儒學之發展》，李紀祥撰，文津出版社，民國 81 年 12 月初版。
12. 《明代考據學研究》，林慶彰撰，臺灣學生書局，民國 75 年 10 月修訂再版。
13. 《明清實學思潮史》，陳鼓應等編，齊魯書社，1989 年 7 月初版。
14. 《明清實學簡史》，陳鼓應等編，社會科學文獻出版社，1994 年 9 月初版。
15. 《近代經學與政治》，湯志鈞撰，北京中華書局，1989 年 8 月初版。
16. 《清人文集別錄》，張舜徽撰，明文書局，民國 71 年 2 月出版。
17. 《清代思想史》，陸寶千撰，廣文書局，民國 72 年 9 月三版。
18. 《清代哲學》，王茂等撰，安徽人民出版社，1992 年 1 月初版。
19. 《清代學術史研究》，胡楚生撰，臺灣學生書局，民國 77 年 2 月初版。
20. 《清代學術概論》，梁啓超撰，臺灣商務印書館，民國 74 年 2 月臺二版。
21. 《清初的群經辨僞學》，林慶彰撰，文津出版社，民國 79 年 3 月出版。
22. 《清初學術思辨錄》，陳祖武撰，中國社會科學出版社，1992 年 6 月初版。
23. 《清儒學記》，張舜徽撰，齊魯書社，1991 年 11 月初版。
24. 《檢論》，章太炎撰，收入上海人民出版社編《章太炎全集》，上海人民出版社，1984 年 7 月初版。
25. 《劉申叔先生遺書》，劉師培撰，華世書局，民國 64 年 4 月初版。
26. 《胡適文存》，胡適撰，遠東圖書公司，民國 42 年 12 月初版。
27. 《古籍導讀》，屈萬里撰，聯經出版事業公司，民國 73 年 7 月初版。
28. 《僞書通考》，張心澂撰，友聯出版社，出版項不詳。
29. 《續僞書通考》，鄭良樹撰，臺灣學生書局，民國 73 年 6 月初版。
30. 《中國喪葬禮俗》，徐吉軍、賀云翱合撰，浙江人民出版社，1991 年 10 月初版。
31. 《先秦喪葬制度研究》，李玉潔撰，中州古籍出版社，1991 年 10 月初版。
32. 《中國句型文化》，申小龍撰，東北師範大學出版社，1988 年 11 月初版。
33. 《注釋學綱要》，汪耀楠撰，語文出版社，1991 年 3 月初版。
34. 《理解的命運》，殷鼎撰，東大圖書公司，民國 79 年 1 月初版。

35. 《當代西方哲學與方法論》，臺大哲學系主編，東大圖書公司，民國 77 年 3 月初版。
36. 《詮釋學》，帕瑪撰，嚴平譯，桂冠圖書公司，民國 81 年 5 月初版。
37. 《解釋學與人文科學》，保羅·利科爾撰，陶遠華等譯，河北人民出版社，1987 年 12 月初版。
38. 《哲學解釋學》，加達默爾撰，夏鎮平，宋建平譯，上海譯文出版社，1994 年 11 月初版。
39. 《科學革命的結構》，孔恩撰，王道還編譯，遠流出版社，1989 年 7 月增訂新版。
40. 《知識的考掘》，米歇·傅柯撰，王德威譯，麥田出版有限公司，民國 82 年 7 月初版。
41. 《從理學到樸學——中華帝國晚期思想與社會變化面面觀》，艾爾曼撰，趙剛譯，江蘇人民出版社，1995 年 9 月初版。

七、期刊及學位論文

1. 〈大學之單行及改本問題評議〉，岑溢成撰，《鵝湖》第一〇一期，民國 72 年 11 月。
2. 〈大學改本述評〉，程元敏撰，《孔孟學報》第二十三期，民國 61 年 4 月。
3. 〈四書章句集註考源〉，陳鐵凡撰，《孔孟學報》第四、五期，民國 51 年 9 月、52 年 4 月。
4. 〈朱熹與四書集注〉，董金裕撰，《政治大學學報》第七十期，民國 84 年 6 月。
5. 〈訓詁在四書集注中的運用〉，陳煥良撰，中山大學學報 1987 年第二期，1987 年 6 月。
6. 〈禮記王制篇校記〉，王夢鷗撰，《孔孟學報》第九期，民國 54 年 4 月。
7. 〈三年之喪起源考辨〉，黃瑞琦撰，《齊魯學刊》1988 年第二期，總 83 期，1988 年 2 月。
8. 〈試論三年之喪起源〉，顧洪撰，《齊魯學刊》1989 年第三期，總 90 期，1989 年 3 月。
9. 〈清代著名學人毛奇齡〉，雷慶撰，《松遼學刊》第五十期，1990 年 3 月。
10. 〈毛奇齡、李塨與清初的經書辨僞活動〉，林慶彰撰，《第二屆清代學術研討會論文集》，民國 80 年 12 月。
11. 〈毛奇齡對朱子論語集註的評價〉，康義勇撰，《第四屆清代學術研討會論文集》，民國 84 年 11 月。
12. 〈毛奇齡與明末清初的學術〉，黃愛平撰，《明代經學國際研討會論文》，民國 84 年 12 月。

13. 〈全祖望論毛奇齡〉，鄭吉雄撰，《臺大中文學報》第七期，民國 84 年 4 月。
14. 〈試論毛奇齡的經學思想〉，陳德述撰，《社會科學研究》，1987 年 4 月。
15. 〈試論毛奇齡的反宋學思想〉，陳德述撰，《社會科學輯刊》，1987 年 5 月。
16. 〈明代的漢宋學問題〉，林慶彰撰，《東吳文史哲學報》第五期，民國 75 年 8 月。
17. 〈明末清初經學研究的回歸原典運動〉，林慶彰撰，《國際孔學會議論文集》，1988 年 6 月。
18. 〈清代漢宋學之爭平議〉，何佑森撰，《臺大文史哲學報》第二期，民國 67 年 12 月。
19. 〈清代吳派經學評述〉，李威熊撰，《中華學苑》第三十六期，民國 77 年 4 月。
20. 〈清初經學的復興運動〉，李威熊撰，《孔孟月刊》第二十九卷第三、四期，民國 79 年 11、12 月。
21. 〈清初學風與乾嘉考證之學〉，張火慶撰，《中華文化復興月刊》第十五卷第六期，民國 71 年 6 月。
22. 〈近十年來乾嘉學派討論綜述〉，趙永春撰，《中國史研究動態》，1989 年 8 月。
23. 〈四書學考〉，傅武光撰，民國 62 年師大國文所碩士論文。
24. 〈毛西河及其周禮學研究〉，杜明德撰，民國 83 年高師大國文所碩士論文。
25. 〈毛西河及其春秋學之研究〉，陳逢源撰，民國 80 年政大中文所碩士論文。